鈴木敏正＊編著
Toshimasa Suzuki

排除型社会と生涯学習
日英韓の基礎構造分析

北海道大学出版会

北海道大学
大学院教育学研究院
研究叢書●

教育学研究院研究叢書刊行にあたって

　北海道大学大学院教育学研究院は、部局内構成員によって行われている多様な分野での研究成果をより広範囲に社会に問うことが義務であり責任であると判断し、ここに教育学研究院研究叢書を刊行することとした。

平成二〇年（二〇〇八年）三月

はしがき

　戦後世界を特徴づける「冷戦体制」が崩壊した 1980 年代末葉以降，今日に至るまでの最大のキーワードは「グローバリゼーション」である。平和で自由な時代がやって来るという当初の期待は，国際地域紛争やテロ活動，核拡散，繰り返される「局地戦争」などによって裏切られてきた。より基本的な地球的問題群と考えられてきたのは，地球環境問題と格差・貧困問題である。それらが，超大国アメリカと多国籍資本によって主導され，世界銀行や IMF といった国際機関に媒介されて進展してきたグローバリゼーションと，今や世界的イデオロギーとなった「新自由主義」の理念を受け入れた諸国の市場競争優先的政策によってもたらされたということは，どの識者の目にも明らかになってきている。

　地球環境問題と格差・貧困問題に代表される地球的問題群を解決する方向は，「持続(ないし維持)可能な発展 sustainable development」という用語に集約されてきた。それが「地球サミット」(1992 年)によって世界的に知られるようになってきたために，日本ではまず自然環境・資源問題がイメージされがちであるが，国際的には同時に社会環境問題が大きな課題となっており，貧困・人権・ジェンダー・民族問題にはじまり，社会的に不利益を受けている人々の諸問題を解決するための「社会開発」や「人間的開発」が取り組まれてきた。われわれは今日の地球環境問題と格差・貧困問題は，経済的グローバリゼーション＝「裸の資本主義」がもたらした双子の問題であり，不可分のものと考えるが，本書の基本的視点は後者に置かれる。

　現代の格差・貧困問題は，それが経済的な問題だけでなく，社会・政治・文化などにわたる深刻な構造的問題であることが理解され，グローバルな規模でも各国でも各地域でも，社会を分裂させかねない問題として考えられる

に従って「社会的排除 social exclusion」問題と呼ばれ，特に先進諸国に共通するものとして「排除型社会」が問われるようになってきた。それは社会経済の根本的な変化に伴うものとして考えられるようになり，「排除型社会」の用語を国際的に広めたイギリスのジョック・ヤングは，それは後期近代＝ポスト・フォーディズムの時代である1960年代後半以降の現代社会の特徴であると主張している。もちろん，その主張は吟味の対象とされなければならないが（本書第1章参照），社会的排除問題が現代社会の基本的性格に関わる問題であることは念頭に置かれなければならないであろう。

社会的排除問題に対する諸施策は「社会的包摂 social inclusion」ないし「社会的統合 social integration」政策と呼ばれてきた。そうした政策が明確に提示されたのは，1990年代のEUと97年発足のイギリス・新労働党政権に代表されるヨーロッパ諸国においてであった。アジアでは通貨危機直後（1998年）に生まれた韓国のキム・デジュン（金大中）政権以後，社会的排除問題（「社会的疎外層」対策）に取り組む「福祉国家」的政策が採用されるようになってきた。日本では1973年が福祉国家元年と呼ばれてきたが，社会的排除問題に意識的かつ具体的に取り組むのは遅れており，21世紀に格差・貧困問題がマスコミでも取り上げられるようになって，ようやく政策的課題となってきた。2009年9月に発足した民主党政権に具体的な政策化が期待されたが，それはなお今後の課題となっているというのが現状であろう。

以上のような動向を踏まえて本書は，社会的排除問題を克服して「持続可能な包摂型社会 sustainable and inclusive society」を構築しようとする諸活動を21世紀型生涯学習の基礎構造として捉え直し，その性格と展開構造を明らかにし，今後の展望について考えてみることを課題としている。そのために，経済構造・市民社会・政治的国家の全体を視野に入れつつ，先発・中発・後発の先進国（イギリスと日本と韓国）において，階級的・階層的排除と空間的・地域的排除の諸問題に取り組む諸活動の動向を分析するという方法をとっている。もちろん，社会的排除問題もそれに対する政策も，国によって，時代によって異なるのであるが，全体的にみた場合，日英韓3国は，アメリカのいわば格下の同盟国であり，新自由主義的政策をとってきた典型

国とされ，今や，アメリカとともに貧富の格差が先進国では最も高い国に属する。本書の主旨から，比較研究の対象として3国を取り上げた理由である。しかし，本書の目的はこうした視点からの比較研究そのものの精緻化というよりも，社会的排除問題に取り組む生涯学習の基礎構造を明らかにし，そこから21世紀型生涯学習のあり方を展望してみようとするところにある。

　21世紀における「生涯学習」は，社会的包摂の政策と実践の一環として考えることができる。生涯学習を通して初めて社会の一員となれるというだけでなく，社会的排除問題に代表されるグローバルにしてローカルな問題の解決が可能になる。国連の「21世紀教育国際委員会報告」(『学習：秘められた宝』，1996年)は，21世紀における教育原則として，それまでの「知ることを学ぶ」と「なすことを学ぶ」に加えて，「人間として生きることを学ぶ」と「ともに生きることを学ぶ」ことを提起した。それらが社会的排除問題を克服するために必要な学びであることは明らかであろう。ユネスコの「国際成人教育会議」では，第5回会議の「ハンブルク宣言」(1997年)でその原則の確認をし，第6回会議(2009年12月)が提起した「ベレン行動枠組み」でも再確認している。

　「ベレン行動枠組み」で生涯学習は，「包摂的 inclusive で解放的，人間的，民主的な諸価値に基礎を置くあらゆる形態の教育の哲学であり，概念的枠組み」だとされている。そして，成人の学習と教育は，人々が自分たちの権利を行使・発展させ，「自分たちの運命をコントロールするために必要な知識・潜在能力・技能・遂行能力・価値」を備えさせるものであり，「公正 equity と包摂 inclusion の実現，貧困の軽減，公平・平等・寛容・持続可能で知識を基盤とした諸社会の構築」にとって不可欠なものであると考えられている。「参加，包摂，公正」については特別な章が設けられ，「包摂的な教育 inclusive education は，人間，社会，経済の発展を実現するための基盤」であると述べられている。そして年齢・性差・民族・移民・言語・宗教・障がい・農山村居住・性アイデンティティ・貧困・強制移動や収監などを理由とする「排除 exclusion」は，あってはならないことだと指摘されている。

　このような排除に対置された生涯学習を進めるためには，まず，社会的排

除問題の現実を踏まえ，それに対するこれまでの生涯学習の政策と実践の反省的・批判的検討が必要である。しかし，日本ではそもそも生涯学習を社会的排除問題に取り組む政策として位置づけるという方向性は，きわめて希薄である。この点ではむしろ，まずイギリスや韓国に学ぶ必要がある。その素材を提供している本書の存在価値の1つはそこにあるであろう。その作業は，日本における「生涯学習」のあり方そのものを問うことになる。

　日本の生涯学習政策は，まさに「グローバリゼーションの時代」とともに始まったが，その政策理念において「生涯学習」は，戦後の憲法・教育基本法体制の一環としての「社会教育」に代わるものとして考えられてきた。しかし，日本の生涯学習推進体制からして，生涯学習の事業は社会教育の活動を抜きには成り立たない。われわれはむしろ戦後の社会教育の展開過程に，社会的に排除されがちな人々と地域に関わる理論と実践の蓄積がみられるものと考えている。社会的排除問題に取り組むためには，社会教育の展開としての生涯学習，すなわち「社会教育としての生涯学習」の21世紀的発展が求められているのである。

　このように考えてくると，生涯学習の政策と実践の具体的あり方を問う前に，それらを成り立たせているもの，つまり「生涯学習の基礎構造」が検討されなければならないであろう。本書では，その21世紀的なあり方は，最大の社会問題としての社会的排除問題に取り組む諸活動の関連の中に探らなければならないと考える。それらは，社会的包摂政策に取り組む先進諸国の社会構造，すなわち相互に矛盾した諸関係を含んだ政治的国家・市民社会・経済構造の総体に規定されているであろう。

　社会的排除問題を捉える枠組み，そこにおける社会的包摂の諸活動，特に今日的な生涯学習の諸実践の位置づけについては，序章で詳しく述べる。ここでは，本書の限定と構成について触れておきたい。

　本書では，社会的排除問題に取り組む生涯学習の政策と実践の背景にある「基礎構造」を捉えるべく，まず先進諸国の社会構造（政治的国家・市民社会・経済構造）に規定された教育構造，すなわち生涯学習を理解するための「先進国モデル」を考える。その上で，生涯学習の政策と実践を検討する際

の基礎構造として取り上げるのは，社会政策の変容を念頭に置いた，経済構造と市民社会での動向である。中でも，経済構造に規定された社会的排除問題として，失業・半失業問題とそれに対応する生涯職業訓練活動，そして，市民社会において社会的排除問題に取り組む「社会的協同」活動の動向に着目し，それぞれ本書の前編と後編で検討することにする。

　すなわち，前編「失業・半失業問題と生涯教育訓練」の5つの章では，グローバリゼーションが進展する経済構造の変容を踏まえて，特に今や最大の社会的政策課題となってきている失業・半失業問題に焦点化しつつ，それに取り組む生涯学習・訓練活動の発展課題を提起する。そのためには，序章で述べるように，グローバリゼーションの下で進行する現代人の自己疎外過程（社会的排除問題はその1つの現れ），およびそれと同時に展開する社会的陶冶過程（社会的排除問題を克服する主体的条件を生み出していく過程）の全体的理解が求められるであろう。

　こうした理解の下，第1章では，資本主義的世界システムの展開に伴う社会的排除問題の性格を検討した上で，「排除型社会」論の批判的検討を行いつつ，それに対する本書の視点を明らかにする。そして，社会的排除の諸問題の深刻化にもかかわらず，現代社会における「個人化」（自己再帰性）の進展によって，それらを引き起こしている「社会構造」が当事者にみえなくなり，自己責任論を受け入れることになるような事態（「認識論的誤謬」）が生じているというファーロングとカートメルの主張を取り上げ，それを克服していく理論的・実践的方向を提示する。

　第2章は，労働市場の変容に伴うイギリスおよびヨーロッパの社会政策の性格を検討する。社会的排除問題対策として労働市場への参加を最重視する「労働への福祉（ワークフェア）」は，ヨーロッパでもアジアでも支配的な政策となっている（韓国では「生産的福祉」と呼ばれてきた）。本章ではヨーロッパにおけるいわゆる「シュンペーター主義的労働福祉（ワークフェア）型脱国民国家（レジーム）」（ジェソップ）成立後の社会政策の動向を，労働組合の弱化を条件とし，政策における「条件性 conditionality」（特別な条件付きの福祉）と「個人化」が進展する「新福祉権威主義」と捉える。その提起は

大きな議論となろうが，この章では，そうした理解に基づき社会的被排除者が拡大再生産されるメカニズムを，イギリスの事例を中心に考察する。

　第3章は，韓国における失業・半失業問題激化の実態を，社会経済的脈絡を重視して明らかにし，それに対する生涯(平生)学習・職業訓練政策，特に生涯職業能力対策の現状と対応の方向を探る。韓国では日本以上に失業・半失業問題が深刻になっているが，生涯学習政策の中に生涯職業能力形成が位置づけられており，その諸施策は日本にとっても大きな参考になる。それらの機会はなお不十分・不平等であることが指摘されているが，参加機会の階層的・個人的不均等性への対応，市場メカニズムと政府メカニズム(効率性と公益性)の調和の課題，高等教育機関の役割，そして仕事創出の社会的公正の重要性が指摘されていることも，今後の研究・実践交流の可能性と必要性を示すものであろう。

　第4章は，「労働と社会的排除」問題を日本の実態から考える。その際に，今まで十分に検討されてこなかった労働市場の重層構造と労働過程の実態分析をくぐって，非正規雇用多様化の動向をみる。具体的な事例として取り上げるのは，鉄鋼業とサービス業である。この章ではその実態を踏まえて，職業訓練の内実，専門性を保証する職業教育，それぞれの職能を生かした職業教育への方向を，企業内教育と地方自治体の就労支援のあり方として提起する。

　このことを踏まえて第5章では，人的資本論や知識基盤経済論に基づくEUの「生涯学習」理解を，労働現場から批判的に捉え直して，学習の本質に立ち返り，特に労働現場という日常生活における「生きられた階級」の社会文化的学習に着目して，活動理論的な視点から学びの実体を捉えることの重要性を強調する。長い間，労働組合運動・労働者教育に関わり，労働現場を知悉している著者の指摘として重みがあるであろう。

　後編「社会的排除克服への社会的協同実践」の6つの章では，「社会的包摂政策」の展開を踏まえながら，社会的排除克服に向けた市民社会における社会的協同実践の実際と展開論理を検討する。その際，特に社会的排除問題に取り組むというミッションをもった社会的企業(事業型NPOや協同組合

活動を含む)を取り上げて，その取り組みの実際と発展方向を探る。そして，それらと不可分のものであり，それらを促進する学習実践の意味について考える。

　第6章では，「社会的協同」を理解するための基本的枠組みを提起する。最初に市民社会における社会的協同の意義を考え，日本における社会的排除克服の歴史的実践(「水平社宣言」)に学びつつ，現代の社会的協同の実践構造をいくつかの実践(「マイペース酪農」，農村女性起業，労働者協同組合)を題材にして検討する。そして，社会的包摂政策の中にも位置づけられている「社会的企業 social enterprise」の展開論理を検討し，それを「グラミン銀行」の実践において確認する。最後に，社会的協同実践の中に含まれる学習活動を，「地域再生教育」として発展させることの重要性を指摘する。

　以上のような理解をもとに，まず第7章では，政策的焦点となっている日本の青年対策を取り上げ，それが単なる個人的就職支援に終わるものではなく，必然的に集団的・社会的活動，なんらかの社会的協同活動を求めることを明らかにする。日本でもイギリスでも社会的排除問題は，典型的には若者問題と考えられてきた。そこで，日本の若者対策を批判的に吟味して，そこから実践的課題を探ってみようとするのがこの章であるが，ヨーロッパの動向に学びながら，「労働市場統合型」政策を超えるユースワーク的活動を重視し，参加―発達アプローチ的視点に立って，当事者自身を担い手とする社会的協同実践の必要性を指摘する。

　第7章が階層的排除問題からのアプローチであるとすれば，第8章は，空間的・地域的社会的排除の現れとしての地域間教育格差問題の現実と意味について，代表的な韓国の事例によって検討する。具体的には学力問題を基軸にして，都市内格差，地方自治体間格差，地域規模別格差，首都・地方間格差，都市・農村格差という5つの視点から明らかにし，それらに対する政策的対応の現状と今後の課題を考えてみる。そこでは，政策的課題に加えて，学校・家庭・地域社会の統合的努力，多面的レベルでの力量強化，特に「脆弱階層」への複合的サービスの必要性が強調される。

　以上を踏まえて，続く3つの章では，日英韓の周辺的地域における社会的

協同活動の典型例を取り上げ，その分析を通して地域再生教育への方向を探る。

まず韓国からである。地域的教育格差の最底辺に置かれた農村の小規模学校は統廃合の危機にあるが，実践的にみて注目されるのは，学校あるいは廃校跡を利用して，地域ぐるみの農村教育共同体運動が展開されていることである。その動向を分析したのが第9章である。事例として取り上げたのは「忠南教育研究所」で，ボランティア教師・大学教員たちが廃校跡を利用して子どもの教育・福祉・文化活動をすることから始まり，社会的に排除されがちな大人の教育，さらに地域住民主体の地域づくりへと展開した実践である。学校教育と異なる「社会教育」的視点から取り組み，地域に根ざしつつ地域を超えるネットワークとパートナーシップを展開していった，この実践例から学ぶことは多いであろう。

こうした活動は，ボランティアやそのネットワークの活動にとどまるものではなく，より組織化された事業活動へと展開する。第10章では，社会的排除問題に取り組む市民社会における実践としてイギリスの「社会的企業」の動向を取り上げ，それが真に社会的排除克服の担い手になりうるかどうか，そうであるためには何が必要かを，実践分析を通して検討する。事例として取り上げるのは，ロンドンの貧困地区で活動している社会的企業「アカウント3」であり，排除された女性の自立を求める教育訓練と事業活動である。その分析を通して，個人主義的な職業的自立支援を超えた，地域的・協同的対応への転換，そのための地域的支援システムの必要性を提起する。

さらに第11章では，日本の北海道から，社会的排除問題に取り組む当事者主体の社会的協同実践の経験に基づいた問題提起をする。事例としては，漁業と石炭業などの産業衰退に伴う貧困の増大と地域衰退に悩む釧路市における地域再生運動の一環として，道内で最大規模の事業型NPO活動を展開してきた「ネットワークサロン」を取り上げ，その実践的経験を踏まえて，社会的排除克服過程の方向を提起する。生活当事者のエンパワーメント過程を基本としながら，地域主権の確立を目指す社会的協同実践の展開過程は，地域再生教育への基本的なモデルを提供することになるであろう。

終章は，両編の総括として，社会的排除問題と環境問題の同時的解決を展望するような「持続可能な包摂型社会への生涯学習」の理論的・実践的発展方向を提起する。社会的排除／包摂のメカニズムと構造を解明し，根本的解決の方向を探る調査研究は，生涯学習・教育訓練活動を通した社会排除問題への取り組みの一環をなすものである。それは，およそ教育的実践全体がそうであることを超えて，つねに自己反省的（自己再帰的）活動にならざるをえない。終章では，それらを通して，排除型社会から「持続可能な包摂型社会」への転換をはかろうとする実践がもつ21世紀的思想の意義を考え，あらためて韓国における最近の農村地域再生の実践に学びつつ，それらが「グローカルな知」の創造をくぐった「新しい総合科学＝『実践の学』としての教育学」を求めていることを示すことにする。排除型社会を超えて「持続可能な包摂型社会」を構築するためには，そうした方向に向けての理論と実践が不可欠のものとなっている。

　なお，本書のために前韓国教育長官・副総理でソウル大学校名誉教授のキム・シニル氏から「特別寄稿」をいただいている。「持続可能な社会のための平生学習」は，少数者を競争的に選抜し，多数者を排除するようなこれまでの教育ではなく，「包容（受容，包摂）と統合」に基本機能を置く「持続可能な社会の教育」であるという提起は，本書の主張と重なっている。それが，厳しい競争的・格差的教育状況の中で，「社会的疎外層」対策を重視したノ・ムヒョン政権に参加し，より民主的な教育＝生涯学習のあり方を追求してきた前教育長官（日本で言えば文部科学大臣）の発言だけに重要な意義があると言えよう。

鈴木敏正

目　次

はしがき　i

序　章　排除型社会を超えて……………………鈴木敏正……1
第1節　持続可能な社会と社会的排除問題 …………………………1
第2節　先進国モデルと日英韓比較研究 ……………………………4
第3節　社会的排除克服へのエンパワーメント過程 ………………9
第4節　「社会的協同の実践的時空間」を創造する地域再生教育 …13
第5節　本書の基本的視点 ……………………………………………17

特別寄稿　持続可能な社会と平生学習
　　　　　　　　　　　　　……キム・シニル（訳：ソン・ミラン）……23
第1節　人類社会は持続可能なのか …………………………………24
第2節　持続可能な社会の要件 ………………………………………26
第3節　持続可能な社会のための平生学習 …………………………27

前　編　失業・半失業問題と生涯教育訓練……31

第1章　経済的グローバリゼーションと社会的排除問題の構造
　　　　　　　　　　　　　………………………………鈴木敏正……33
第1節　生涯学習時代の社会的排除問題 ……………………………33
第2節　社会的排除問題と資本主義的世界システム ………………35

第3節　「排除型社会」をめぐって …………………………………41

第4節　「認識論的誤謬」の克服に向けて ……………………………45

第2章　イギリスとEUにおける社会政策の動向
──社会的排除，条件性，新福祉権威主義
………………ニック・エリソン(監訳：姉崎洋一　訳：向井 健)……53

第1節　ケインズ主義的福祉国家からシュンペーター的
ワークフェア国家，そしてその先へ…… ………………53

第2節　条件的福祉(Welfare Conditionality)に向けて ……………58
1　イギリス：失業者　59
2　一人親家庭　61
3　障　害　者　64

第3節　イギリスを超えて：就労強制社会政策(ワークフェア)
による活性的な世界へ？ ……………………………………67
1　ド　イ　ツ　67
2　デンマーク　68

第4節　労働賃金の創出か無責任な人たちの活性化か ………………70

第5節　結論：福祉権威主義と「個性化」 ……………………………73

第3章　韓国の失業問題と教育訓練
………………チョン・ヨンスン(訳：ソン・ミラン)……79

第1節　失業問題と労働市場の変化 ……………………………………80
1　大量の失業発生と失業対策　80
2　労働市場の流動性と不平等の深化　82

第2節　職業訓練政策の流れ ……………………………………………84
1　時代別の職業訓練政策の変化　84
2　生涯学習モデルの採択と職業能力開発　86

第3節　失業者教育訓練の実態 …………………………………………89
1　失業者の職務関連の生涯学習の参加の実態　89
2　失業者職業訓練の現況　90

3　失業者職業訓練の課題と政策方向　93
　第4節　結　　論 …………………………………………………………94
第4章　労働と社会的排除——現代における職業教育訓練の課題
　　　　　　　　　　　　　　　　　　　　　　　　上原慎一……99
　第1節　課　　題 …………………………………………………………99
　第2節　戦後における非正規雇用の多様化 ………………………………101
　　1　非正規化の展開　101
　　2　鉄鋼業とサービス職における非正規雇用　102
　　　(1)　鉄鋼業における重層的労働編成　102
　　　(2)　サービス職従事者　104
　　　(3)　労働と排除　106
　第3節　職業教育訓練の課題 ………………………………………………107
　　1　職業教育・職業訓練と企業内教育　107
　　2　地方自治体による「自立支援」・就労支援　109
　第4節　お わ り に ………………………………………………………110

第5章　労働と生涯学習と仕事——誰のための，何のための学習か？
　　　　　　　…………キース・フォレスター(監訳：姉崎洋一　訳：伊藤早苗)……115
　第1節　課　　題 …………………………………………………………115
　第2節　生涯学習と従業員の学習——ヨーロッパ連合の課題 ……………117
　第3節　従業員学習の特色 …………………………………………………119
　第4節　社会文化的学習 ……………………………………………………121
　第5節　結　　論 …………………………………………………………125

後　編　社会的排除克服への社会的協同実践 ………………………………129
第6章　社会的排除克服への地域再生教育 …………鈴木敏正……131
　第1節　市民社会と社会的協同 ……………………………………………131
　第2節　排除克服への歴史的実践例に学ぶ——水平社宣言の場合 ………136

第3節　社会的協同の現代的実践構造 …………………………139
　第4節　社会的包摂活動と「社会的企業」の論理 ……………143
　第5節　協同学習を進める地域再生教育へ ……………………146

第7章　日本の若者支援政策の端緒的形成と展望
　　　　──参加とユースワークのポテンシャル ………横井敏郎……151
　第1節　課　題 ……………………………………………………151
　第2節　ヨーロッパの若者移行政策のアプローチと領域 ……152
　　1　ヨーロッパの若者移行政策
　　　　──アクチベーションとホリスティック・アプローチ　152
　　2　若者移行政策におけるユースワーク　154
　第3節　日本の若者自立支援政策の内容と性格 ………………156
　　1　若者自立支援政策の始動
　　　　──「若者自立・挑戦プラン」・「再チャレンジ支援総合プラン」　156
　　2　小さな政府論の中の若者自立支援政策　159
　第4節　子ども・若者育成支援推進法の意義と課題 …………161
　第5節　若者支援政策のジレンマとその克服──結びに代えて ………166

第8章　韓国における地域間教育格差と政策的対応
　　　　………………………イム・ヨンギ（訳：ソン・ミラン）……171
　第1節　地域間教育格差の意味 …………………………………172
　　1　教育格差の意味　172
　　2　地域間教育格差の意味　173
　第2節　地域間教育格差の実態事例分析 ………………………174
　　1　都市内教育格差の事例　174
　　2　地方自治体（市・道）別の教育格差　175
　　3　地域規模別の教育格差　175
　　4　首都圏と地方間教育格差　177
　　5　都市・農村間の教育格差　177

第3節　都市内の地域間教育格差に対する政策的対応
　　　　　　──都市における低所得層の子女のための教育格差の解消事業 ……178
　　　1　低所得層子女の幼児教育支援　178
　　　2　教育投資優先地域の支援事業　178

　第4節　都・農間の教育格差に対する政策的対応
　　　　　　──農山漁村の教育条件の改善事業 ………………………………179

　第5節　地域間教育格差の解消のための今後の課題 ……………………181

第9章　韓国における地域教育共同体運動の展開
　　　　　　──忠南教育研究所における農村教育共同体の実践を中心に
　　　　　　………………………ヤン・ビョンチャン（訳：山下直子）…… 185

　第1節　課　　題 ………………………………………………………………185

　第2節　農村における教育力の回復と地域共同体の再生 ………………186

　第3節　農村の教育政策に対する地域的対応 ………………………………187
　　　1　進歩的な教師が中心の小さな学校を生かす運動　188
　　　2　地方自治団体主導による教育の諸条件改正プロジェクト　189
　　　3　学校と地域がともに行う地域の教育共同体運動　190

　第4節　農村における教育共同体の実践運動の展開
　　　　　　──公州ポンヒョン地域の忠南教育研究所 ……………………191
　　　1　忠南教育研究所の出発　191
　　　2　廃校を再び地域の教育センターとして　192
　　　　(1)　農村における教育研究からの始まり　192
　　　　(2)　地域における児童と住民のための「マウル学校」　193
　　　　(3)　マウルが一丸となるイチョウの木マウル祭り　194
　　　3　地域とともに実践する教育共同体の可能性　195
　　　　(1)　マウルと外部をつなぐ媒介　195
　　　　(2)　忠南農村教育希望探しネットワークの広がり　196

　第5節　結　　語──農村の希望教育ネットワークを目指して …………196

第10章　社会的排除問題に取り組むイギリス社会的企業
　　　　　　…………………………………………………………大　高　研　道……201

第1節　可視化される貧困と社会的排除 …………………………………201

第2節　自立支援と社会的企業 ……………………………………………202

第3節　ヨーロッパにおける社会的企業論の動向と特徴 ……………205

第4節　社会的企業アカウント3による就業・自立支援 ……………208
　1　組織概要　208
　2　アカウント3による自立支援　210
　3　職業訓練プロジェクトと女性企業プロジェクト　210
　4　地域を基盤とした女性の自立支援システム　212

第5節　アカウント3による自立支援の特徴 …………………………214

第6節　社会的排除克服に取り組む社会的企業が提起するもの …216

第11章　釧路市の地域再生とNPOの役割
　　　　──生活当事者発信のまちづくり実践　……………日置真世……221

第1節　「NPO法人地域生活支援ネットワークサロン」………………221
　1　マザーグースの会からネットワークサロンへ　221
　2　釧路の親の会から派生したネットワーク　223
　3　ネットワークサロン事業増殖の様子　224

第2節　生活当事者の発想による地域づくり実践のポイント ……225
　1　「エンパワーメント・協働のポイント①
　　　生みの親発のサービスづくり」　225
　　(1)　生みの親発サービスづくり　225
　　(2)　個別支援事業の展開過程　226
　　(3)　障がい児の放課後支援事業の展開過程　227

　2　「エンパワーメント・協働のポイント②
　　　多様な「たまり場」をつくり出す」　228
　　(1)　「たまり場」機能のつくり方　228
　　(2)　自らの活動・事業による「たまり場」　228
　　(3)　公的な会議体を活用する「たまり場」　229
　　(4)　新しい組織創出による「たまり場」　231

　3　「エンパワーメント・協働のポイント③
　　　課題解決のためのマネジメント手法を持つ」　232
　　(1)　ニーズを実現化するための発想　232

(2)　ニーズに応じた制度活用　233
　　　(3)　あるものをフル活用〜多機能性と柔軟性　234

第3節　生活ニーズと地域資源を発掘・有効活用する……………235

　　1　市民が担い手になるモデル事業の実施　235
　　2　コミュニティハウス　冬月荘　235
　　　(1)　生活課題から地域主権を考えるプロジェクトへ　235
　　　(2)　コミュニティハウスの2つのコンセプトと実施内容　237
　　　(3)　可能性いっぱいコミュニティハウス　239

　　3　コミュニティ岩盤浴　波動空間　爽　239

第4節　地域再生につながる地域づくり……………241

　　1　福祉的発想活用の地域づくり　241
　　2　市民による地域づくりの意義　243

終　章　持続可能な包摂型社会へ……………鈴木敏正……245

第1節　社会的排除と環境問題の同時的解決……………246

第2節　グローカルな時代の「持続可能な地域づくりのための教育」へ……………249

第3節　韓国農村における地域再生運動に学ぶ……………255

第4節　地域生涯教育の計画化と「実践の学」としての教育学…260

　あとがき　265

　索　　引　271

図表目次

図 0-1　現代先進国の教育構造　8
表 0-1　社会的排除／包摂の構造と生涯学習　18

表 2-1　1970 年から 2003 年までの OECD 諸国における組合加入者　55
表 2-2　1970 年から 2003 年までの OECD 諸国における労働組合の組織化　55
BOX 1　ヨーロッパの有効求人は落ち込んでいる　71

表 3-1　失業率および失業給与需給人数の推移　82
表 3-2　従事上の地位に伴う非正規職労働者の推移　83
図 3-1　平生職業能力開発政策領域　88
表 3-3　韓国失業者職業訓練　92
表 3-4　失業者再就職(転職失業者)訓練支援現況　92

表 4-1　飲食店の雇用構造(2004 年)　105
表 4-2　「ハンバーガー店」の雇用構造(2004 年)　105
表 4-3　和泉市における就労支援事業　110

表 6-1　社会的協同の展開と自己教育活動　140
図 6-1　失業者・高齢者の企業組合・労働者協同組合の展開　143

表 8-1　PISA 科目別成就度　国家別・地域別比較凡例　176
表 8-2　PISA 科目別成就度　国家別・地域別比較凡例　176
図 8-1　都市と農村の教育格差平均効果の大きさ　178

図 10-1　アカウント 3「女性企業プロジェクト」のサービス供給体制　212

図 11-1　可能性いっぱいコミュニティハウス　239
図 11-2　これまでの福祉の発想(経済力を高→低へ最低限の分配)　242
図 11-3　これからの福祉の発想
　　　　　(経済力に化学反応をおこす　みんなで地域をつくる・まわす)　242

序　章　排除型社会を超えて

鈴　木　敏　正

第1節　持続可能な社会と社会的排除問題

　「持続可能な社会」は自然環境問題や資源・エネルギー問題との関わりで議論されることが多い。しかし，現在の社会が分裂したり，世代的再生産が危うくなったり，社会システムが崩壊したりするような危機にあるとすれば，社会自体の持続可能性が問われなければならない。それは，環境論的にみた「共生型持続社会」を基盤としながら，より安心で平和的かつ平等で民主的な社会，「持続可能な福祉社会」や「新福祉国家」に向けた理論と実践を問うことになるであろう[1]。

　このように考えた場合，21世紀最大の社会問題は，「危険社会化」と「格差社会化」が行き着いた先としての「社会的排除 social exclusion」問題である。その多くは社会的階層問題として理解されており，中高年問題や後期高齢者問題，母子世帯，外国人労働者，特に若者を中心としたフリーター，ワーキング・プア，ネットカフェ難民，ニート，そしてホームレスなどの問題は，これらの階層に共通する高度の「不安定性 precarity」に着目した「プレカリアート（不安定階級）」という造語さえ生み出した[2]。社会的排除問題は社会を分裂させ，持続的発展を危うくさせかねない問題として重大な政策的課題になってきており，2008年末からの「年越し派遣村」はそれらを象徴するものとなった[3]。

　本書は，社会的排除問題が深刻化する「排除型社会」を超えて「持続可能な包摂型社会」を形成しようとする諸活動の全体を「生涯学習の基礎構造」

と捉え，その性格を検討することを通して，21世紀型生涯学習を展望しようとしている。その際，上記のようないわば「階級的・階層的排除問題」に，相互に関連しながらも相対的に独自の問題である「空間的・地域的排除問題」を加えて，社会的排除問題を考えてみたい。1990年代後半から始まる「地方分権」政策，特に21世紀に展開された「平成の大合併」の下，自治体財政の困難が拡大し，社会的インフラストラクチュアが縮減して，崩壊の危機にさらされている地域社会が増大している。「地域社会再生 community regeneration」は，今や地球的・時代的課題となっているが[4]，それは住宅・居場所の確保，多様な「社会的資本 social capital」を含むコミュニティの再建など，社会的排除克服の政策と実践にとっても重要な課題となっている。

「社会的排除」は，経済学や社会政策論で考えられてきた「貧困 poverty」，法学・政治学的な「権利剥奪 deprivation」，あるいは社会学的な「社会的不利益 disadvantage」や「社会的格差 differentiation」などに関わるが，それらのいずれとも異なる概念とされている。社会的排除問題に対処する「社会的包摂 social inclusion」政策に最も積極的に取り組んできたとされているイギリスの社会的排除対策室によれば，社会的排除とは「失業，低熟練，低所得，劣悪住宅，高犯罪発生率を生む環境，健康状態の悪さ，家庭崩壊といった相互に関連する問題が組み合わさった状態に置かれている個人または地域に生じる問題」であった[5]。ここではまず，第1次的接近として，社会的排除とは「形式的あるいは実質的に社会の構成員として処遇されなくなること」だと理解してみよう。それは，社会的・共同的存在としての人間であることが否定されることにつながり，ひいては人間の尊厳，「人権」の問題に関わることを意味する。

すべての人間が平等な「人権」をもつということは，近代フランス革命の「人権宣言」が示すように，近代以降に発達した理念である。その背景にあったのは「啓蒙思想」で，すべての人間が「自由と理性」を発揮できるような社会，「自由・平等・友愛」が実現できるような社会が求められてきた。人権思想も発展し，第2次大戦後においては，国連の世界人権宣言(1948)・

国際人権規約(1966)や日本国憲法(1947)において,「基本的人権」の権利項目が確認されてきた。それらは「人類の多年にわたる自由獲得の努力の成果」(日本国憲法第97条)であった。これらに基づき,「自由権」そして「社会権」としての人権が追求されてきたが,20世紀最後の4半世紀以降,これらに加えて「第3世代の人権」,特に「連帯権」が提起されている。ジェンダーの権利,文化的マイノリティの権利,アイデンティティの権利,そして環境権,国際的人権などをどのように位置づけるかについても,現代的人権論の課題となっている。

　しかし,現実の社会においては,近代的な「人権」をも享受できていない人々がいる。現代においてもそのことが重大な問題になっていることは,1995年に始まる国連の「人権教育の10年」が端的に示している。その行動計画で対象になった集団は「あらゆる識字レベル及び教育レベルの人々,並びに障害をもつ人々」とされ,特に「女性,子ども,高齢者,少数者,難民,先住民,極貧の人々,HIV感染者あるいはエイズ患者,並びに他の社会的弱者」(同計画第23項)が挙げられている。日本の国内行動計画(1997)では「重要課題」として,これら以外に「同和問題,アイヌの人々,外国人,刑を終えて出所した人々」などが指摘されている。これらの人々は,それぞれに固有の歴史的・社会的・文化的脈絡をもっているが,今日では「社会的に排除された人々」と理解される人々である。しかし,この時点の日本では,「社会的排除」問題として政策上あるいは研究上の課題になっていたわけではなく,政府担当者に社会的排除問題が意識されるのは,特に不安定階層化する若者が社会問題として取り上げられるようになってきた21世紀になってからである[6]。焦点となる社会的被排除者の理解も冒頭で挙げたような諸階層に広がり,多くの国民・地域住民にとって一般的な社会問題となってきている。これらのことは,社会的排除が社会的・政策的に問題となってくる背景と条件・プロセスについて,より立ち入った検討が必要となることを示しているであろう。

　現段階の社会的排除問題にアプローチするために,われわれは主たる調査研究対象を「先進国周辺」に置いている。それは先進と後進の中間にあり,

両者の問題を媒介する位置にある。そこでは，先進国が蓄積してきた理論・政策・制度，そして経済的・社会的・文化的・政治的力量が問われていて，実際にさまざまな問題解決のためのプロジェクトが展開され，その実践過程の検討は地球的規模での問題解決にとって有益な示唆を与えてくれる[7]。もちろん，同じ先進国といっても多様である。われわれは，先発先進国としてイギリス，後発先進国として韓国，そして，いわば中発先進国として日本を取り上げている。

この序章では，第1に，分析の前提となる「先進国モデル」を検討した上で，第2に，社会的排除問題へのアプローチのあり方を考え，第3に，社会的排除問題克服のための実践の展開方向，特に「地域再生教育」のあり方を提示する。そして最後に，本書の基本的視点について述べることにする。

第2節　先進国モデルと日英韓比較研究

現代の先進国における社会的排除理解の前提となるのは，「公民権 citizenship」の考え方である。その基準を与えたのは T. H. マーシャルであった。彼は，公民権を一定の共同体の「完全なる構成員に与えられた地位身分」であり，これによって人々は「権利と義務において平等」となると理解した。それは18世紀的な「市民的」権利(身体や言論の自由)，19世紀的な「政治的」権利(選挙権・被選挙権などによる政治的参加権)，そして20世紀的な「社会的」権利(福祉や安全な生活への請求権)として発達してきたとされる[8]。こうした理解を踏まえるならば，彼の言う意味での市民的・政治的・社会的権利が保障されない人々が「社会的に排除された人々」ということになるのである。

この公民権には，近代以降の歴史を踏まえて，現代社会において当たり前に生きていく権利，特に社会経済的に自律的に生きていく権利が含まれている。それゆえ，例えば今日，社会的排除問題の焦点となっている若者問題を考える際に適合的なものとされ，「市民教育」や「就業訓練」などの社会的包摂政策の前提的理解となり，特にマーシャルの母国イギリスでは，さまざ

まな若者対策がとられてきた。現段階では，「ヨーロッパ市民」としての権利やグローバル市民としての権利をどのように位置づけるか，といった21世紀的課題にどう具体化するかという課題も提起されている。しかしその前に，若者の社会的排除問題を踏まえて，「市民教育」を発展させるために当面する課題としては，次のような点を指摘できる[9]。

　第1に，個人的権利を前提にしたシティズンシップ論を現代的人権，特に連帯の権利や集団的権利，参画権へと発展させていく必要性である。第2に，若者を社会的存在として捉え，関係論的視点から見直し，社会的諸関係，特に「社会的資本」のあり方との関わりで理解することである。第3は，労働市場や消費市場，あるいは国家的政策を踏まえつつも，若者が現に働き生活している地域と地域社会の視点を位置づけることである。そして第4に，直接的に若者に働きかける実践過程，特に若者が市民性を獲得していく過程を援助・組織化する教育実践の論理を明らかにすることである。

　これらのことを念頭に置きつつ，ここでは，現代生涯学習の視点から日英韓比較研究を進めていく際に前提となる枠組みついて整理しておくことにしよう。

　周知のように，エスピン＝アンデルセンは国家・市場・家族からなる複合的な「福祉レジーム」という視点から，自由主義・保守主義・社会民主主義という戦後先進国の3つの類型を提起した。それによれば，イギリスは自由主義，日本は自由主義と保守主義の合成型になるのではないかとされてきた。エスピン＝アンデルセンの邦訳者の1人である渡辺雅男は，それは誤解であって，日本はヨーロッパ大陸型の保守主義的な「男性稼得者モデル」とも区別される，地中海型の「家族主義モデル」の変種であり，儒教的伝統もありつつ，家族主義が法的規範として確立されている「東アジア」的性格をもったものとして理解されるべきだとしている[10]。そこには韓国も含まれるであろう。

　「福祉レジーム」論を推し進めて社会的排除理解の類型を考えることもできる。例えば，H.シルバーによる，①フランス共和主義的「連帯パラダイム」，②アメリカ自由主義的「特殊化パラダイム」，③西欧に支配的な「独占

のパラダイム」という「3つのパラダイム」や，R.レヴィタスの，①再分配主義，②道徳的アンダークラス説，③社会統合主義という「3つの言説」である。それぞれ，社会民主主義，保守主義／自由主義，「第3の道」(政府・市場・市民秩序のバランス)という政治イデオロギーに対応するものと考えられる[11]。しかし，例えば②に位置づけられてきたイギリスの新労働党政権の政策をみれば，これらのどの側面もみられるのであり，まず必要なのは，それら全体に関わる先進国の社会的包摂政策の構造的把握であろう。

先進国の社会システム比較研究の基準としては，「家族(世帯)―経済構造―市民社会―政治的国家」の関連構造を考えることができる。

この基準からみれば，エスピン=アンデルセンの「福祉レジーム」論の問題点は，経済構造を市場一般で理解する抽象性，そして「市民社会」の位置づけがないことである。例えば，社会的排除に最も関連する労働市場は，「市場」一般では捉えられない独自性がある。この点，最近において宮本太郎が，福祉レジームと対等に「雇用レジーム」を位置づけ，両者の相互関係において日本に固有な「福祉政治」の展開を描いていることは示唆的である。その結果，宮本は21世紀において日本的な「分断の政治」を乗り越えていくためには，「ライフ・ポリティックス」の視点が必要であることを指摘しているが[12]，それこそ市民社会論が不可欠であることを示すものであろう。

なお，日本の大衆社会=市民社会の脆弱性と，現段階における収縮を指摘してきた後藤道夫は，日本は企業社会を核として大衆社会統合を進めつつ，経済成長を介して間接的に国民生活を支援するような「開発主義国家」であるとし，そこから被生活保護者の「被救恤層化」とワーキング・プアの忘却といった状況(今日における社会的排除問題の顕在化=噴出)が生まれていったことを指摘している[13]。「開発主義国家」という視点は，イギリスと日本，そして日本と韓国の共通性と差異を理解する上で重要な視点となろう。しかし，日本はもちろん，1980年代末葉の民主化運動と政治体制民主化以降の韓国の動向をみるためには，市民社会の位置づけが不可欠になってきている。

ここで方法論的問題として指摘しておかなければならないのは，第1に，「福祉レジーム」という視点そのものの有効性である。現段階における先進

資本主義国において支配的なのは，「新自由主義」あるいは「新自由主義プラス新保守主義」であり，先進諸国の制度と政策はその諸類型として考えることもできる[14]。周知のように，1980年代以降，先進国の政策理念において支配的になってきた「新自由主義」は，戦後福祉国家の解体を主要なスローガンとしてきたのであり，それに基づく政策・制度改革を進める国家を「福祉レジーム」という視点で捉えうるかどうかが問われることになろう。

また，グローバリゼーションの下，ポスト・フォーディズム＝知識基盤経済が進展し，福祉レジームの変容あるいは解体化が進む中では，レジーム自体の新しい理解が必要だとする提起もある。代表的なものは「シュンペーター主義的勤労福祉型脱国民レジーム(SWPR)」を主張するB.ジェソップであろう。彼は1960年代までに欧米で支配的であった「ケインズ主義的福祉型国家(KWNS)」に対して，新たなレジームの理念型であるSWPRにおいては，①国内の完全雇用よりも国際競争力の強化，②再配分型福祉権よりも社会政策の再秩序化，③国民国家よりも他の規模の国家活動，④混合経済的ガバメントよりも，交渉型ネットワーク社会におけるガヴァナンスが重視されている，と言う。そして，そうした視点から4つの理念型(新自由主義，ネオコーポラ主義，新国家主義，ネオコミュニタリアリズム)を提示している[15]。

第2に，福祉レジーム論の類型論的限界である。そうした視点からは，1国レベルであれ，先進国全体であれ，社会的排除問題を構造的に理解することはできない。それは類型論的レジーム論一般の限界でもあり，例えば新たなレジームの4つの類型を提起したジェソップも，それらは「戦略」あるいは「構成要素」であるとも言い，「知識基盤経済のグローバル化を期すという点では複合化し，特定の事例において具体化している」と述べている[16]。われわれは，日英韓を念頭に置きながら現代国家の諸形態を考え，1つの国についても法治国家・福祉国家・企業国家・危機管理国家，そしてグローバル国家(それぞれ，自由主義・改良主義・新自由主義・新保守主義・大国主義の理念を基本とする)の構造的連関のダイナミズムをもったものとして捉えていきたい(後掲の表0-1参照)。ジェソップの言う「シュンペーター主義

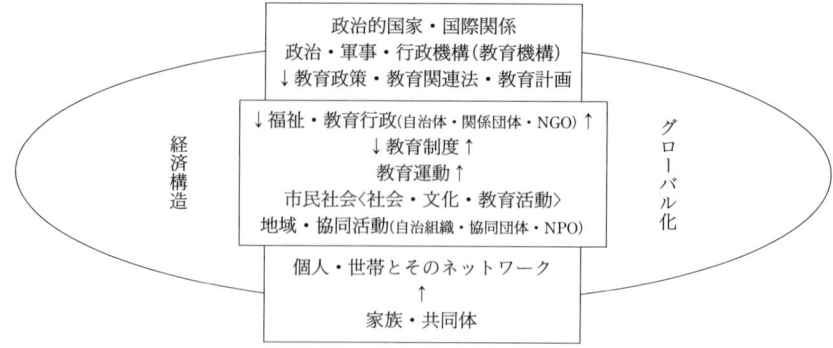

図 0-1　現代先進国の教育構造

注) 鈴木敏正『新版　教育学をひらく』青木書店，2009, p.159, 参照。

的勤労福祉型脱国民レジーム」は，これらのうち企業国家を基本としながらグローバル国家を志向する際に特徴的に現れるものであると理解することができる。

以上のようなことを考慮しつつも，われわれにとって重要なことは，まず「家族(世帯)―経済構造―市民社会―政治的国家」の構造的把握であり，そこに社会的排除に関わる諸制度と地域構造の展開を踏まえて，社会的排除問題に取り組む諸実践の意味，特に教育的アプローチの意義について考えていくことであろう[17]。

ここで，先進国社会システムと生涯学習を理解するための教育構造を示すならば，図 0-1 のようになろう。

日本では教育政策の中心スローガンが「生涯学習体系への移行」となった臨時教育審議会最終答申(1987年)以降，生涯学習時代に入ったと言えるが，それは同時に経済のグローバリゼーションの時代であり，それまで背景にあった経済構造(特に多国籍企業化する企業社会)が前面に現れ，全体を強く規定するようになってきた。その結果生まれる構造変容[18]の過程で，まさに社会的排除問題が深刻なものとなり，政策的にも「社会的排除問題」として理解されるようになってきたのである。先進資本主義国の現段階＝グローバリゼーション時代に現れたこの社会的排除問題こそ，われわれが持続可能

な社会を目指す際に克服すべき課題として検討の対象にするものである。

第3節　社会的排除克服へのエンパワーメント過程

　以上のような「先進国モデル」の理解を前提にしつつ，われわれは政治学や経済学や社会学ではなく教育学的視点から，排除型社会を超えて「持続可能な包摂型社会」を目指す活動と関わる生涯学習のあり方を考えようとしている。そこで，以下ではより実践的視点から，社会的排除克服への基本的論理について検討しておくことにしよう。

　社会的排除問題を克服しようとする政策と実践は，結局，被排除者のエンパワーメント過程をいかに促進するかという実践的課題に行き着く。それは，改良主義(援助者を問題解決の主体と考える思想)から革新主義(被排除者を問題提起・解決の第1義的主体と考える思想)への転換であり，改革主義(援助者と被援助者の協同による社会制度改革＝創造の思想)への方向を示すものである。

　被排除者のエンパワーメントに関してしばしば援用されるのは，アマルティア・センの「ケイパビリティ(潜在能力)」アプローチである。センは人間的諸能力を，それらの実現に必要な諸条件と不可分のものと考え，それらを選択する自由を重視したがゆえに，動態的で具体的な社会的包摂対策を生み出す政策科学の発展への可能性を切り開いた。社会的排除のグローバル化を強調するバラとラペールは，センの貢献は，社会政策の範囲を広げて，市民をエンパワーし，行為への実際の自由を実現するための手段をすべての市民に提供するという視点を示したことにあると言う。そして，前述のマーシャルとともに，失業者が労働市場へ再統合され，被雇用者が「生涯学習を通して」自分たちの「被雇用力 employability」を維持するための「活性化政策 activation policy」や積極的労働市場政策を視野に入れさせたことに注目している[19]。

　センの提起は，「国連開発計画(UNDP)」の「人間開発指数(HDI)」を開発する理論的ツールともなった。それは，旧来の「所得」に代わる人間福祉

の全体像を示す，国際的影響力のある尺度となっている。具体的には，①出生時平均余命で測定される長命で健康的な生活，②成人識字率と初・中・高等教育総就学率で測定される知識，③1人当たりのGDPで測定される人間らしい生活水準，の3つに集約されるものである[20]。③はほかに国際比較をする指標がないために採用されているという側面があるが，問題はあくまで一人ひとりの「生活の質」である。

　例えば，「社会的排除の極限」として考えられるのはホームレスであろう[21]。その支援に実践的に関わってきた憲法学者・笹沼弘志は，センに学びながら，「財＝条件が主体に働きかけ，主体がそれに応えるプロセス」を「能力 capability」とし，能力は条件によって初めて「形成＝発見されるもの」だと言う。そして「自立」とは，「他者の援助を受けていようとも，自分が利用できるさまざまな手段を活用して，自分が生きたいように，自由に，自己決定により生きていくチャンスが保障されている状態」だと述べて，そうした視点に立ったホームレス支援の重要性を強調している[22]。

　セン自身は「選択の自由」の重要性を強調したために，市場主義的な「新自由主義的」理論に吸収されかねない側面をもっている[23]。上述のように，「第3の道」路線による社会的排除対策としての「活性化政策 activation policy」や積極的労働市場政策に取り入れられていることについても，同様のことが言えよう。センの理論を発展させるためには，「潜在能力」とそれを発揮するために必要な社会的諸条件を具体的に提示すると同時に，人々の自由を「選択の自由」に限定せずに，「批判の自由」や「創造の自由」あるいは「協同の自由」を含めて理論的・実践的に発展させていくことが必要である。

　センの協同研究者ヌスバウムは，10の「中心的ケイパビリティ」を挙げた。すなわち，①生命(正常な長さの人生を最後まで全うできること)，②身体的健康，③身体的保全，④感覚・想像力・思考(これらを使用して想像し，考え，判断が下せること)，⑤感情(愛せること，嘆けること，切望や感謝や正当な怒りを経験できること)，⑥実践理性(良き生活の構想を形づくり，人生計画について批判的に熟考することができること)，⑦連帯(A　他の人々

と一緒に，そしてそれらの人々のために生きることができること，B　自尊心をもち屈辱を受けることのない社会的基盤をもつこと），⑧自然との共生，⑨遊び（笑い，遊び，レクリエーション活動を楽しめること），⑩環境のコントロール（A　政治的：政治的選択に効果的に参加できること，言論と結社の自由が護られること，B　物質的：資産をもつ，対等の財産権，雇用を求める権利，不当な捜査や押収から自由であること）である。これらはすべて質的に異なるものとして中心的重要性をもっているとされているが，特に「実践理性」と「連帯」は，「他の全ての項目を組織し覆うものであるために特別に重要であり，それによって人は真に人間らしくなる」とされている[24]。

　一般に，これらが保障されなくなることを社会的排除，これらを保障する空間が奪われていくことを「空間的排除」，それが一定の社会層に集中的に現れることを「階層的排除」と言うことができる。ヌスバウムには，他の人々と協力し合い，互いに助け合いながら自分自身の生活を築いていく「尊厳をもった自由な存在」という人間観がある。それゆえ，「実践理性と連帯（社会性）」が最も人間らしい力であり，真に人間らしい生き方はその２つによって形づくられると言うのである[25]。そのことは，「選択の自由」を前提としながら，「創造の自由」と「協同の自由」を発展させることが焦点となってきていることを示している。われわれは，その展開を社会的協同活動において考え，本書後編で具体的実践例を取り上げて検討する。

　このようにみてくると，社会的排除問題への「潜在能力アプローチ」においてより重要なことは，社会的に排除された人々の「エンパワーメント（主体的力量形成）」過程への着目を促したことである。上記のような「潜在能力」理解は，さらに主体形成過程の理解に発展させなければならない。そうして初めて，社会的排除問題をより実践的に捉えることができるようになる。そのためには，次のような把握が求められるであろう。

　まず，諸個人を「諸能力（「潜在能力」）→活動（「行為」）→仕事（結果の「分配」を含む）→人間的諸関係（「連帯」を含む社会的・政治的関係）」の総体において捉えた上で，社会的排除問題を現代的人格の自己疎外とその克服の対抗的関係＝過程として把握することである。つまり，筆者が提起してきたよ

うな「人格の構造」[26]を踏まえて，諸人格の自己疎外(社会的排除はその一形態)とその克服過程＝エンパワーメントの対抗的関係として把握することが必要である。ヌスバウムの言う「実践理性と連帯」の発展は，諸人格の主体形成＝「自己実現と相互承認」の展開過程であり，社会的排除問題は，人々の自己実現(「実践理性」)と相互承認(「連帯」)の機会が奪われていくことによって「脱主体的力量形成 disempowerment」)が進むという自己疎外の過程にほかならない。

　自己疎外は，①人間的諸能力からの疎外，②活動・労働からの疎外，③(社会的)生産物からの疎外，そして，これらの結果であり原因でもある④人間関係からの疎外，に区分することができる。社会的排除論は，これらのうち特に④に着目してきたのであるが，最近ではそれを経済構造のあり方に結びつけようとして，③の視点(分配問題)との相互関連において分析するような研究も生まれてきている[27]。しかし，①および②を抜きにしては社会的排除の根拠を捉えたことにならない。

　自己疎外の総体を克服して主体形成を遂げるためには，まわりの世界と自分の世界をともに変革していくような実践が求められる。そこで不可欠になるのが，対象意識と自己意識の批判的・反省的形成を促し，それらを実践的に統一する「現代の理性」(ヌスバウムの言う「実践理性と社会性」)を形成するような学習活動，それらを意識的・組織的な活動として展開する自己教育活動である。この自己教育活動を援助・組織化するのが教育実践であるが，われわれは具体的に「地域社会教育実践」，特に地域再生に取り組む「地域再生教育」のあり方を考えなければならない。

　ここで問題となるのは，そうした教育実践の内容構造である。理論的に言えば，「実践理性と社会性」を具体化し，社会的排除問題を克服していく基本方向は，人権＝連帯権，生存＝環境権，労働＝協業権，分配＝参加権，参画＝自治権と展開する現代的社会権を実現すべく，「意志協同 association」，「生活協働 cooperation」，「生産共働 collaboration」，「分配協同 sharing」，「地域共同 community」と展開する社会的協同の実践を進めていくことである。教育学の視点からは，それらの実践と不可分に展開する自主的・主体的

な学習活動，すなわち，教養・文化享受，生活・環境学習，行動・協働学習，生産・分配学習，自治・政治学習と展開する自己教育活動を援助・組織化する地域社会教育実践を推進するということである[28]。

　これらは本来，ひとり社会的被排除者のためのものだけではなく，「現代生涯学習の基本領域」をなすものとして，すべての人々に保障されるべきものであるが，ほとんどの人々が社会的排除の状態に陥る可能性をもっている「排除型社会」において，その発展は誰にとっても現実的必要となってきている。こうした内容構造をとる生涯学習によって社会的に排除された人々がエンパワーメントしていく過程，それは同時に，彼・彼女らを援助する人々が学んでいく過程であり，援助を必要とする人どうし，そして援助を必要とする人々と援助する人々がともに学び合うような関係を，いかにつくっていくかが，社会排除問題に取り組む教育実践が当面する基本課題である。

第4節　「社会的協同の実践的時空間」を創造する地域再生教育

　「地域再生教育 Education for Regenerating Community」は地域再生と教育再生を統一しようとする実践であるが，当面する課題を教育再生の側からみれば，まず，地域で展開されている多様な社会的排除問題克服のための学習活動を総括する実践である。それは「地域共同 community」形成を目指す地域づくり実践の一環として重要な意味をもつようになってきた。

　われわれはこれまで，欧米の社会的不利益地域で展開されてきた「地域社会発展教育 community development education」の理論と実践を踏まえて，それに照応する日本の実践領域として「地域づくり教育」を提起し，特に「地域をつくる学び」を援助・組織化する教育実践を「地域創造教育」と呼んできた[29]。しかし，地域創造教育の発展のためにも，社会的排除克服のための社会的実践の重要な一環として空間的排除克服に取り組むことが求められる。それをここでは「地域再生教育」と言うことにする。つまり，「地域づくり教育」は，「地域再生教育」と「地域創造教育」からなるものとして

考える。それは実体的区別というよりも方法的なものであり，地域再生教育は地域における社会的排除問題(第1節で述べた階級的・階層的排除問題と空間的・地域的排除問題の統一)の克服という視点から位置づけられるものである。

　地域再生教育が直面している地域格差・地域衰退はまず，中核＝中枢へ諸資源が集中することの対局として生じている「空間的・地域的排除」問題である。それは世界システムの周辺的地域に典型的に現れるが，先進国でも農林水産業や石炭・繊維などの「衰退産業」(周辺的生産)を抱えた地域では構造的な排除問題が存在する。また，不断に利潤追求を目指す資本の国際的移動によって，「半周辺地域」(ウォーラーステイン，本書第1章参照)ではしばしば産業の空洞化がおこり，それを契機とした空間的・地域的排除問題が深刻化している。そして，最近の世界同時不況といった状況下では，情報産業や自動車や電器といった「中核的生産過程」に位置づけられてきた産業が存在していた地域でも，雇用の縮減に始まる社会的排除問題が重要な地域的課題となってきている。

　戦後日本においては，多くの地域開発政策が展開されてきた。1990年代後半からは「グローバル国家」化の下での行財政構造改革と「地方分権」政策，21世紀に入ってからは「平成の大合併」による地域再編がなされてきている。そして今，グローバリゼーション下の多国籍企業の展開に主導された地域再編政策として，道州制導入が問題とされている[30]。このような動向に対して，地域からの内発的発展の試みがあり，地域衰退・地域産業空洞化を克服する「地域内再投資力」や地域住民主権の重要性が指摘され[31]，「小さくても輝く自治体」や合併市町村の地区レベルでの地域再生が取り組まれている。

　こうした中で，例えば中村剛治郎が「地域政治経済システム」を提起していることは[32]，前節でみたことからも注目される。彼の地域をみる視点は，地域を人間発達の場とすることから始まり，その総合性・独自性・主体性・開放性・世界性を捉えようとするものであり，人間＝人格の理解にも必要なことである。それは，旧来の「開発 development」政策を超えて，人間の

「発達 development」の論理を地域に内発的な「発展 development」の論理と結びつけていくことにつながる[33]。地域再生の展開論理については多様な議論がなされつつあるが[34]，社会的排除を克服してエンパワーメントしていく地域住民の自己教育活動と，それを援助・組織化する教育実践の展開論理と重なる。

そうした理解の上で，あらためて踏まえられるべきは次の点である。

第1に，社会的排除の地域的連関である。都市と農(山漁)村の社会的排除はメダルの裏表である。農村の地域再生は都市の地域(コミュニティ)再生と結びつけて考えられなければならない。実践的には，例えば多様な農村と都市の交流を通して地域再生のあり方を考え，都市の学校から排除された子どもたちが過疎地域における山村留学などによって「再生」しているといった事例から，教育再生のあり方を学び取る必要がある。

第2に，周辺市町村の内部にも，市街地と周辺農(山漁)村集落という地域格差が存在することを踏まえて，地域全体の空間的排除の構造を捉える視点が必要となる。そのためにはまず基礎自治体のあり方を「地域政治経済学」的視点で考える必要があるが，「大合併」が進む今日だからこそ「狭域自治」を重視し，より多くの地域住民が主体的に参画し，実際に地域再生に取り組むことができるような「地区計画」のレベルから考えることが求められている。

第3に，社会的排除問題は，地域における諸個人・諸組織の諸活動とそれに関わる「意識」を媒介にして発現するということである。例えば，人口が減少するから過疎問題という空間的排除が起こるということを一面的に強調すると，ある種の「客観主義」に陥り，その結果は「あきらめ」となり，「なりゆきまかせ」になる。もちろん，現実を無視した「主観主義」も問題を抱えているが，「心の過疎」からの脱却が地域再生を進める上で大きな転換点になるのである。

それゆえ，第4に，排除され，排除されがちな人々のエンパワーメント過程としての「意識変革」に関わる学習と，それを援助・組織化する教育実践が重要な意味をもってくるということである。その際には，「空間的排除」

を克服していく親密圏，居場所，そして多様な協同空間・公共空間の形成が重要な意味をもつことになるであろう。

　以上のことを踏まえて地域は，地域再生を進めようとする「社会的協同実践の時空間」として理解されなければならない。社会的諸実践とは，諸個人が組織される最小単位である世帯と国家・地域行政との間にある諸組織・団体によって展開される，なんらかの協同的活動である。それらはしばしば，各自治体の範域はもちろん，国家の枠も超えていく。また，組織の構成員自体が各自治体をまたがっている場合もある。その目的と活動内容はきわめて多様であり，それぞれ固有の目的とテンポをもつ。それらの検討には歴史的・構造的・実践的視点が求められるが，それぞれ生きた変化の過程にある集団的・組織的活動の関連構造を踏まえた「過程志向的構造分析」[35]を必要とする。それはいわば，空間的視点と時間的視点を，関係的視点を媒介にして統一することを意味する。

　地域再生に関わるのは，異なる複数の集団・組織・団体であり，それらが相互に関連し合って地域再生が可能となる。最近では新旧の諸組織の間での相互浸透や，多様な「中間的支援組織」の展開もみられる。こうした中で，規模や性格において多様な協同関係のネットワーク化とハイブリッド化，地域再生のための「協同・協働・共同の響同関係」のあり方が問われているのである[36]。われわれは，上記の4つの点を念頭に置きつつ，地域において社会的協同実践を推進する「コミュニティ・ネットワーク」に注目しているが，それはまさに，参画＝自治権を具体化する「地域共同」につながる[37]。

　重要なことは，このような地域再生に取り組むそれぞれの協同活動，そして複合的な協同的諸関係の形成の中に，センの言う「潜在能力」の現実化やヌスバウムの言う「実践理性と連帯（社会性）」，すなわち地域住民のエンパワーメントの展開過程をみることができるということである。そして，その意識的追求のためにこそ学習活動が必要であり，現に内発的な地域再生の実践にそのことを確認することができる。

　以上に加えて，われわれに求められていることは，旧来の生涯学習や社会教育・学校教育のあり方を問い直すことである。生涯学習は，現代的人権，

世代間連帯，社会参画，そしてグローカルな視点に立ち，地域において住民的公共性を創造・再創造していくという視点から捉え直し，自己教育・相互教育を本質とする社会教育を中核に置く「社会教育としての生涯学習」として再構築しなければならない[38]。

　学校教育においても社会的排除問題への対応が迫られている。その基本方向は，「競争の教育」から「協同の教育」への転換であり，多様な子どもの「協同学習 cooperative learning」を中心としながら，親・地域住民・教師・子ども関係専門職といった，学校教育に関わるすべての者の相互教育から教育自治への方向を追求していくことになるであろう。「新自由主義＋新保守主義＝大国主義」(グローバル国家)を目指してきた「新教育基本法体制」に対して，ボトムアップから生涯学習・社会教育と学校教育の同時的改革を進める「地域生涯教育計画」づくりが当面の焦点となってきている[39]。そうした方向性からみるならば，地域再生教育とは，地域再生と学校再生を，地域社会教育実践を通して統一しようとする実践である。

第5節　本書の基本的視点

　前節までに述べてきたことを念頭に置き，本書では社会的排除問題の構造を捉え，それを克服して「持続可能な包摂型社会」を実現しようとする実践と関わる生涯学習のあり方を検討していく。その際の基本的視点をあらためて示すならば，表0-1のようになる。

　社会的排除とは，政治や経済とは区別された「社会」(市民社会)に現れた排除問題，さしあたっては，社会構成員としての参加資格を奪われた状態を指す。それは，市民社会に政治的国家と経済構造の論理が浸透する過程，つまり「官僚化・国家機関化傾向」と「商品化・資本化傾向」が展開される過程において発現する。それゆえ，社会的排除は社会的統合(包摂)の危機の認識を不可欠のものとし，同時に，複合的・動態的な性格をもつことになるのである。

　この表における「公民形成」および「市民形成」が実現されない状態が

表0-1 社会的排除／包摂の構造と生涯学習

現代国家 (政策理念)	法治国家 (自由主義)	福祉国家 (改良主義)	企業国家 (新自由主義)	危機管理国家 (新保守主義)	グローバル国家 (大国主義)
生涯学習政策	条件整備 市民教育	生活技術 職業能力開発	民間活力利用 参加型学習	公民道徳教育 ボランティア	教育振興 基本計画
公民形成	主権者	受益者	職業人	国家公民	地球市民
現代的社会権 〈社会的協同〉 Association	人権＝連帯権 〈意志協同〉 association	生存＝環境権 〈生活協同〉 cooperation	労働＝協業権 〈生産共同〉 collaboration	分配＝参加権 〈分配協同〉 sharing	参画＝自治権 〈地域共同〉 synergy
学習実践	教養・文化享受	生活・環境学習	行動・協働学習	生産・分配学習	自治・政治学習
市民形成	消費者	生活者	労働者	生産者	地域住民
社会的陶冶 ＝自己疎外	全生活過程 ＝市場関係	人間的諸能力 ＝労働力商品	人間的活動＝ 剰余価値生産	作品・生産物 ＝商品・労賃	人間的諸関係 ＝階級・階層

注）鈴木敏正『現代教育計画論への道程』大月書店，2008，p.283，同『教育の公共化と社会的協同』北樹出版，2006，p.141，参照。

「社会的排除」であり，それを克服しようとする実践が，現代的社会権を現実化させる社会的協同実践の展開なのである[40]。これらの総体を捉えることによって初めて，総合的な社会的排除問題への対応が可能となる。例えば福原宏幸は，社会的包摂政策にはシティズンシップ，個別的支援サービス，就労，所得（順不同）という4つの新しい政策領域が生まれたとし，「3つのパラダイム」と「3つの言説」との関わりにおいて英仏の政策の特徴を説明しているが[41]，それらの政策領域はこの表の第2列から第5列の一面をみていることになる。それぞれを関連領域全体の中で位置づけ，社会的協同実践の視点から意味づけると同時に，第6列を加えた関連構造を明確にすることが問われるであろう。

改良主義的理念に基づく福祉国家の危機が指摘された後，現代に支配的な政策理念は「新自由主義＋新保守主義＝大国主義（グローバル国家）」となり，それがグローバルな規模での社会的排除問題を引き起こし，新たに生み出してきたことは誰の目にも明らかである。これに対して真に民主的で，より平等な社会の建設への方向が問われている。現代国家論を代表する1人であるヒルシュは，グラムシ的視点を重視したその理論的結論と政治的展望として，「意識変革と行動変革の長期にわたる漸進的な過程」＝「ラディカルな改良

主義」による社会変革を提起している[42]。しかし，表0-1に基づくならば，われわれに求められているのは改良主義やラディカリズム（革新主義）を踏まえながらも，それらを超える実践の論理であり，それは「新自由主義＋新保守主義＝大国主義」に対置される「革新主義＋改革主義＝グローカル主義」と表現されるであろう（「グローカル」の意味については終章参照）。

　なお，本書で「生涯学習」という場合，表0-1の「生涯学習政策」および「学習実践」の行が示しているように，旧来の生涯学習行政が捉えていたものよりも広範囲の活動を含んでいる。日本の生涯学習政策は，もともと教育委員会の活動を超えた「総合行政」と考えられ，生活・福祉，産業・労働，自治・行政計画に関わるものとされていたが，実際にはなかなか縦割り行政を超えておらず，一面的・部分的な関わりである場合が多い。本書では，社会的排除問題に取り組むためには「総合性」が求められることを重視し，生涯学習においても総合的政策が必要であると考えている。学習実践に関しても，当然，教育委員会が中心となって進めている文化・教養・スポーツ活動だけでなく，生活・環境，労働・生産，自治・政治に関わる（「教育」とは呼ばれていない）領域を含めて検討することになる。ただし，既述のように，それらはあくまで排除され排除されがちな人々の自己教育活動と，それを援助・組織化する社会教育実践の展開として，すなわち「社会教育としての生涯学習」の視点から検討することになる。

　本書は図0-1や表0-1で示した構造理解の下，日英韓の比較研究を通して，社会的排除問題を克服し「持続可能な包摂型社会」を目指す生涯学習の展開論理を探ろうとしている。そのために，個々の生涯学習政策とそれらに関わる学習活動を紹介・分析するというよりも，基本構造をなすと考えられる経済構造の変容を踏まえた前編と，それに対応した市民社会での動向に注目した後編とに大きく分けて，より広い視野から，「基礎構造」的視点において生涯学習（教育訓練活動）を捉え直している。

注
1）矢口芳生・尾関周二編『共生社会システム学序説――持続可能な社会へのビジョ

ン』青木書店，2007；広井良典『持続可能な福祉社会——「もうひとつの日本」の構想』ちくま新書，2006；二宮厚美『日本経済の危機と新福祉国家への道』新日本出版社，2002，など。
2) 乾彰夫編『不安定性を生きる若者たち——日英比較フリーター・ニート・失業』大月書店，2006；雨宮処凛『プレカリアート』洋泉新書，2007。
3) 宇都宮健児・湯浅誠編『派遣村——何が問われているのか』岩波書店，2009。
4) これまでのコミュニティ論については，さしあたって，鈴木広監修『地域社会学の現在』ミネルヴァ書房，2002。最近のコミュニティ論については，ジェラード・デランティ『コミュニティ——グローバル化と社会理論の変容』NTT出版，2006(原著2003)。
5) イギリスの社会的包摂政策については，福原宏幸編『社会的排除／包摂と社会政策』法律文化社，2007，第4章；塚本一郎・柳澤敏勝・山岸秀雄編『イギリス非営利セクターの挑戦』ミネルヴァ書房，2007。典型としての北アイルランドの実態と成人教育／地域社会教育実践については，鈴木敏正編著『社会的排除と「協同の教育」』御茶の水書房，2002；同『地域づくり教育の新展開——北アイルランドからの発信』北樹出版，2005，など参照。
6) その最初の政策的文書は，2000年，厚生労働省社会援護局『社会的援護を要する人々に対する社会福祉のあり方に関する検討会報告書』やフリーター問題を取り上げた『平成12年度労働白書』にみられるが，具体的な政策は，省庁をまたがった「若者自立・挑戦プラン」(2003年度開始)からと考えられる。「社会的排除」をタイトルに入れた最初の著書は，鈴木敏正編著『社会的排除と「協同の教育」』前出，であろう。
7) 鈴木敏正編著『社会的排除と「協同の教育」』前出，pp. 6-7。同書は，北海道と英国北アイルランドの比較研究として，本研究プロジェクトの前提となる調査研究である。
8) T. H. マーシャル・T. ボットモア『シティズンシップと社会階級』岩崎信彦・中村健吾訳，法律文化社，1993(原著1992)。
9) 鈴木敏正『教育の公共化と社会的協同——排除か学び合いか』北樹出版，2006，補章。日英比較については乾彰夫編『不安定性を生きる若者たち』前出。
10) 渡辺雅男『市民社会と福祉国家——現代を読み解く社会科学の方法』昭和堂，2007，第4章。現代資本主義の類型論としては，例えば，市場ベース型経済，社会民主主義型経済，アジア型経済，大陸欧州型資本主義，南欧型資本主義というB. アマーブル『5つの資本主義』藤原書店，2005(原著2003)，の提起がある。
11) 福原宏幸は，①は独占パラダイム，②は特殊化パラダイムに重なるところがあるが，連帯パラダイムは社会統合主義言説と必ずしも一致せず，むしろ「自立支援対参入支援」という，フランスとイギリスの社会的包摂政策における対立を含んでいると言う。福原宏幸編『社会的排除／包摂と社会政策』前出，p. 28。
12) 宮本太郎『福祉政治——日本の生活保障とデモクラシー』有斐閣，2008。宮本はこ

の理解をさらに進め，排除しない社会として，教育→労働市場→退職という一方交通型社会に対して，これらに家族のあり方や失業への対応を含めて，双方向的で，性別・年齢でのコース指定のない「交差点型」社会への転換を提起している。同『生活保障——排除しない社会へ』岩波書店，2009，pp. 172-173。
13) 後藤道夫「開発主義国家体制」『ポリティーク』No. 5，旬報社，2002；同「ワーキングプア増大の前史と背景——戦後日本における貧困問題の展開」『世界』2008 年 1 月号，岩波書店。
14) D. ハーヴェイ『新自由主義——その歴史的展開と現在』渡辺治監訳，作品社，2007(原著 2005)。渡辺治は，前注の後藤にならって，日本を「開発主義国家」とした上で，それを新自由主義国家の 1 つの類型として特徴づけている(同書付録)。
15) B. ジェソップ『資本主義国家の未来』中谷義和監訳，御茶の水書房，2005(原著 2002)，pp. 362，367。
16) 同上，p. 374。
17) 鈴木敏正『教育の公共性と社会的協同』前出，補章参照。
18) グローバリゼーションがもたらす構造変容をめぐる議論については，一井昭・渡部俊彦編『現代資本主義と国民国家の変容』中央大学出版部，2009，などを参照。
19) A. S. バラ・F. ラペール『グローバル化と社会的排除——貧困と社会問題への新しいアプローチ』福原宏幸・中村健吾訳，昭和堂，2005(原著 2004)，pp. 32-33。
20) 国連開発計画『岐路に立つ国際協力——不平等な世界での援助，貿易，安全保障——(人間開発報告書 2005 日本語版)』横田洋三ほか監訳，国際協力出版界，p. 262。
21) 最近の研究として，渡辺芳『自立の呪縛——ホームレス支援の社会学』新泉社，2010。
22) 笹沼弘志『ホームレスと自立／排除』前出，pp. 54，245。
23) D. ハーヴェイ『新自由主義——その歴史的展開と現在』前出，p. 257。
24) マーサ. C. ヌスバウム『女性と人間開発——潜在能力アプローチ』池本幸生ほか訳，岩波書店，2005(原著 2000)，pp. 92-97。
25) 同上，pp. 86-87。
26) 人格の理解については，鈴木敏正『自己教育の論理——主体形成の時代に』筑波書房，1992，など。
27) 代表例はバラ／ラペールの研究であるが，その検討は第 5 章で行う。
28) 鈴木敏正『新版 生涯学習の教育学』前出，第Ⅳ章。
29) 鈴木敏正『地域づくり教育の誕生——北アイルランドの実践分析』北海道大学図書刊行会，1998；同『「地域をつくるまなび」への道——転換期に聴くポリフォニー』北樹出版，2000。
30) 鈴木文熹『道州制が見えてきた』本の泉社，2008；岡田知弘『道州制で日本の未来はひらけるか』自治体研究社，2008。
31) 岡田知弘『地域づくりの経済学入門』自治体研究社，2005。
32) 中村剛治郎『地域政治経済学』有斐閣，2004，pp. 51，60-63。その地域理解の視

点は，①自然環境，経済，文化(社会・政治)の複合体で，まとまりのある生活圏，「人間発達の場，自己実現の場，文化を継承し創造していく場」，②それらの「総合的発展」の単位，③独自性をもつ個性的な存在，④住民を主人公とする自立的で主体的な存在＝自治の単位，⑤地域間の交流と連帯を必須条件とする開かれた存在，⑥地域経営を基本とする重層的空間システム(地球社会の経営まで広がる)，⑦全体的空間の構成部分であり，全国的・国際的・世界的存在であることである。

33) 鈴木敏正『教育学をひらく――自己解放のために』青木書店，2003，序章，第2章。
34) 最近の議論については，唯物論研究協会編『地域再生のリアリズム』青木書店，2009，を参照。本書と関わる諸論文が掲載されているが，教育学の立場からは石井拓児が，戦後の「学校づくり」概念の復権，地域再生と切り結ぶ学校づくりの課題を提起していることが注目される。
35) 鈴木敏正『地域づくり教育の誕生』前出，終章。
36) 鈴木敏正『生涯学習の教育学――学習ネットワーキングから』北樹出版，2008，第Ⅳ章第4節，具体例として第Ⅲ章第5節。
37) 鈴木敏正・玉井康之・川前あゆみ編『住民自治へのコミュニティ・ネットワーク――酪農の自然公園のまち標茶から』北樹出版，2010。
38) 鈴木敏正『新版 生涯学習の教育学』前出，序章。
39) 鈴木敏正『新版 教育学をひらく』青木書店，2009，を参照されたい。
40) 鈴木敏正『教育の公共性と社会的協同』前出，第Ⅳ章。
41) 福原宏幸編『社会的排除／包摂と社会政策』前出，pp. 29-33。
42) J.ヒルシュ『国家・グローバル化・帝国主義』表弘一郎・木原滋也・中村健吾訳，ミネルヴァ書房，2007(原著2005)。

特別寄稿　持続可能な社会と平生学習

キム・シニル
（訳：ソン・ミラン）

　私たちの住む地球で，人類は，これまでの方法で生き続けられるだろうか。
　そうでないとすれば，未来のある時点から人類は，避けられない世界の終わりを迎えることになるのだろうか。あるいは，私たちが必要な努力をすれば，地球で生きることを継続して維持することができるだろうか。その必要な努力とは何か。世界全体の単位ではなくても，ある1つの社会の単位においても，同じ質問は可能である。すなわち，現存するある1つの社会で，その構成員が今と同じやり方で生き続けることができるだろうか。いつか，その社会に終末がやって来ることはないだろうか。社会の終わりを避けるために今その社会構成員がしなければならないことはなんだろうか。
　ある社会または全人類社会の「持続可能性(sustainability)」「持続可能な社会(sustainable society)」や「持続可能な世界(sustainable world)」に関する議論は，このような質問に対する答えと主張を含んでいる。
　ところで，この問題と平生学習(生涯学習)は，どんな関わりがあるのか。平生学習が持続可能性を阻害しているのか，または持続可能性を支えているのか。もし，現在の学習が，持続可能性に貢献していないのならば，平生学習をどのように変えなければならないだろうか。このような質問は，平生学習の実態と関連した問題として，教育学者らにとって避けて通れない課題である。
　ここで私は，世界規模とか社会規模で持続可能性に向けた現在の状況と平生学習がどのように関わっているのかを取り上げる。また，持続可能性の実現に向けて平生学習がどんな役割をできるかについて論じる。最後に，持続

可能社会における平生学習の実現のための教育学理論の方向転換について述べる。

第1節　人類社会は持続可能なのか

　米国 NASA 宇宙研究所所長を歴任した気候科学者ジェームズ・ハンセン (James Hansen) は，去る 2008 年 6 月 23 日，米国議会のエネルギーと地球温暖化委員会で「地球温暖化時限爆弾の雷管を取り除くタイミングは，すでに手遅れになっている」と語って，全世界に警戒心を喚起した。

　ハンセン博士は，1988 年に，米国上院聴聞会で地球の温度が上昇し始めたのは間違いないと主張した。この発言は世界中を緊張させたが，その後，北極圏の氷山が溶け始めたのはもちろん，海水温度の上昇など，異常と思わせる気候の変化が立て続けに発生している。地球温暖化の事実を指摘した彼の今回の証言を人々は，深刻に受け止めなければならない。

　人類社会の滅亡を食い止めるための措置を講じるのは，すでに手遅れの可能性が高いというハンセン博士の主張は，新しいものではない。

　かつて 200 年ほど前に，マルサス (Thomas Malthus) は，人口の継続的増加が食糧生産量を追い抜いくとき，人類社会は恐しい状況に直面するだろう，と警告した。しかし各国の人口増加にもかかわらず，農業産業の拡大と営農技術の発達による農業生産高の増加によって，マルサスの心配は軽んじられてきた。そしてとうとう，農業産業化は全世界にまで拡大した。

　1972 年，ローマクラブ (Club of Rome) が『成長の限界』を発表し，人類社会が従来通りの経済成長を継続していく限り，近い将来，地球の限界を超え，人類の生存は終末を迎える，と警告した。

　ローマクラブ報告書は，経済成長追求に起因する天然資源の枯渇および生態環境の破壊に関する警戒心を呼び起こし，数多くの研究に影響を与え，環境保全に対する対策の進展を促した。しかし，連続的な警告と対策の提案にもかかわらず，人類は，成長政策と生活方式を変えずに，それを継続させた。その結果，今や人類の安全な生存が全世界的に脅かされる危機的状況に，直

面している。

　2008年7月7日から3日間，北海道の洞爺湖でG8首脳会議が開かれ，地球温暖化と石油と食糧価格の高騰，アフリカの貧困問題などが主題とされた。

　この期間中，アフリカ7カ国首脳も参加して，アフリカ貧困対策をともに議論した。また，中国，インドなど二酸化炭素の主要排出国の首脳らも参加して，気候変化主要会議も開かれた。そこでは，1997年の京都議定書（Kyoto protocol）を引き継ぐ温室ガス削減のための国際的計画樹立も議論された。しかし，それほどの期待はできないだろうと，国際的世論は予想している。先進国が国際的競争力を低下させる方法に反対するだろうと。

　この間先進国は，気候変化と天然資源の枯渇，そして世界中の貧困問題に対して関心を表明しながらも，具体的な実行策の確立と実践では非常に消極的で，緩慢な対応をしてきた。

　超大国が，地球環境の保全と世界の貧富格差の解消のための実践に消極的姿勢をとっていることは，1992年にリオデジャネイロで開かれた「地球のための首脳会議（Earth Summit）」で克明に示された。気候協約のための1997年の京都議定書に，米国は何年経っても批准しなかった。2002年の南アフリカのヨハネスブルクで開催された持続可能な発展のための世界首脳会議（World Summit on Sustainable Development）において，強大国の実践課題への対応が中途半端だ，と批判された。

　その間，各国の経済成長政策は，競争的に強行されて，地球温暖化と天然資源の枯渇などによる生態系が継続して破壊されてきた。また地球の一部では，過度の資源消費と飽食が取り上げられる反面，他の地域では，飢餓と病気から抜け出すことができないという，世界的な貧富の格差が拡大している。国際政治構造は，相変わらず競争と戦いから抜け出せずにいる。そして人口は増加し続け，現在（2009年）の66億人が2050年には92億人になると推定されるなど，地球の収容能力をはるかに超える危機に直面している。このままの状態で「成長」していけば，人類社会が生存の危機に直面すること必至だというのが，専門家たちの警告である。

「持続可能な発展」論は，人類社会が追い詰められた状態に直面せずに，発展し続けられる方法を探そうという主張である。1990年代から注目されてきた持続可能な発展論は，量的拡大だけを追い求める「成長論」から抜け出そうとしている。環境と共存できる発展方法を採用，選択して，全人類が共生・共存できる新しい国際秩序への樹立を追求している。

　この意味で「持続可能性(sustainability)」は，人類社会と地球生態系の存続のための基本的コンセプトである。人類社会の発展が現世代で終わらないこと。未来世代の安全な人生を保障できる，長期的な展望をもてる発展でなければならない。そのためには，人類は，人生に対する価値観とライフスタイルを変えなければならない。

　コロンビア大学の地球研究所所長のジェフリー・サックス(Jeffrey Sachs)は，最近の著書『共通の富——混雑する惑星のための経済学(Common Wealth: Economics for a Crowded Planet, Penguin Press HC, 2008)』で，持続可能な世界の実現は，「市場，権力，資源を争奪するための競争国家という基本意識を変えてこそ可能になる」と強調している。それなくして持続可能性への期待や希望も描けない。

第2節　持続可能な社会の要件

　持続可能性は，世界規模だけでなく，国家と社会の規模でも求められる。世界システムの持続可能性に関して，終末が告げられた場合，そのシステムに属する国家と社会もそれ以上持続できなくなる。また世界のシステムが持続するとしても，すべての国家体系とすべての社会体系の存続が保障されるわけではない。国家と社会は，それなりの持続可能性を確保しなければならない。したがって，私たちは，世界規模では「持続可能な世界」，社会規模では「持続可能な社会」という概念を使うことができる。

　持続可能な世界においては，地球の生態的許容範囲内で資源を活用し，人口規模が維持できるように，あらゆる制度と情報装置のフィードバックが機能するシステムが求められる。そして，極端な貧困と国際的な激しい競争を

解消できる国際的体系も発展させなければならない。
　社会単位でも同じように，環境の生態的許容範囲内で適切な経済活動と人口規模を維持できるシステムをつくらなければならないし，社会的統合性を堅持できる範囲内で社会的摩擦を管理すべきである。
　そして，世界レベルにおいても社会レベルにおいても，その構成員一人ひとりが，そのようなシステムを維持・発展させるために必要な知識と技術，社会的能力をもたなければならない。そこに，学習と教育が必要なことは言うまでもない。持続可能な世界への実現は，人生に対する価値観と生活方式を変えてこそ，初めて可能になる。そこで，個人レベルから世界レベルに至るまでの，総体的な変化が求められる。

　　個人：食生活習慣(オーストラリア人口60％が肥満。勤務能率を高めるために会社実費負担で健康プログラム実施)，電気をまめに消すこと，歩くことなどである。
　　社会：親環境運動(結婚式がCO_2 5 t 発生誘発，植樹運動)，消費節約運動，環境保護法制定などである。
　　世界：温室ガス排出量の規制，貧困国の債務の軽減，教育援助，先進国責任強化(2008ダボス・フォーラムで collaborative innovation 提唱)，持続可能関連国際機構強化などである。

　このようなすべてのものへの実現には，学習と教育が必ず必要になる。平生学習を通した知識，技術，価値観の変化が必要である。
　ところで，ほとんどの国における従来の制度教育は，国家の統制下に置かれ，成長のための道具としての位置づけが，教育に強く期待されてきた。そのために，教育が持続可能な社会への実現を阻むという現象が，多く見受けられる。この意味で，教育もまた変革の対象に含まれる。

第3節　持続可能な社会のための平生学習

　ほとんどの国の従来の教育制度は，成長を目指す産業国民国家を支えるシステムであった。それは，国家の一方的な統制によって管理された。いわゆ

る〝グローバリゼーション〟が進む中，国家教育制度は，よりいっそう国家競争力の道具として機能させられている。ほとんどの国で競争中心の〝新自由主義〟教育政策が強化されつつあることは，それを物語っている。持続可能な社会と世界のためには，教育を国家の一方的統制から解放しなければならない。だからといって教育統制に関して国家権力が占めていた空席を，資本に独り占めさせてはいけない。すでに多くの国で，資本による市場主義が教育に対する支配を強めている。この問題に対する社会的議論が急がれる。

教育の内容を，成長主義のための知識と価値観から持続可能性を伸ばすことができる知識と価値観に変えようという主張が，ますます力を増している。気候変動と温暖化，天然資源の枯渇，貧困と病気，国際政治的葛藤と戦争など，世界が直面している問題に対する学習を強化する必要がある。ともに他の国の文化への理解と尊重のための国際理解教育も新しい時代の核心学習内容であるべきである。

大学は，人生における最後の教育の場でなく，継続していく学習の場に改編されなければならない。大学は，今まで多数の国で青年たちが一定期間の間，教育を受けて，卒業すればそれで終わりになるという教育機関だった。しかしながら，今の大学は，若者たちのみならず，大学を終えて職業世界で活動する成人たちが，必要に応じてまた大学に戻って学習ができる継続学習支援の体制をつくらなければならない。

成人だけでなく，高齢者たちも大学で多様な平生学習プログラムに参加できる体制を整えることも，求められている。大学の平生学習支援機関としての改編は，すでに進行している。

持続可能な社会の平生学習は，少数の社会的選抜のために，多数を排斥するのではなく，多数を包容する機能を担わなければならない。大多数の国家で既存の教育制度は，社会的な両極化をつくって維持するための社会的不平等装置として機能することが多かった。社会的包摂と統合よりは，社会的排除と分離の機能を中心に担ってきたのである。持続可能社会の教育は包摂と統合に基本機能を置かなければならない。

持続可能社会と世界を実現するためのこのような変化を可能にさせるため

には，教育学のパラダイムに変化が起きなければならない。教授パラダイムから学習パラダイムへの転換である。既存の国民教育制度は，教授活動と各種試験を通じて，強いられる他律的学習に中心を置いた。しかし，持続可能社会の教育制度は，それぞれの人が望む学習を自律的に担うことができるようにサポートして支援するところに中心を置く。そうすることによって，権力や資本に強いられる教育から抜け出すことができるが，このような学習社会を具体的に実現するためには，教育学者らが教育に対するパラダイムを変えていく努力が必要である。

　この論文は，2009年7月19日に行われた日韓生涯学習シンポジウム「持続可能な社会と生涯学習の可能性」(北海道大学)において報告されたキム・シニル「持続可能社会と生涯学習」をもとに加筆修正されたものである。

参考文献
ドネラ.H.メドウズほか『成長の限界——ローマ・クラブ「人類の危機」レポート』ダイヤモンド社，1972。
ドネラ.H.メドウズほか『成長の限界・人類の選択』ダイヤモンド社，2005。
ドネラ.H.メドウズほか『限界を超えて——生きるための選択』ダイヤモンド社，1992。

前　編
失業・半失業問題と生涯教育訓練

第1章　経済的グローバリゼーションと社会的排除問題の構造

鈴木敏正

第1節　生涯学習時代の社会的排除問題

　この前編では，経済のグローバリゼーションの下で広がり深化した社会的排除問題を，特に「排除型労働市場」の展開と，その結果としての失業・半失業問題との関わりで捉え，それに対する教育訓練・生涯学習活動の特徴と今日的性格を明らかにする。

　これまでの日本のような生涯学習政策の延長線上に，社会的排除への取り組みが正面から取り上げられることはないであろう。たしかに，例えば日本も参加したユネスコ「学習権宣言」(1985年)の精神を現実化しようとするならば，社会的排除問題は重要な政策課題になる。しかし，日本の生涯学習政策はそれとは異なる方向で展開されてきた。「学習権宣言」をもち出さなくとも，「いつでも，どこでも，誰でも」が学ぶことができる環境醸成や条件整備をすることが公的な社会教育・生涯学習の目標であるとするならば，必ず「学習弱者 learning poor」の問題，すなわち社会的排除問題に直面することになる。しかし，生涯学習時代の公的社会教育の条件は縮減され続けてきた。

　こうした中で，序章でも触れたように，社会的排除問題はむしろ生涯学習の外部からの問題提起によって，そもそも日本ではその用語自体もフランスやイギリスなどのヨーロッパの政策の影響を受けて，21世紀になってようやく問題として取り上げられるようになったものである。背景にあったのは，冷戦体制が崩壊した1980年代末葉以降におけるグローバリゼーション＝大

競争の下での社会格差拡大・貧困問題の深刻化である。このグローバリゼーションの主要な推進力が多国籍企業・国際金融資本の展開と，新自由主義的政策を基本としながら，それを推進してきた超大国アメリカであったことは今や周知のことである。もちろん，ソ連型社会主義の崩壊と「社会主義諸国」における市場経済化が，そうした動向に拍車をかけてきたことも留意しておかなければならないであろう。

　戦後教育の「総決算」を叫び，教育改革の基本方向を「生涯学習体系への移行」とした「臨時教育審議会」の最終答申が出されたのが1987年であるから，この時代は日本の「生涯学習時代」に重なる。「生涯学習」の前身である「生涯教育」が政策として取り上げられたのが1971年の「社会教育審議会答申」と「中央教育審議会」であることはよく知られているが，この年はいわゆるニクソン・ショック(その後の為替の変動相場制への移行)があり，経済のグローバル化への大きな転換点であった。韓国では，生涯学習(平生教育)推進のための「社会教育法」が成立したのは，70年代の高度成長後の経済調整期，経済構造転換が問題とされていた82年，同法を全面改定した「平生教育法」が生まれたのは，いわゆるアジア通貨危機の直後，99年末であった。このようにみてくると生涯学習政策の展開は経済のグローバリゼーションが進展する社会構造の変容と結びつけて考える必要が出てくるであろう。

　さらに社会的排除問題についてみれば，「社会的排除」の用語が初めて使用されたのは1960年代後半のフランスであると言われているが，この時期はアメリカやイギリスで「貧困の再発見」がなされた時期でもある。しかし，貧困問題の拡大が一般化するのは，73年の第1次オイルショックを直接的契機として，先進諸国が構造的不況問題を抱えた「低成長時代」に入ってからである。80年代になると，世界銀行やIMFの政策を通して経済の「構造調整」が進み，発展途上国に「失われた10年」をもたらすと同時に，先進国においては特に「ヨーロッパの危機」が叫ばれた。その危機を乗り越えようとする各国のさまざまな努力の中で「社会的排除問題」が浮上し，80年代末葉には，ついにEUの政策的課題となってきたのである。

その後のグローバリゼーションの時代は、社会的排除問題がより広がり、深刻化してきた過程であった。それは地域レベルで取り組まれるべき実践的課題となっていき、各国では単なる貧困問題対策を超えて、社会的統合を脅かしかねない問題として政策的に位置づけられていく。97年に誕生したイギリスのブレア新労働党政権の政策が象徴的であるが、21世紀になると日本や韓国でも重要な政策的課題となってきた。

　以上のように、「生涯学習」政策はグローバル化が進展する過程における現代資本主義の構造変容と密接に関わっており、「社会的排除問題」はこの過程と不可分のものであると言える。実際、社会的排除問題をポスト福祉国家あるいはポスト・ケインズ主義的な政策変化だけでなく、後述するように、グローバリゼーションと結びつけて理解したり、現代資本主義の構造変容(「後期資本主義」化、ポスト・フォーディズム化など)にその基本的原因を求めたりするような議論も生まれてきている。

　前編では、「生涯学習」と「社会的排除問題」を媒介するグローバル化とグローバリゼーション(ここでは特に資本主義的経済のグローバル化を言う)の視点から、問題の焦点となっている失業・半失業問題と、それに対する教育訓練問題を検討する。

　序章で述べたように、社会的排除問題は狭い意味での経済的問題だけでなく、政治的国家と市民社会のあり方にも関わり、排除された人々にとっても問題は経済的なものだけではない。そこで本章では、経済構造との関わりを基本としながらも、一方では生涯学習政策の動向を踏まえ、他方では後編でみる市民社会レベルでの動向をもみわたした上で、上記のような社会的排除問題をめぐる諸議論を批判的に捉え直しつつ、グローバリゼーションの下での社会的排除問題を全体として構造的に捉える視点について述べておきたい。

第2節　社会的排除問題と資本主義的世界システム

　日英韓の比較研究は、序章で述べたような「先進国モデル」という視点からだけでは不十分なものとなる。現段階おいては、社会的排除問題自体がグ

ローバル化しているからである。特にわれわれは，先進国「周辺」を主たるフィールドとして調査研究を進めている。その位置づけのためには，世界システムの展開過程における社会的排除問題の理解を必要とする。

バラ／ラペールは，特に失業・不安定就労と結びついた社会的排除問題が先進工業国，移行経済諸国(東欧と中央アジア)，発展途上国の全体に広がっていることを確認した上で，グローバル化と排除問題の関係を検討している。それは，社会的排除分析への多次元的・構造的・動態的アプローチを目指すものであり，特に「社会的資本 social capital」と「潜在能力 capability」に着目し，「分配」と「関係」の問題を統一して分析しようとするものであった[1]。それらに基づいて彼らは，グローバル経済を機能させるためにも民主主義的レジーム確立に向けたグローバル・ガヴァナンスが必要で，「社会的排除」理解はそのための調査と政策決定に有用であるとしている。そして，「持続可能な成長の回復」には，「資本主義経済に固有の紛争，協調確保，そして行為主体の問題を克服しうる一連の社会制度の創出」が必要だとしていること，その中心的論点は，「(資本の…引用者)蓄積に対して新たな形態の社会的調整を施し，社会的なつながりを回復して社会的結束を保持するために，社会運動がどれほど交渉力と闘争力をもちうるかという点」にあると結論づけていることは[2]，本書の視点と課題からみても検討に値することである。

しかし，社会的排除問題の類型論的・形式的分析の側面が強いため，先進工業国・移行経済諸国・発展途上国の相互関係を踏まえた全体システムや各国の社会的排除問題の構造の理解，そして具体的な実践的課題の提起は不十分だと言わざるをえない。そこでこの章ではまず，資本主義システムの全体を捉えようとしたウォーラーステインの「世界システム論」からの提起をみておくことにしたい。資本主義的世界システムの政治的国家と市民社会への影響については，特に1990年代からのグローバリゼーションの展開の中で多くの議論がなされてきた。ここでは，社会的排除問題に関わるものとして「家族の世帯化」に触れておく。近代以前から続く共同体に替わるものとして形成されてきた「市民社会」において「生命の生産と再生産」を行う家族

は，経済構造および政治的国家から「世帯household」として位置づけられる。

ウォーラーステインは世界システムという視点から「世帯」を捉え直し，それを現代の社会的排除問題に結びつけて理解している[3]。彼によれば，世界システムは「無限の資本蓄積を優先するシステム」であり，市場，企業，諸国家，世帯，階級，身分集団（アイデンティティ）といった基本的制度の集合体である。それらは，より独占的で利潤率の高い「主導産品」の動向によって左右され，独占的な中核的産品を生産する「中核的生産過程」と，より競争的な産品を生産する「周辺的生産過程」への分化が必然となり，両者の間の，特に国家の権力を媒介にした不等価交換によって，絶え間ない剰余価値の移動が起こる。この結果，国家は「中核国家」と「周辺国家」，そして両生産過程が相半ばする「半周辺国家」に分化するとしたことはよく知られている[4]。

資本主義的企業は政治的・軍事的・文化的支配権の浮動状況の中で無限の資本蓄積を追求することができるが，それは国家からの支援を得つつ，国家からの支配を逃れるための手管を尽くすこと（自発的な「排除」）によってである。そして，中核・半周辺・周辺という格差をもった国家間システムの中で中核的国家間のヘゲモニー（覇権）争いが生まれる。ただし，覇権国家であるための政治的・軍事的あるいは文化的負担とその基礎となる経済的効率性向上の要求とは矛盾し，覇権大国は「自己解体」する傾向にあるとウォーラーステインは指摘している。

たしかに，最近のグローバリゼーションの動向をみると，ウォーラーステインが指摘した中核―半周辺―周辺の構造は根強いと言えるが，このシステム理解はやや単純すぎる。いわゆる従属理論が描いていた「中枢―衛星」的国際分業に対して，世界システム論が提起してきた「中核―半周辺―周辺」は多国籍企業がリードする「新国際分業論」と呼ばれ，「半周辺」とされた後発先進諸国＝NIEsを位置づけることを可能とした。この視点からみれば，日英は中核国家，韓国は半周辺国家であろうが，超大国アメリカの覇権の下では，日英は「半中核国家」と言うべきかもしれない。最近では，21世紀

を牽引すると言われている資源・人口・政治大国 BRICs 諸国[5]，あるいは前記バラ／ラペールが言う「移行経済諸国」をどのように位置づけるかといった課題もある。

　山田信行は，世界システム論では周辺における自生的資本の形成が位置づけられないとして，世界システム論に「国民的発展論」を加えた「ポスト新国際分業」論を提起している。国民的発展とは，グローバルな視野に基づく拠点の選択・確保という多国籍企業の戦略に対応したもので，多様な工業化を展開する自生的資本の形成と熟練労働者の育成などを特徴とする[6]。

　以上のことを踏まえながら，われわれが「先進国周辺」と言うのは，先進国の中でも周辺的地域が存在するからである。つまり，先進国内部でも中核・半周辺・周辺という地域編成が成り立つのである。例えば，日本の首都・東京を「中核」とするならば，札幌を中心とする道央経済圏は「半周辺」，それ以外の諸地域は「周辺」と言うことができる。札幌を北海道の「中核都市」とすれば，函館・小樽・旭川・帯広などは「半周辺都市」，その他「周辺市町村」と言うこともできる。本書で「先進国周辺」と言う場合は，この「周辺市町村」がイメージされている。もちろん，これらは固定的に捉えてはならず，一般に，これら諸地域には不均等発展がみられると考えなければならない。低経済成長時代(1970年代後半以降)においては，上記の地域編成は全体として固定化されていると言えるが，われわれは，そうした中で「周辺市町村」における「自生的資本」(ただし，工業だけではない)の形成を伴う地域再生・地域発展(内発的発展)のあり方を探るということになるであろう。

　その動向は，主導産品の生産動向に視点を置いた「中核的生産過程」と「周辺的生産過程」の関係だけからでは理解できない。自然資源の収奪関係や情報・流通関係も考慮しなければならないというだけではない。最近では特に国際的な金融資本，投機的金融資本の動向が重要である。1970年代後半の中南米，80年代後半の日本，90年代後半の東南アジア，そして20世紀末から21世紀初めにかけてのアメリカのITブームと住宅ブーム，世界的な原油・食糧市場での投機的ブームは，アメリカの財政・金融政策に支えら

れた多国籍的・投機的金融資本の，実体経済と大きく乖離した自己展開を抜きに説明できない。そして，その投機的資本のグローバルな移動の結果，上記のいずれにおいてもそれぞれの地域と関連する国民に「失われた時代」をもたらし，世界的な格差の極端な拡大をもたらしてきた。われわれは今，そうした多国籍金融資本を野放し，というより支援(「金融立国化」)してきた新自由主義的政策の破綻，その実体経済・雇用に与える影響の深刻さを，アメリカ発の金融危機・世界同時不況にみている。

　さて，ウォーラーステインは，世界システムはより低水準の賃金で働く労働力のプールを不可欠のものとするが，それはやがて枯渇する運命にあり，より低賃金を実現するような諸制度が求められると言う。そこで重要なことは，賃労働者は孤立した個人ではなく「世帯 household」で生活しているということである。世帯は多様な所得源(各世帯員の賃金所得，自給的活動，小商品生産，地代，移転給付など)をプールし合うものであり，それらへの貢献はジェンダーおよび年齢によって規定されている。したがって，資本主義的システムに組み込まれた世帯には世帯主の賃金所得が所得の過半を占める「プロレタリア世帯」と，そうではない「半プロレタリア世帯」に分かれるが，資本はより低賃金で雇用することが可能な後者を選好する。ウォーラーステインによれば，これこそが資本主義的世界システムの中で「半プロレタリア」が維持されている，したがって，階級・階層的格差が構造的なものとなる基本的理由である。先進資本主義国では「不正規労働」・半失業に加えて，特に女性による「シャドー・ワーク」を前提にした低賃金構造が問題となるであろう。

　世帯は「身分集団ないしアイデンティティの構成単位」でもあり，それをめぐって普遍主義と人種主義および性差別などのイデオロギー闘争がなされる場でもある。ウォーラーステインは，世界システムの幹部層(技術職，専門職，研究職など)に最もよく訴求する規範は普遍主義であると言う。彼らは，経済を効率化し，競争力を保障し，資本蓄積力を高める機能を果たしているが，「能力主義的な役割分担を正当化する」社会心理的機能をも果たしており，「普遍主義がもたらす包摂と排除」に大きな利益と安心感を得てい

る。他方，人種主義，性差別主義などの反普遍主義的規範は，社会的排除を問題としているが，同時に，相対的下位に属する人々の包摂の様式でもあり，その規範を自然的で永遠不変のものとする傾向，世界システムの二極分化を正当化するという結果をもたらす。

　かくして，世界システムにおいては普遍主義と反普遍主義が対立しながらも補完し合い，社会的排除を構造化する。そこに普遍主義と共同体主義の論争[7]への批判的視点をみるのはたやすい。現実には重層的かつ多様な形態をもつが，特に人種的差別と低開発は，「人々を包摂しながら排除する」という世界システム＝資本主義的世界経済の基本過程の現れである[8]。その際に，主権国家＝国民国家が重要な役割を果たし，現代的な「包摂と排除」に直接的に関わっているのである。

　ここで，世帯に関わって考慮すべきは，中核的な先進国で進展している「世帯の多様化」と「世帯からの排除」であろう。晩婚化・非婚化と少子化，離婚の増大といった一般的傾向の下，「半プロレタリア世帯」や「共稼ぎ・多就業世帯」の域を超えて，母子世帯，「結婚できない若者」と「独居老人」，さらには住居すらもてない「ネットカフェ難民」やホームレスが社会的排除問題を象徴するものとなってきている。

　岩田正美は後2者に焦点化して日本の社会的排除の性格を検討し，それが社会からの「引きはがし」と社会への「中途半端な接合」の2形態からなることを指摘しているが[9]，後者が，構造的に維持されてきた日本的「半プロレタリア世帯」であると言える。そこでも，普遍主義(例えば人格的自立と男女共同参画)と反普遍主義(性差別と家父長的家族観)の入り組んだ関係をみることができる。社会的排除問題に実践的に取り組むためには，それらを解きほぐすことが必要となってきている。

　現局面における社会的包摂政策として主張されている家族とコミュニティの再生は，以上のようなことを踏まえて提起されるべきであろう。

第3節 「排除型社会」をめぐって

　家族＝世帯を取り込んだ現代社会は，政治的国家・市民社会・経済構造の「グラムシ的3次元」で捉えることができる。近現代社会は，まず近代的政治的国家＝国民国家の成立から始まり，経済構造＝資本主義的経済の展開を経て，賃労働者を主たる構成員とする現代の市民社会（civil society）の形成に至る。日本においては，この市民社会の成立は1960年代末葉から70年代前半の時期であった。それは，賃労働者が就業者の過半数を超え，労働運動に加えた市民運動・住民運動と，それらを基盤とする革新自治体運動が展開された時期であり，「現代」の始まりである。

　現代の社会的排除問題に関するイギリスの研究として筆者は，D.バイヤンの『社会的排除』(1999)に注目したことがある[10]。彼は，階級的排除と空間的排除を総合的に検討し，社会的排除は「ポスト産業社会的秩序」の結果であり，それに対しては国際的な再配分政策と労働者の自己組織化の権利の回復が必要であることを強調している。ここでは，同じ年に現代社会を『排除型社会』と理解する著書を出版したJ.ヤングの所論に触れておこう。彼は後に，バイヤン（邦訳ではバーン）らの議論は「市民社会と刑事司法制度の位相で生じる社会的排除」，すなわち「経済的排除のプロセスと並行して，スティグマ化と，貧困層を適応性に欠け犯罪者性向があるやっかいな存在として『他者化』するという積極的な社会的排除」を等閑視していると批判している[11]。

　ヤングの専門は犯罪学と社会学であり，その現代社会論の背景には，1960年代後半以降の英米における犯罪・逸脱の増加と深刻化の理解がある。ヤングは20世紀の最後の3分の1以降（筆者の言う「現代」），先進産業諸国は「後期近代」，つまり，「同化や取り込みを特徴とする世界から，分断や排除を特徴とする世界（「排除型社会」）へ」移行したと言う。根本的な変化は「市場の力」による生産と消費のあり方の変容であり，「フォーディズムからポスト・フォーディズムへ」として特徴づけられる。その結果，「これまでの

確信と価値に支えられた世界が，リスクと不確実性に満ちた世界，個人的選択と多元性にあふれた世界(欲望の増大)，経済的にも存在論的にも不安定な世界」に置き換えられたと言う[12]。排除は，①労働市場からの排除，②人々の間での社会的排除，③犯罪予防における排除的活動，という3つの次元で進行しているとされる。それぞれ，経済構造，市民社会，政治的国家の動向の一面を捉えたものと言える。

まず，ポスト・フォーディズムの市場経済の下，経済活動がダウンサイジングし，正規雇用市場の縮小と非正規雇用市場の拡大が起こった結果，構造的な失業状態に置かれたアンダークラスが現れたことを基本としながら，それまで安全圏にいると思っていた人々も，不安定性の感覚に悩まされることになったことを指摘している。もちろん，これらを「ポスト・フォーディズムの市場経済」だけで理解することはできず，多国籍的資本と労働のグローバルな移動，前述の国際的金融資本の動向などは無視できないであろう。ヤングの独自性は，欲求が増大する中で欲求不満が高められ，個人主義と「相対的な剥奪感 relative deprivation」が蓄積される結果，暴力犯罪と厳罰主義を生むことを指摘したところにある。それは，「期待させておきながら排除すること，不安定な地位に置きながら包摂すること」という2つから生まれる。

人々をさらに不安にしている力は，多元主義的社会の誕生とそれに伴う存在論的不安(アイデンティティの危機)であるとされている。後期近代には異質性がはっきりみえる他者はいなくなった代わりに，誰でもが「潜在的逸脱者」になった。排除は，こうした結果生まれる犯罪と社会病理に対する対処の過程でも生まれているが，それはしばしば現実問題の誤認に基づいている。ヤングは，今必要とされているのは「排除された人々や不安定な状況にある人々を受け入れるような(包摂型の)政治」であり，緊急の課題は①新たな形態のコミュニティ，②市場の気まぐれに左右されない雇用，③新たな構造をもつ家族，をどう実現するかということであるとしている。

以上のような理解に基づきながら，ヤングはその後，保守党的な「同化主義」はもちろん，新労働党的な「統合主義」をも批判している。それは，文

化やコミュニケーションがグローバル化し，労働力の移動・流動化が進展し，「大規模な文化的包摂と系統的かつ構造的な排除」が同時に起きているような「過剰包摂社会」が展開されており，それこそが「社会構造の底辺にある不満と性格」を説明するカギであると考えるからである。そこでは，社会的排除政策を支えている一連の二項対立は，「他者化」と排除の循環を生み出すだけである。

　ヤングは，その事例として，社会全体―アンダークラス，問題なし―問題あり，コミュニティ―無秩序，仕事あり―仕事なし，自立―福祉依存，安定した家族―シングルマザー，自国民―移民，薬物と無縁―病的な薬物使用，犠牲者―犯罪者を挙げているが，これらの二項対立は既述のウォーラーステインが言う「普遍主義と反普遍主義」のイデオロギー的対立につながるおそれがあるものである。ヤングは，こうした時代に求められるのは開放的・対話的メディア，多孔的コミュニティ，公共性の再生，多様性の政治(雑種混交化と重複性に価値を置く革新的創造性)などによる「変形力のある包摂 Transformative Inclusion」である，と提起している[13]。

　彼の提言は，われわれが生涯学習・社会教育の視点に立ち，「学習ネットワークから，地域をつくる学びを経て，地域生涯学習計画へ」[14]という実践過程を通した地域社会再生を考える際に，示唆的な部分が多い。しかし，社会的排除問題の克服という視点に立つと，実践論としての展開が欠落しているという基本的問題点は別にしても，ヤングはバイヤンらを批判しようとするあまり，彼らの提起を発展させる課題を忘れているのではないかと思われる。問題は，「社会構造の底辺にある不満と性格」を心理社会学的に検討することと同時に，それらを社会構造の分析とどのように結びつけて捉えるかということである。

　バイヤンが提起した経済構造や階級・階層構造については重層的構造として捉える必要があろう。基本的には，「市場」一般で捉える抽象性を乗り越えて，厳密な意味での「市場の論理」に相当する商品・貨幣論レベルに始まり，労働力商品論，労働過程論，分配論，資本蓄積論の諸レベルを区別と関連構造の下で把握しなければならない。ヤングは，「市場の力」＝ポスト・

フォーディズムという労働過程の変容を最も重視し，そこから排除型の「労働市場」が生まれたと言う。しかし，ポスト・フォーディズム概念を生んだレギュラシオン理論[15]に立ち戻るまでもなく，市場(商品・貨幣的世界)の論理と，労働過程，労働市場は関連し合いながら，それぞれ独自の論理をもっている。

社会的排除問題は，グローバリゼーション＝市場的大競争の時代に進展した「リスク社会化」と「格差社会化」が行き着いた先に生まれた社会問題である。「非正規労働者」，ワーキング・プアからホームレスまで，失業・半失業者の増大はその象徴とされてきた。本編ではこれをまず「経済構造」に規定された問題として理解するが，経済学的研究が本書の目的ではない。それを教育学的視点から捉えるためには，諸人格の自己疎外＝社会的陶冶過程(序章表0-1の最下行で示した社会的陶冶＝自己疎外の展開構造)としてみていく必要がある[16]。

まず確認すべきことは，市場主義的なグローバリゼーションとそれを推進する新自由主義的政策によって，商品・貨幣的世界が生活のあらゆる領域に浸透してきたことが，この間の基本的過程であるということである。この過程は必然的に社会的諸関係の物象化と，それに伴う現代人の自己疎外をもたらすが，同時に諸人格の社会的陶冶の過程であり，それを基盤にして初めて社会的排除問題克服の実践が現実的なものとなる。

ここで，イギリスの若者の社会的排除問題を分析したファーロングとカートメルの著書を取り上げてみよう。彼らは，「リスク社会化」(ベック)や「再帰的近代化」(ギデンズ)の主張を踏まえつつ，「後期近代」における若者の極端な「個人化」による不安定化そのものが，それを生み出している「社会構造」をみえなくし，客観的には階級的関係があってもそれを覆い隠して，平等化が拡大したような印象を与え，自己責任論を受け入れるような「認識論的誤謬」を生み出していることを指摘している[17]。彼らによれば，「認識論的誤謬」は後期近代の最も大きな特徴である。

その視点は，現代の若者たちの主観的意識と社会構造に規定された現実とのギャップを描き，彼・彼女らの意識における社会的排除(個人的不安感)の

状況をリアルに捉えたという点で評価されよう。その点で既述の「過剰包摂社会」(ヤング)の理解と重なるところがあるが，彼らは具体的に教育，労働市場，家庭生活や住居，余暇とライフスタイル，犯罪，政治参加などの諸側面から，若者の成人への移行過程の困難さ，そこにおける社会的排除の問題を明らかにしている。

若者問題に即しては別の検討が必要であるが[18]，ここではファーロングらの議論の基本的枠組みをなす「認識論的誤謬」に焦点化してみよう。ファーロングを交えた日英比較の議論を進めた乾彰夫らは，「認識論的誤謬」に触れつつ，「新しい流動層・不安定層」には，個別対応を「迂回路」として背後にある社会構造上の課題を明確化することが必要であるはずなのに，日本では終始個別的対応で，それも就労支援だけで総合性がないということを指摘していた[19]。個別的対応を出発点としながら社会構造の理解に至り，そこから総合的な政策的・実践的対応を展望することが必要となっていると言える。それは，「認識論的誤謬」を克服する方向をも示すことになるであろう。

第4節　「認識論的誤謬」の克服に向けて

「認識論的誤謬」は，旧来いわゆる「社会的諸関係の物象化」に伴う「虚偽意識」として理解されてきたものの一種と考えられる。それは，自由・平等の形式の下で私的利益を追求する商品・貨幣的世界が支配的になる(「消費社会化」)に従って「個人化」が進展し，それに必然的に伴う「意識における自己疎外」が現れたものと考えられる。正確に言えば，「個人化」は「社会化」(相互依存性)の拡大と並行しているのであり，「認識論的誤謬」は両者の「矛盾」の現れである。しかしさらに，「意識における自己疎外」は，「認識論」的側面だけでなく，「価値的」側面においても理解されなければならない。「個人化」と「社会化」の矛盾(私的＝社会的な商品の矛盾の展開)がもたらす価値規範の問題まで考えなければ，なぜ「自己責任」論が生まれてくるかも理解できない。

より基本的なことは，「誤謬」という理解にとどまるならば，それに「個

人化」という条件を加えて検討するにしても，いわば「啓蒙主義的」発想を超えることができないということである。課題は，それがなぜ，どのようにして生まれてくるかを理解することである。その理解を進めるためにはまず，「認識論的誤謬」を市場化，すなわち商品・貨幣的世界が生活のあらゆる生活諸領域に浸透した結果，「意識における自己疎外」が行き着いた「物神化（神話化）」の現象として捉える必要がある。

　ここで，社会関係の物象化と物化，物神化を厳密に区別して理解することが必要となる。ファーロングらの言う「認識論的誤謬」は，いわば「物神化」の論理に近い。そうだとすれば，それに対置されるのは「感性」の回復であり，五官と身体をもって現実を捉えることである。これに対して，価値を一方的に体現するものとして商品を捉えることを「物化」として捉えるならば，それを転換するために必要なことは本来の使用価値，その本質としての「固有価値」[20]を理解することである。さらに社会的諸関係の表現であるはずの商品・貨幣関係を自立したものと捉えることを「物象化」と言うならば，それを克服するためには，社会的諸関係展開の論理を捉える悟性的理解を必要とする。今日ではさらに，人間―自然関係＝環境の論理を捉える環境的理性を必要とすると言えよう。

　このように理解することによって初めて，「認識論的誤謬」に至るプロセスを理解することができ，したがって，学習活動を通してそれを克服していく方向がみえてくるのである。それは，実践的には，例えば消費者教育や生活協同組合の学習運動などにみることができるが，学習論的にみれば，P.フレイレの言う「被抑圧者」（ここでは被排除者と考えてよかろう）のエンパワーメントに向けての「意識化」のプロセスであるとも言える[21]。しかし，ここで終わってしまっては，やはり啓蒙主義的理解に押し戻されるおそれがある。ファーロングらは「認識論的誤謬」によって「社会構造」（階級，ジェンダー，エスニシティの問題）がみえなくなってきていることを指摘するが，そうした理解にとどまるならば，こうした意味での「社会構造」を，例えば外部から「教育」によって知るようになれば「認識論的誤謬」がなくなるのかという疑問がわくであろう。そもそも，序章の表0-1で示した社会構造と

彼らの「社会構造」とはかなり異なる。問題は彼らの言うような「社会構造」が再生産されるメカニズムの理解なのである。

たしかに「個人化」や「自己再帰性」が進展している今日，自己信頼を取り戻し，アイデンティティを確立しようとする実践に注目しなければならない。その論理は，商品・貨幣一般ではなく，生産手段からの自由と人格的自由という「二重の意味で自由」(K. マルクス) をもった「労働力商品」そのものから生まれてくる。その前提としては，「格差社会」を階級的格差と階層的格差の二重構造，経済的格差と人格的格差の連鎖関係を捉える視点，貧困と格差を区別と関連で捉える視点を必要とするであろう[22]。

「二重の意味での自由」は，生産手段 (仕事の条件) から切り離されているという意味での「自由＝絶対的貧困」と，市場での自由を前提とした「人格的自由」という労働力商品の基本的矛盾を示している。グローバリゼーションの過程で現れてきた「裸の資本主義」(規制なき資本の論理) の展開が，この矛盾を極端にまで推し進めているのである。したがって，市場的競争激化の下で格差・貧困社会化が深刻化する一方で，(いわば強制された) 自己再帰性や人生選択の自由の拡大が進展しているのである。認識論的誤謬も，この基本的矛盾の1つの現れであると言える。この矛盾を労働力商品論の論理レベルで克服していく基本方向は，人権＝人格的自由 (自尊心を含む) を根拠として，「生命と生活の再生産」を基盤とする「生活の論理」(生存権) を拡充していくことである。それは，社会的ひきこもりやホームレスそしてワーキング・プアなど，最も社会的排除の状態にある人々への支援への基本的態度となる。

こうした視点からみて，最近の社会的排除論として注目されるのは，経済人類学的視点に疫学的視点を加え，「健康」の問題に焦点化して格差社会の意味を検討したウィルキンソンの主張である[23]。彼は，格差社会になるほどに不健康となり，犯罪率も高く，「社会関係資本 social capital」も劣化し，不安と自信喪失に追い込まれていることを諸実証研究から明らかにしている。その際に，特に健康に影響を与える心理社会的リスクとして，社会的地位の低さ，孤立，幼児期の虐待を挙げ，格差がより下層に向けての格差＝排除を

生む社会の問題を明快に指摘している。そして，経済的（所得）格差が大きくなるほど，①階層間の社会的距離の拡大，共通のアイデンティティの欠如，②支配と従属，優位と劣位，俗物根性と下位のものに対する差別，階層的権威主義的価値，③地位を求める競争の激化，反社会的価値への移行，利己心と物質的成功の重視，他者に対する無関心，個人的利益のための攻撃，多岐な社会的搾取が起こり，ついには④他者をライバルとみなすような「社会的関係の質」の低下が起こると整理する。これらは，社会的排除の展開過程として理解することができる。

これに対してウィルキンソンが対置するのは，人間解放の重要なステップとしての親和的社会，すなわち「健康的で，ストレスが少なく，コミュニティに参加し，社会関係資本も豊かで，暴力の少ない社会」への道である。そうした社会関係の重要な要素として挙げられているのは，結局，フランス革命で提起された「自由・平等・博愛（友愛）」である。それは自由と博愛，すなわち人格的尊厳・自己実現と親和的・相互承認的関係であると言えるが，それらを媒介し基礎づけるものとして「平等」が最も重要視されている。その視点は市場主義や「消費社会」の批判から一歩進んで生命・生活と福祉の論理に進む上で不可欠のものである。ウィルキンソンはさらに，市場経済を前提としながら，より平等な経済を実現するべく「経済的民主主義」を強調している。その実例として，イタリアの3つの町での総合調査に基づき，「協同組合で働く人の割合が高いほど，所得格差は小さいと人は考え，死亡率は低く，社会的ネットワークは強く，家庭内暴力は少なく，学校教育の成果も高い」としている。

このようにみてくると，社会的排除問題の理解については，1つに，市民社会レベルにおける社会的協同活動のあり方が問われることが分かる。本書では，これを後編で検討する。もう1つ，ここで検討すべきは労働過程における社会的排除問題である。ヤングやファーロングら，あるいはウィルキンソンも，ポスト・フォーディズム（後期近代）が社会的排除問題に大きく関わっていることを考えているとしても，その労働過程の理解は多様化・弾力化（フレキシビリティ）といったステレオタイプな理解に終わっており，労働

過程の実際を踏まえて，労働過程からの排除，労働過程における排除を問題にしているわけではない。もちろん，ポスト・フォーディズム型以外の労働やインフォーマル経済における労働を取り上げているわけでもない。「消費社会化」(商品論レベルの論理)を社会的排除の重要な条件とみる理論的志向も，そうした傾向を生み出している。しかし，労働過程こそ資本展開の根拠であるという基本的理解に立ち戻るまでもなく，労働過程を踏まえてこそ，失業者・半失業者への単なる就職指導を超えた支援が可能となる。そして，「疎外された労働」を克服し，人間的な労働のあり方を取り戻すことが社会的排除問題を克服し，人格的自立＝主体形成過程(自己実現と相互承認の過程)をもたらす重要な実践となるのである。

　労働過程への着目は必然的に，分配関係を含んだ生産過程の位置づけに進む。その実践的必然性は地域における多様な社会的協同活動(「仕事づくり」を含む)の実践事例に確認できるが(後編参照)，消費社会化の問題に取り組んできた国際消費者運動の変容にもみることができる。国連は 1999 年，「消費者保護ガイドライン」を改定し，消費者は「無害な商品を得る権利ならびに公正で持続可能な経済的・社会的発展と環境保護を促進する権利」を有するとして，狭い意味での消費者保護運動から脱し，拡充された「促進する権利」を主張してきている。そして，国連 NGO の「国際消費者機構」は，その声明「消費者保護の将来」(2003 年)において，「持続可能な生産と消費」への積極的関与の重要性を強調し，消費者保護を超えた自主的な参加型市民運動として，市場や産業・政府などの経済活動(生産過程)に関わるべきだとしている。日本におけるこうした動向は，消費者の生協から転換し，食と農をつなぎ，地域づくりに関わる生協運動などにみることができる[24]。

　新自由主義的政策によって促迫された市場化＝グローバリゼーションがもたらしたものは，それが標榜していた経済成長ではなく，社会のごく一部の上層に偏った所得と富の再配分であった[25]。日本でも典型的に進んだこの過程こそ，社会格差増大とその結果としての社会的排除問題深化の主要過程であった。しかし，社会的排除問題を貧困問題と区別して議論する多くの主張は，この基本的な過程についてあまり触れていない。逆に，社会的排除問題

と貧困問題を同一視する議論は，社会的排除問題を配分問題に帰着させる傾向がある。それゆえ，第2節でみたバラ／ラペールのように配分問題と関係論的視点を結びつけて社会的排除問題を考えるべきだという主張が生まれる。われわれにとって重要なことは社会的排除問題を，両者をも含んだ「総体的自己疎外」の構造の中で捉えることである。

　配分問題を理解するためには，資本と労働の間での配分関係を基礎に置きつつ，労働者の間での格差にも着目することを必要とする。それは階級・階層的視点から具体的な労働市場のあり方を問うことになる。それらの全体を把握する理論は資本蓄積論であり，特に社会的排除問題の理解において重要なことは，「相対的過剰人口の諸形態」を踏まえた諸階層の重層構造を理解することである。資本蓄積の論理が必然にもたらす相対的過剰人口とその諸形態（循環的，流動的，停滞的，潜在的，被救恤的形態）の分析は，現代の社会的被排除層（非正規労働者，請負・派遣労働者などのワーキング・プア，フリーターやネットカフェ難民，零細農漁民・小営業者，そして被生活保護者からホームレスまで）を総体的・構造的に理解するのに不可欠の視点である。もちろん，階級，ジェンダー，エスニシティなど，ファーロングらが言う「社会構造」の再生産もこの中に組み込まれている。

　しかし，これまでの社会的排除問題に関わる研究の多くでは，この視点が欠落している。それゆえ，既述のバイヤンのような研究が注目されるのであるが，それは「諸形態論」にまで及んでいないために構造的理解ができず，実践的にもリアリティを欠く。その実証的研究は多くの研究者の協同によらなければならないが，相対的過剰人口の現代的諸形態を明らかにすることこそが，経済構造からみた社会的排除問題理解の中心に置かれなければならないであろう。われわれはそのことを念頭に置いた上で，相対的過剰人口の現れとしての失業・半失業問題と，それらに取り組む教育訓練・生涯学習活動を検討する。

　以上でみたことを踏まえるならば，社会的排除問題の解決のためには，失業者・半失業者どうし，そして現役労働者と失業・半失業者の連帯が不可欠であると言える。そのためには，個人的・集団的・社会的連帯の諸運動と同

時に，お互いの困難や生き難さが相互に関連し合っていることを理解し合い，社会の構造と展開過程を捉える経済学的理解をくぐって，将来社会のあり方についての合意を形成するような討議過程が求められる。ファーロングらが指摘する「個人化」と相互の分断状況の中で容易なことではないが，「認識論的誤謬」はこのような実践を通して初めて克服可能なのである。現状ではそうした動きが明確になっているとは言えない。しかし，失業・半失業問題に取り組む当事者の学びと，彼・彼女らを援助・組織化しようとする教育訓練・生涯学習活動の中に，その可能性と萌芽をみることができるであろう。

また，経済構造に規定された社会的排除の展開を前提にするならば，対応する政策も支援活動や生涯学習活動も総合性が要請されていることが理解できるであろう。総合的対応の必要性は，市民社会における社会的協同活動においても言うことができる。そして，それらが実践的に問われるのが，社会的に排除された当事者の活動と，彼・彼女らへの直接的支援活動が多様に展開されている地域のレベルにおいてである。その検討は後編の課題となる。

注
1）その特徴と問題点については，日本社会教育学会編『社会的排除と社会教育』東洋館出版社，2006，所収の鈴木敏正論稿参照。
2）A. S. バラ・F. ラペール『グローバル化と社会的排除――貧困と社会問題への新しいアプローチ』福原宏幸・中村健吾訳，昭和堂，2005（原著 2004），pp. 235-238。
3）ここでは，世界システム論の提唱者 I. ウォーラーステインが，その提起に対する批判も踏まえて自らの見解をまとめ直した，ウォーラーステイン『入門・世界システム分析』山下範久訳，藤原書店，2006（原著 2004）を取り上げる。
4）I. ウォーラーステイン，前出。
5）小林秀夫『BRICs の底力』ちくま新書，2008，など。
6）山田信行『階級・国家・世界システム――産業と変動のマクロ社会学』ミネルヴァ書房，1998，p. 183。
7）D. ラスマッセン編『普遍主義対共同体主義』菊池理夫ほか訳，日本経済評論社，1998（原著 1995）。
8）I. ウォーラーステイン『脱＝社会科学――19 世紀パラダイムの限界』本田健吉・高橋章監訳，藤原書店，1993（原著 1991），pp. 121-122。
9）岩田正美『社会的排除――参加の欠如・不確かな帰属』有斐閣，2008，第 3 章および第 4 章。

10) David Byrne, Social Exclusion, Open University Press, 1999. その紹介と批判については，鈴木敏正編著『社会的排除と「協同の教育」』御茶の水書房，2002, pp. 48-50。なお，同書第2版が2010年に邦訳された(D. バーン『社会的排除とは何か』深井英喜・梶村泰久訳，こぶし書房，2010，原著2005)。社会的排除概念をめぐる第3章と文化的排除を議論した第7章，初版以後の動向に関する叙述が加えられたが，基本的な主張と結論には変わりがない。

11) J. ヤング『後期近代の眩暈——排除から過剰包摂へ』木下ちがやほか訳，青土社，2008(原著2007)，p. 240。

12) J. ヤング『排除型社会——後期近代における犯罪・雇用・差異』青木秀男ほか訳，洛北出版，2007(原著1999)，pp. 15-16以下，pp. 34-35, 50, 80-81など。

13) J. ヤング『後期近代の眩暈』，前出，pp. 69, 72, 50, 「結論」など。

14) 鈴木敏正『新版 生涯学習の教育学——学習ネットワークから地域生涯教育計画へ』北樹出版；2008, 同『「地域をつくる学び」への道——転換期に聴くポリフォニー』北樹出版，2000。

15) A. リピエッツ『レギュラシオンの社会理論』若森文子訳，青木書店，2002(原著とも)；R. ボアイエ『レギュラシオン理論』山田鋭夫訳，新評論，1989(原著1986)；M. アグリエッタ『資本主義のレギュラシオン』若森章孝ほか訳，大村書店，1989(原著1976)。

16) その理論的前提について詳しくは，鈴木敏正『主体形成の教育学』御茶の水書房，2000，を参照されたい。

17) A. ファーロング・F. カートメル『若者と社会変容——リスク社会を生きる』乾彰夫ほか訳，2009(原著1997)，第9章。

18) さしあたって，鈴木敏正『教育の公共化と社会的協同——排除か学び合いか』北樹出版，2006の「補章 若者問題への教育的アプローチ」を参照されたい。

19) 乾彰夫編『不安定を生きる若者たち——日英比較 フリーター・ニート・失業』大月書店，2006, p. 159。

20) 固有価値については，池上惇『文化と固有価値の経済学』岩波書店，2003。

21) P. フレイレ『被抑圧者の教育学』小沢有作ほか訳，亜紀書房，1979(原著1970)。

22) 二宮厚美『格差社会の克服——さらば新自由主義』山吹書店，2007。

23) R. G. ウィルキンソン『格差社会の衝撃——不健康な格差社会を健康にする法』池本幸生ほか訳，書籍工房早山，2009(2005)。

24) 田中秀樹『消費者の生協からの転換』日本経済評論社，1998；同『地域づくりと協同組合運動——食と農を協同でつなぐ』大月書店，2008。

25) D. ハーヴェイ『新自由主義——その歴史的展開と現在』作品社，2007(原著2005)。

第2章　イギリスとEUにおける社会政策の動向
──社会的排除，条件性，新福祉権威主義

ニック・エリソン
（監訳：姉崎洋一　訳：向井 健）

　この小論では，西ヨーロッパ諸国とイギリスにおける福祉国家の「変化」に関わる3つの重要な論点を述べることとする。それらの論点とは，第1にイギリスと西ヨーロッパにおける組合労働者(organized labour)の力の衰退，第2に「条件性」(conditionality)を基礎とした福祉認識や雇用契約の優先化への転換，そして第3に「政策学習」や「政策変移」といったますます重要となる局面の出現である。第3については，ヨーロッパ諸国や他の国々（アメリカ合衆国，オーストラリア，カナダなど）がともに，他の福祉システムから借用するよりも，政策上アイディアを独自に作成するようになってきたことによるものである。いずれの場合でも，これらの要因は新自由主義的な福祉的解決策をめぐる，より大規模な「収斂点」(convergence)に向けて，ヨーロッパの福祉国家を推し進めていくかもしれない。

第1節　ケインズ主義的福祉国家からシュンペーター的ワークフェア国家，そしてその先へ……

　1990年代に書かれた社会政策に関する多くの文献は，新自由主義的な福祉解決へと転換した結果として，戦後期(1945〜75年)の組織的な福祉国家が1980年代において抜本的な変容を遂げていったと論じている。(Jessop, 2002; Cerny, 1990)　ジェソップ(Jessop, 2002)によれば，福祉政策の特質の変化は資本蓄積がフォーディズム体制からポスト・フォーディズム体制へとグローバルな規模での移行の一環であると指摘する。こうした動向は，福祉

国家との関連で言えば〝ケインズ主義的福祉国民国家〟から〝シュンペータ的ワークフェア国家〟への移行として概念化される。このシュンペータ的転換に関わる過程は，アメリカやイギリスといった「環大西洋経済圏」，そしてオーストラリアやニュージーランド（イギリスとの関係やアメリカ合衆国との軍事的関係によって環大西洋経済圏の一翼を担っている）において最も可視的となった。――ただし，シュンペタ的転換は他の諸国でも現れ始めているが。伝統的な福祉国家にとって，こうした変化の特徴は，グローバルな市場において国家が競争的でいられるように，「労働市場の柔軟性を高め，柔軟で進取性に富んだ労働者を生み出し，（同時に）社会的な賃金を切り詰める圧力をかけるため」社会政策を活用するというものである。（Jessop, 2002: 168）これらの変化は，福祉それ自体を無視するということではない。だが，既存の協定では，福祉に依存していく人々の利益を脅かしがちな方法で監視するものである。こうした意味で，ジョン・クラーク（John Clarke, 2001）が「変わりやすい（unsettled）」と表現したように，福祉システムは不安定な基盤の上に立っており，この見解はジェソップ（Jessop）の言うところの大西洋フォード主義的レジームを，他の経済協力開発機構（OECD）加盟諸国へと拡大させる可能性がある。

　もちろん，福祉国家と福祉政策の影響を懸念してとどまることはないし，今日において「シュンペーター的福祉国家」の命題は，1990年代後半以降に生じた政策変化を考慮した再評価を必要としている。イギリスや西ヨーロッパにおける福祉システムは，シュンペーター主義や「ワークフェア国家」を超えて，――細かくみていけばさまざまな形態をとりうるが――「制限付き（qualified）福祉権威主義」に向かう共通の傾向を示すシステムへと動き始めている事例であると言えよう。福祉の変化の文脈において，この期間が意味するものを検証していく前に，いくつかの一般的な文脈を考慮に入れておく必要がある。結局のところ，ケインズ主義的システムの凋落は，1980年代以降のヨーロッパ諸国や他の国々に影響を与えた経済的・社会的な変化に根ざしたものである。本稿では，経済的・社会的な変化を細部にわたって記述しようと試みるというよりは，はじめに労働組合の減少および／

表 2-1　1970 年から 2003 年までの OECD 諸国における組合加入者

(単位：千人)

年	アメリカ	オーストリア	ニュージーランド	日本	ドイツ	フランス	イタリア	イギリス	スウェーデン	デンマーク
1980	17,717	3,543	714	12,369	8,153	3,282	7,189	11,652	3,038	1,604
1990	16,739	2,659	603	12,265	8,013	1,968	5,872	8,952	3,259	1,755
2000	16,258	1,902	318	11,539	8,067	1,780	5,212	6,636	2,950	1,803
2003	15,778	1,866	—	10,531	7,120	1,830	5,327	6,524	2,984	1,710
パーセントの変化										
1970-2003	−11.3	−25.7	−36.7	−9.3	2.2	−47.1	12.5	−35.2	28.3	54.4
1980-1990	−5.5	3.6	−15.5	−0.8	−1.7	−40.0	−18.3	−23.2	7.3	9.4
1990-2003	−5.8	−29.8	−44.5	−14.1	−11.2	−7.0	−9.3	−27.1	−2.1	−2.6

出所) ビッセル (Visser, 2006: 43-44) より引用。

表 2-2　1970 年から 2003 年までの OECD 諸国における労働組合の組織化

年	アメリカ	オーストリア	ニュージーランド	日本	ドイツ	フランス	イタリア	イギリス	スウェーデン	デンマーク
1970-2003	−11.1	−6.5	−33.1	−15.4	−9.5	−13.4	−3.3	−15.5	10.3	10.1
1980-1990	−4.0	−9.0	−18.1	−5.8	−3.7	−8.1	−10.8	−11.4	2.8	−3.3
1990-2003	−3.1	−4.7	−28.9	−5.6	−8.6	−1.9	−5.1	−10.0	−2.8	−4.9

出所) ビッセル (Visser, 2006: 45) より引用。

あるいは，適応 (adaptation) というレンズを通して検証していくこととする。こうした切り口を選択したのは，組合労働者の相対的な減少が，同時に多くの異なる福祉レジームの縮小を引き起こしているからである。これら 2 つの論点を因果関係で結んで描くのは，さほど難しいことではない。ひとたび組合労働者の減少が明らかになれば，イギリスと西ヨーロッパの福祉システムがこれまでの 20 年にわたり，いかにより権威主義的な位置へと移行していくことになったのか理解しやすくなる。

　ビッセル (Visser) が指摘するように，2 つのヨーロッパ国 (スウェーデン，デンマーク) を除いて，2002 年ないし 2003 年の労働組合組織率は 1970 年の組織率よりも低い割合を示している。それに加えて，若者や女性の労働組合組織率が低い割合を示していることを指摘している。組合組織率は民間よりも公的セクターの方が高いというよく知られた事実も，また再確認するに値

する。ビッセル(Visser, 2006: 47)によれば，「国際的な競争の激化(グローバリゼーション)，(長期的な，特にヨーロッパにおける)高い失業率，増加する柔軟な雇用契約，低いインフレ率と金融政策の締めつけによるインフレの制御といったことは，労働組合のもつ力や組合加入を制約している」という。当然のことであるが，このような全般的な傾向は，各国の状況によって異なってくる。だから，スウェーデン，デンマークのような，いわゆる社会民主主義レジームよりも，イギリス，アメリカ，オーストラリア，ニュージーランドのような，「自由主義的」な福祉レジームの方が，労働組合員や組織率の著しい減少をみせたことは驚くことではない。それにもかかわらず，労働組合員数や組織率の低下は，はっきりとしているし，伝統的に労働組合のもつ力が強かった社会民主主義レジームにおいてでさえ，特に賃金交渉に関わっては，労働組合の役割には顕著な変化がもたらされた。(Ellison, 2006)

　では，なぜ組合労働者の強さ(ないしその欠如)を考慮することが重要なのだろうか？　第1に，ヨーロッパやイギリスにおける福祉国家のさまざまな歴史は，組合労働者の増加が福祉システムの形成と密接かつ相互に関連していることを示している。それぞれの社会の宗教的構造や農業部門の強さをはじめとして，多くの要因が福祉国家の発展に影響を与えるわけだが(Baldwin, 1990)，福祉システムを向上させていく動力源(Korpi, 1983)は，必需品やサービスを共同で用意していくための政治的闘争において，労働組合が決定的な役割を果たした。イギリスを除く西ヨーロッパの多くは，雇用条件と福祉国家機構は労働賃金と社会的サービスの役割と性質についての合意をはかるための三者の交渉過程を通して，社会的連携者(Social Partners)——例えば政府，組織労働者，雇用主——によって統御される。供給されるある種の福祉は国によって大きく異なるものであるが(Esping-Andersen, 1990)，労使関係へのアプローチは，安定的な社会民主主義的形態(スカンジナビア)，あるいは社会的市場経済システム(ドイツ，オランダ，オーストリア)を生み出した。1970年代後半以降，ひとたび経済的・社会的な圧力が強まっていくと，労働組合が弱体化することで労働者と資本(家)の間の力関係が崩れ，イギリスを含む西ヨーロッパをめぐる福祉削減の発生を導いていく

ことになった。

　労働組合の意義を確認する第2の理由は，社会的ガバナンスの現代的形態における労働組合の役割に関連している。そうした労働組合の役割は変形され，縮小されている。その一方で，マーティン・ローデス（Martin Rhodes, 2001, 2003）が論じているように，ヨーロッパの一部の労働組合は労使関係の潜在的で対立的な性格を弱める形で，賃金の調整・社会的責任の緩和・柔軟な労働契約の結合を求める「競争的な労使協調政治経済体制（コーポラティズム）」や「社会的契約」を形成することに関与している。競争的な労使協調政治経済体制における調整（アレンジメント）は，ヨーロッパにおける交渉のすべてをカバーしているわけではないが，労働者の柔軟性・賃金切り下げ・年金財源の圧力を縮減する効果を生み出した分散的な労使交渉の調整によって，西ヨーロッパにおける雇用主は恩恵を受けている事例がある。（Ellison, 2006）　こうしたものには，オランダにおける「柔軟安全性（flex-icurity）」への転換，デンマークの積極的で厳しい労働市場政策，1990年代後半におけるスウェーデンの年金制度の抜本的見直しなどが含まれる。こうした中には，近年のドイツにおける労働市場の活性化政策への転換（これはフランスにおいても一定程度反映されている）や，この間のドイツ政府の年金支出の抑制に向けた対策も加わるだろう。

　1980～90年代における労働組合と軌を一にしていた組合主義・社会民主主義・平等主義的政策の相対的な減衰傾向は，福祉政策の性格を政府と雇用主が再定義することを許してしまうことになった。こうした動きはサッチャー（Thatcher）政権下のイギリスにて激しく行われたが，「平等」を超えた「公平性」と社会的包摂を特権化する社会政策へのアプローチを支持する新労働党政権下に移ってもなお，（サッチャー時代にみられた）福祉の再定義の動向は多くの点で引き継がれた。欧州連合は各国政府において扱い方は異なるものの，社会的包摂を中心的な政策目標として位置づけた。しかし，そうした動向にも困難も存在している。デイリー（Daly, 2008）の指摘にあるように，社会的排除／包摂への注目は，ある一定の社会集団（例えば失業者や一人親）を「逸脱者」のままにせずに「社会の中に戻す」ことを保障するが，

特別な政策的介入を必要とする人を「問題ある存在」や「失敗した人たち」として孤立させてしまう危険性がある。そうした傾向は〝職をみつける〟〝訓練に参加する〟〝子どもを学校に通わせる〟といったあらかじめ期待されるふるまいが定義され，その期待に添うことに失敗したならば，政府が特別な政策を制裁とともに課されるものだった。こうした意味で，福祉システムはますます「良きふるまい(good behaviour)」を条件付けるものであり，つまり，福祉の権利と責任とでは後者が強調されるようになっている。しかし，こうした目標設定の形式をとることが機能しているかどうかは定かではない。イギリスにおける所得収入の人口の上位10%富裕層はより豊かになっているが，最貧困層は1994年以来ますます貧しくなっている。低〜中所得層は実質的には変化しないままに留め置かれている。しかしながら，周辺的な位置に置かれた社会集団は，社会的援助を必要としているが，そうした援助の性格を労働市場(paid labour market)への参入促進であるべきとする想定が，はたして実現可能なもので政治的に妥当性をもつのかについては疑問である。

第2節　条件的福祉(Welfare Conditionality)に向けて

　労働組合が弱体化し，脱工業化とグローバリゼーションの生み出す経済的な圧力が強まり，雇用主の力が増大していく状況の中で，福祉システムが「変容」過程にあることは，さして驚くことではない。しかし，その変化の方向性が，諸個人の行動を特定の方法にて制御しようとする福祉的な調整(アレンジメント)へと向かっているようだが，そうであるならば，それは「権威主義」と解釈しうるものだ。ここで特に重要視されるのは，労働市場政策や失業者が「求職をする」という要件についてである。ここで，失職中の人々がいつまでも失業給付を要求し続けるべきということを提案するつもりはない。だが，個々人がどのような労働条件を賦課されているのか，そして，それはなぜなのかを理解することは重要である。結局のところ，戦後期以来，長きにわたって「条件性(Conditionality)」は低く抑えられるととも

に,「社会的保護」の高さは強調されてきた。こうした議論はイギリスにおいて始まり,ヨーロッパの他の地域における政策の変化の検討へと移ってきている。

1 イギリス：失業者

1980年代から1990年代を通して,イギリスの労働市場政策は非常に厳しいものであった。サッチャー(Thatcher)首相の下,保守党政権は,「福祉への依存」に対する継続的な非難の文脈において,まず手始めに給付金の水準を制限した。また,「積極的な求職活動」の重要性を強調し,ついには労働時間・賃金水準・職場代表に関する規制緩和など労働条件の再編成に着手した。1996年,ジョン・メージャー(John Major)首相は,失業手当の支払い期間を1年から6カ月に削減する求職者手当の導入を検討した。それ以降,失業給付金の請求者は積極的な求職をすることを前提として給付が承認されることになった。新労働党政権では,過去12年間にわたるこの体制(レジーム)を段階的に厳密なものへと拡大させていく。

2002年,全国職業センター・プラス計画に着手する際,ブレア(Blair)首相は社会福祉給付金への依存を縮小していくための政府戦略として3つの要素を強調した。

> 第1に「職業センター・プラス」である。第2に「ニューディール」概念や権利・責任を,失業者だけでなく病気や障害のある人々にも広げること。第3に,熟練労働の習得に向けた新たな機会である。(Blair, 2002: 6)

2002年4月に始まった全国「職業センター・プラス」計画は,そうした原理を保持しながら,それに置き換えうる「ある1つの」計画の範囲を拡張させた。(Hewitt, 2002) 労働年齢給付を要求する者は誰でも,給付の条件として担当の助言者(アドバイザー)との面談を受けることに同意しなくてはならないということである。こうした給付者に対して面談を要求する給付金

のリストは広範囲にわたっており，求職者手当，所得補助，出産手当，寡婦給付，就労不能給付，労災災害給付，介護手当，社会福祉基金といったものにも適用された。(Treolar, 2001)

　1997年以来，若者や長期失業者を対象とする既存の「ニューディール」(New Deals)の中でも，権利と義務との関連がはっきりと明示している。4つの職業・訓練(関係する雇用主とともに補助的仕事に取り組む，ボランタリーセクターで働く，環境対策委員会の開催，フルタイムの教育／訓練を承認すること)のいずれかに従事することに応じなければ，懲罰的措置がとられることになった。消極的権利として与えられていた5つの選択権はとっくの昔に削除されている。申請者は2～26週の期間の間に取得したいくつかの，もしくはすべての給付金を失うこともありうることになった。1998年10月／12月と2000年7月／9月の間の3カ月という期間にとられた詳細なデータをみると，交付金の削減や支給停止の影響を被った若者の数は少なくとも2,695名，最大で5,157名が確認されている。(Bivand, 2001)　求職者手当に関連する政府統計では，2002年5月において制裁を受けた請求者がおおよそ21,000名に達しているという。(DWP, 2002)

　求職者手当受給者に焦点を当てた他の2つの政策の取り組みに着目することも，また価値がある。2000年12月において，イギリス成人の非識字問題に取り組むための〝抜本的でかつ創造的な戦略〟について教育省大臣が概略を述べた。そこでは，労働市場・まともな仕事・広域的な地域連携網(コミュニティ・ネットワーク)からの排除が，識字問題の主たる要因とみている。(Blunkett, 2000)　計算能力／識字能力に乏しい成人は2004年の段階で75万人いるとされるが，ブランケット(Blunkett)はその数を減少させるための目標対象(ターゲット)を定めた一連の試験的プロジェクトを，2001年3月からイングランドにおいて開始すると告知した。さらに，条件性の設定はイギリス政府の方針の一部とされた。求職者手当の請求者に対して基礎的なスキルを学ぶことを納得させるためのさまざまな〝飴と鞭〟アプローチの効果を確かめるための〝暮らしのための技術(スキルズ・フォー・ライフ Skills for Life)〟戦略の一環として，9つの地域計画(スキーマ)を立て

た。

　イングランド北東部にあるウェアサイド(Wearside)では，該当者に対してフルタイムの基礎教育計画に取り組むことが勧められる。そのコースに参加した者には週に10ポンドが支給され，全コースを完全にやり遂げた者には100ポンドのボーナスを支給するとしている。一方で，ウェアサイド(Wearside)の事例とは対照的に，ノッティンガムシャー(Nottinghamshire)北部や，リーズ(Leeds)といった，いくつかの地域の申請者の場合は，あまり幸運であるとは言えない。2001年9月17日以来，もしも申請者のために用意された基礎教育プログラムの受講を拒否するか，離脱したとするならば，申請者(25〜49歳)のもつ求職者手当の申請権が剥奪されることになった。はじめは給付金の給付額が2週間低い額へと抑えられ，この期間に2つ目の〝違反〟をすると，その期間は2倍になる。(Treolar, 2001)　政府は〝暮らしのための技術〟プログラムの適応範囲を拡大した後，そのプログラムを「職業センター・プラス」に組み入れた。求職者手当の全申請者，ニューディール申請者，不活性な手当の申請者は，彼らの基礎的な識字力と計算能力のレベルが日常的に査定されることになる。2004年4月以来，財政上の達成刺激(インセンティヴ)は申請者に基礎教育コースの履修を促し，今後の雇用機会の向上をはかることが導入された。給付制限の実効性をさらに考えるための予備的研究の第2段階はすでに委託されている。(DfES, 2004)　社会安全諮問委員会はそのような査定に反対を表明しているが，その一方で，政府は人々に対して基本的スキルの向上を強いる制裁の使用の適応を広げていくことを排しているわけではない。

2　一人親家庭

　一人親家庭の争点は，女性を労働市場へ参入させることを目的とする政策を背景とする性別間対立の硬直化を緩和することにある。一人親家庭の状況にある家族(その大多数が女性親であるが)の多くが，貧困の影響を受けやすい。これまでの従来の政策の賃金労働の不足を促し，福祉給付に関する依存関係を定着させてしまうものだったが，賃金労働を中核に据えた新たな解釈

も，また問題があるとルイス(Lewis, 1998)は指摘する。多くの一人親たちが仕事を求めている証拠を提示して，子どもたちの小学校が設置された。リスター(Lister, 1999)は，貧困から抜け出す最善策を一人親家庭に提供するために，賃金労働を奨励するさまざまな対策をとることは正しいことであると考えている。しかし，このアプローチは，賃金労働としての社会貢献の形態として必要で適応しやすく，それゆえに必要なときに国による支援の必要があるとし，子育ての社会的価値を弱めてしまうだろう。これまでイギリスは一人親家庭の賃金労働に対してはとても寛大であった。しかし，これまでの議論で示してきたように，家族支援のための包括的福祉に取り組むための一人親家庭の権利を主張することと，家族のニーズを満たすために賃金労働を通して個々の義務を果たすことの間のバランスが，再び議論の俎上に載っている。もちろん，アメリカ，イギリス両国で盛んに用いられている税控除システムの影響は大きい。2003年4月の労働者税控除や子育て税控除の導入の背景としての論理は，（低い）賃金労働で一人親を働かせることであった。その結果，一人親家庭の非公式のケア負担金がみえなくなっており，働くよりも福祉給付金に頼り続ける人々が〝不完全〟で依存をした市民としてみなされる危険がある。(Burns, 2000)　ハンコック(Hankock, 2000)は，女性の非公式によるケア労働の地位の低さはこれまでの女性の周縁化における中心的役割を果たしていたが，新労働党政権下において重要な転換が起こったと主張する。性別役割として母親あるいは養育者として位置づけられてきた女性が，今や労働者あるいは市民としてみなされるのだという。同様に，ルイス(Lewis, 2001)も，男性＝稼ぎ手，女性＝養育者とするアプローチよりも，現在の政策は〝成人＝労働者モデル〟が主流であると主張する。

　もしかすると厳格なアプローチではないかもしれないが，新労働党は賃金労働をする一人親家庭の増加をはかっている。一人親失業者対策(New Deal for Lone Parents)の参加者は求職活動を強制されているわけではないが，一人親世帯の利用可能な社会福祉給付金は次第に条件付きになっている。2001年4月から13歳以上の子どもたちを支援するための所得補助を要求する一人親の多くが「就労に向けたインタビュー」を受けることになった。

2001年4月30日から2002年3月29日までの期間，特別な理由なく義務づけた面接に参加しなかった1,531組の一人親家庭に制裁が課された。(Hansard, 2002) 2003年4月以降は，所得補助を要求するすべての一人親家庭に対して，「就労に向けたインタビュー」への参加を求めることになった。こうした要件をつなぎ合わせると，多くの一人親のための給付金資格，1991年の児童扶養法(Child Support Act)によって定められた規則に従って，子どもたちの父親がいない女性であることを条件とするだろう。近年の政府の方針では，一人親家庭は〝雇用支援を集中的に受ける責任〟を果たすべきだということを繰り返し表明している。(DWP, 2005a: 8) 政府はより厳しい内容である求職者手当の枠組みを適応したり，仕事を探さない一人親家庭への制裁を強調したりするのは不適切であると言及するが，青年期の子どもをもつ一人親家族に対しては，より厳格なアプローチをこれからの政策の一環として用いている。最近の政府の提言の概要をみると，中学校へ通う子どもをもつ一人親世帯の受給の条件として，対個人助言者の指導の下で〝労働に関連する活動性(アクティビティ)〟向上に努めることとしている。労働市場への参加を促すために，週20ポンド支払われる求職奨励金(work search premium)は，こうした計画に参加した一人親世帯に対してのみ支払われるだろう。(DWP, 2005a) さらに，2005年10月以降，労働給付金を請求するすべての14歳以上の子どもたちをもつ一人親家族に対して，3カ月間隔で「就労に向けたインタビュー」へ参加することを求めた。(Stanley et al., 2004) 多くの研究では，労働市場で働く一人親家庭を支援する政策は積極的意味をもつとしているが，もしも相当数の一人親世帯を賃金労働者として参入させるならば，質の高い支援や教育・訓練の枠組みを提供し，子育て支援をすることがきわめて重要であることを強調している。(Heron et al., 2002; Bradshaw, 1996) 一人親家庭による給付金受給者に求める要件を緩やかに設定し，相談支援の体制をとることをもって，政府は一人親失業対策における子育て支援に取り組んだものとしているようにみえる。しかしながら，一人親たちが労働市場への参入を期待していることは明らかな中で，政府は労働市場の外部における日常的な養育者として果たす貢献をもって，公

的支援を請求する条件とするのは不適切であるとほのめかしている。

3 障 害 者

　障害者を活性化させるための重要な要素とされているのが障害者失業者手当(New Deal for Disabled People)である。これは 1998 年に制定されて，2001 年より全国的に取り組まれるようになった。労働年齢にある就労不能給付(incapacity benefit)や重度障害手当(severe disablement allowance)の受給者を対象として，障害者失業手当は福祉から労働への移行させる間，給付金の増額と個別支援を提供することで障害者の労働市場への参入を促すことを目的とする。労働市場への参加は自発的な意思によるものであり，障害者失業手当において制裁は含まれていないが，条件性は障害者を活性化するための方法としても有効であるとみなされた。

　障害者に関連して「福祉改革および年金法」(1999)が制定された。こうした福祉改革は，現在就労をしている障害者や国民保険料を負担している障害者のみに給付資格を付与するため，就労と就労不能給付を得る権利との間の関連を強化しようというものであった。つまり，「全労働力テスト(all work test)」(現在では能力検査〔Personal capability assessment〕と呼ばれている)の活用，「就労に向けたインタビュー」への参加は，未就労である障害者の要求を充足するものというよりも，むしろ政府の経費削減の要件を満たすものと言える。新労働党は障害を理由として働くことができない人々のニーズを認めると同時に，労働市場の中へ(再)参加を可能にすることに焦点を当てた政府戦略を強調するのに熱心であった。そこでの目的は，障害者給付や就労不能給付を受け取る 270 万の人々を，できる限り多くの人たちを労働力として元に戻していくことに置かれた。(Blair, 2002)

　労働年齢にある求職者給付金受給者よりも障害者給付金受給者の数が 3 倍に達し，障害者に対する給付金支出の 24％に達する状況に直面したならば(Walker, 2003)，政府は就労不能給付の抜本的な改革に着手する意向を示した(DWP, 2005; Johnson, 2005)。「雇用への道」(Pathways to Work)プログラムは，給付金を強化する〝飴〟と，「就労に向けたインタビュー」に取

り組めずに脱落した者への制裁という〝鞭〟とを組み合わせて設計されており (Stanley, Asta Lohde and White, 2004)，ここ近年の法改正の多くは以下のことを意味しているだろう。

> 多くの人々は対個人助言者による一連の「就職へ向けたインタビュー」に参加することを求められるだろう。さほど重篤ではない健康問題を抱えた人々も，また就労へと近づくことを目的とした活動への参加を求めるだろう。*(Corden and Nice)*

「福祉改革法」(2007)を含む制度改革の中で，病気や就労不能状況にある人に対しては就労不能給付や所得補助から「雇用支援手当」(employment support allowance)が適応されている。最初の13週間における「査定期」(assessment phase)の間は，すべての新規申請者は基礎的手当が求職者手当の基準によって支払われ，改訂版の能力検査を受けることが期待される。もしも，能力検査の判定に同意するならば，請求者の多くは就労に関連した雇用支援手当の活動プログラムの利用へとつながっていくだろう。しかし，「雇用支援」(基礎的手当より高額が支払われる)を受給するということは，個々人が就労に向けた行動計画を描き，「就労に向けたインタビュー」に参加し，諸個人の状態管理のための「合理的な段階」(reasonable steps)を踏んでいくとともに／もしくは，賃金労働市場への参入を支援するための訓練や基礎的スキルの習得していくことが給付金受給者に課せられる条件となる。それらを拒否することは，給付金支給の制裁がなされたり，査定期にとられた低額の給付額へと引き戻すという警告が待ち構えていることを意味する。(能力検査によって)非常に重度の障害があり，就労関連への活動プログラムへの参加に限界があるとみなされたわずかな人々が支援プログラムを受けることができる。これは就労関連活動プログラムの雇用支援手当よりも高額の給付が保障され，就労関連活動プログラムへの参加する必要はないだろう。(DWP, 2007)

ソーントン(Thornton, 2005)によると，イギリスでは賃金労働の契約ので

きない障害者に責任を課し，多くの障害のある人たちが病気や障害のために，ことを加味しない政策に急速に近づいているとする。実際には就労不能給付の受給者の多くが賃金労働を可能であるという想定が新たなる政策を支えており，政府も「診断書文化」によって就労の可否を判断しないようにしたいと述べている。(Johnson, 2005) こうした提言は，能力を奪われた受給者に対して条件性を労働市場への参加に向けて拡張をしようとするものであり……(そして)それは病者や障害者をワークフェア形式のレジームの対象へと転換していくことである。(Allirajah, 2005: 4) それゆえ，こうした政策は，障害者を就労できるようにするよりも自己管理できるようにすることを重視する。結局のところ，障害者を就労できるようにするよりも賃金労働を市民性(シティズンシップ)の獲得としていっそうみなすようになるだろう。多くの給付金支給に関する制裁の効果は上がっていない。適切な雇用機会が不足しており，差別も広がっており，賃金労働における構造的／環境的な疎外要因は残ったままである。

　"条件性"は新労働党の核となる政策としてしっかりと根づいた。2007年3月において労働年金大臣のジョン・ハットン(John Hutton)は，「権利と責任の基本原則」を再び支持し，給付金を既得権益とする者を生み出す条件なきシステムを非難した。同様の傾向をもっているフロイド報告(Freud Report)が国務大臣によって提出されているが，その報告では就業率80％という政府目標を達成するために福祉改革の進捗状況を見直すとともに，労働市場参入の不活性化を和らげる方法について，さらに検討するとしている。そのフロイド報告では下記のように提言されている。

> 現在の失業者対策のレジームを維持すること。幼い子どものいる一人親に対して求職者手当により厳しい条件性を導入すること。「雇用への道」や「雇用・生活支援手当」の方針に沿って(すでに就労不能給付を受給している者も含む)他のグループに対して条件性を提示すること。(DWP, 2007: 9)

第3節　イギリスを超えて：就労強制社会政策（ワークフェア）による活性的な世界へ？

　条件性の出現は，何もイギリスに限ったことではない。実際に，本稿でたどってきた政策の変化はイギリスにとどまるものではない。新たな，そして活性的な 21 世紀の福祉の世界はすべての人々に義務として労働を課すものであり，受動的／福祉への依存の問題に関して万能策としてみなされている。ヨーロッパ(van Oorschot, 2000; Lødemel and Trickey, 2001; Barbier and Ludwig-Mayerhofer, 2004)，アメリカ(O'Connor, 1998; Prideaux, 2005; Deacon, 2002)，オーストラリアや他の地域(Goodin, 2002; McDonald and Marston, 2005)など多くの国家がこのような政策を打ち出すに至っている。基本的には，脆弱な市民の権利を収縮するために，強制的な家父長主義と条件性としての給付資格とを結びつけた社会政策への注目は，今なお多くの欧米の福祉国家において進行中である。(Dwyer, 2004) また超国家的次元において，繰り返し唱えられている「責任を伴う社会権としての条件付きかつ活性的な福祉」というスローガンは，欧州連合の政策，特に「欧州雇用戦略」(European Employment Strategy)の名の下に掲げられている。(Peck and Theodore, 2000; Wincott, 2003; Dean et al., 2005; van Berkel and van der Aa, 2005) 同様に，経済協力開発機構(OECD)は，条件性を支持し，「賃金労働への参加，リハビリテーション，他の社会統合への手段」を，障害者給付金の給付の条件に加えることに賛成の議論をしている。

1　ドイツ

　近年のドイツ政府はイギリスに同調する形で労働市場政策を転換させてきている。ハーツ委員会勧告(2002)を受けて，長期失業者を念頭とする失業給付金と社会扶助とが家計状態調査に基づく給付へと統合された。現在，すべての失業者は，ワン・ストップ化された職業センターの対個人支援の利用者登録を届け出なくてはならないことになっている。失業給付金の受給者は自

らが求職状態であることを証明しなければならず，就職を拒むと「給付金30%返還」という罰則(それが続けば30%以上)を受けることもある。(Seeleib-Kaiser and Fleckenstein, 2007) それと同時に，このような変化は，ドイツ公共職業安定所の改革を焦点として他の所にも生じている。イギリスと同様にこうした業務はより競争的な色彩を強めている。職業斡旋を行う民間企業への支払いに証票(バウチャー)を使うことができる期間では，民間企業が求職者からサービス料を請求することが認められるようになったのである。(Seeleib-Kaiser and Fleckenstein, 2007: 433) シレイブカイザーとフレッケンシュタイン(Seeleib-Kaiser and Fleckenstein, 2007: 435)は，こうした展開は自由主義的労働市場政策への移行を導く再商品化過程として特徴づけられるだろうと論じている。

　ドイツにおけるさらに重要な争点は，失業者支援策である賃金立替払制度の弱体化に関わるものである。ドイツの場合，労働組合は社会保障システムの「後払い賃金(deferred wage)」を通して失業支援に当たってきた。現在では，失業給付金と社会扶助が打ち切られたため，こうした労働組合と失業者支援との関係は弱くなってきている。(Clasen, 2005: 91) ドイツの労働組合はイギリスではみられない方法で失業支援との関係を残しているが，それにもかかわらず，ドイツにおける一連の変化はどのようにして福祉国家の重要な領域で組合労働者が影響を失っているのかを示してくれる。

2　デンマーク

　活性化(アクティベイション)政策は，数年間にわたってデンマークの福祉モデルの中核となっている。クヴィストとペダーセン(Kvist and Pedersen, 2007: 3)は下記のように指摘している。

1990年代中ごろから，デンマークは労働政策の革新に関して北欧諸国を先導している。ここ近年では，デンマークは，活性化労働市場政策による就労保障と，アクセスしやすく手厚い給付が受けられる社会的保護システムとを結びつけた flexicurity (*flexibility + security，柔軟性と安

全性)モデルでよく知られるようになった。柔軟な就業保護法制定と寛大な社会的保護という2つの要素は，数十年間，非常に失業が深刻な期間でさえ，デンマークの福祉モデルとなってきた。しかし，活性化の原理は1994年の労働市場改革にまで遡るものである。

　デンマークのシステムは失業者手当受給者に対して比較的寛大であるが，手当給付期間は7年から4年に縮減された(国際的な基準では長期間なのだが)。イギリス政府が責任という考え方を導入したのと同じように，デンマークもまた一度給付金が打ち切られた後の19の条件として，活性化と求職を強調している。諸個人が労働へと行動を起こすことは給付後の局面の重要な要素で，職の提供を拒むと給付金は撤回されうる。デンマークにおける「柔軟性」は過去20年間にわたって増大しており，職業の流動性を保証するという観点から就業保護は低く位置づけられている。クヴィストとペダーセン(Kvist and Pedersen, 2007)は，「1998年に制定された〝活力ある社会法″(Law on Active Social Policy)は，活性化を失業手当受給者の社会扶助へ，そしてそれによって社会扶助を管理している自治体当局へと拡張した」と指摘する。こうした動向は重要である。なぜならば，(ここ近年ドイツでも同様な事態が起きているが)失業保護と基礎的社会扶助の間の区別が損なわれるからである。クヴィストとペダーセン(Kvist and Pedersen, 2007)は，「一般的に，特に2001年の社会省から雇用省(旧労働省)への社会扶助の移行に示されるように，社会政策はだんだんと雇用志向的になってきている」と指摘する。2006年までのデンマークの失業対策の基準は，就職する上で最も大きな困難に直面しているグループへの焦点化を当てるイギリスや他の諸国と軌を一にしていた。この戦略は援助を必要としている人たちを対象にするから「効率的」であるが，デイリー(Daly, 2008)が指摘するように，社会において最も脆弱なグループであるという烙印を押してしまう危険性が生じてくる。

　ドイツとデンマークの事例は，徐々にヨーロッパ全体で活性化の典型になりつつある。2000年に導入された「欧州雇用戦略」(European Employment

Strategy)の簡潔な調査では，欧州連合が政策学習とボトムアップの「最高の実践」――しかし，ヨーロッパレベルで合意された原理による――を認める「調整の開放的方法」を発展させ始めていることを示している。欧州雇用戦略の場合，活性化戦略はヨーロッパの雇用を拡張していく上で中心的であるとみなされている。そして，それらはまた社会的排除に抗していく主要な武器であるとも理解されている。

第4節　労働賃金の創出か無責任な人たちの活性化か

　活性化による労働市場政策が成功しているかどうかの判断は難しい。政府は積極的労働市場政策が成功すると主張する傾向がある。たしかに多くの人々が(特に若者たちが)仕事をみつけることができたことを示す数値も出ている。イギリスの新労働党は170万人の人々が「ニューディール」(New Deals)によって仕事へと復帰できたと主張する(DWP, 2007: 2)。しかし，他のデータでは，政府のアプローチの影響についてそれほど積極的な意味を見出せないとしている。一部の評論家は「ニューディールは成功していない。なぜなら失業者や一人親よりも，むしろ産業や資本の方がニューディールの本当の利益を享受しているからだ」ということを強く論じている。(Grover and Stewart, 2000; Gray, 2001; Prideaux, 2005)　最近の「チャンネル4ニュース」のリポート(2008年1月)によると「イギリスでは実際に170万人の人たちが仕事を探し求めているが，しかしニューディールのプログラムは若者たちが仕事を見つけるチャンスをたった5～7％上昇させたにすぎない」と指摘する。同様の割合が，他の「ニューディール・プログラム」でも報告されている。こうした数字は，ペック(Peck, 2001)による議論とも類似している。彼は2000年3月からのニューディールによって就職していった者は，賃金労働に参加することから離れていた参加者のうちのたった3分の1の割合で，控えめに推移していると指摘している。彼はニューディールから離れた多くの人たちは，短期間で職場を異動し，低い給料で，非常に不安定な生活を余儀なくさせられている〝臨時工〟の罠へと陥っていると主張し

第2章　イギリスとEUにおける社会政策の動向　71

> BOX1　ヨーロッパの有効求人は落ち込んでいる
>
> 　モンスター雇用指数ヨーロッパは2008年12月に14ポイント減少した。それによってオンライン上の有効求人2007年3月以来，最低水準に達した。その前の1年間(2007年12月～2008年11月)はその指数は安定した傾向を示していたことは，2008年12月の急落が季節性によるものではないことを示している。指数は前年比で23ポイント落ち込んでおり15％減少している。指数の年次成長率の持続的な減速は，年の終わりに労働者への雇用主の重要が急速に落ち込んでいったことを示している。
>
> 　モンスター雇用指数ヨーロッパは，大量のもののから選び出された何百万もの求職掲示板を解析し月ごと分析をしているものである。ヨーロッパをまたぐ非常に巨大なキャリアサイトや求職掲示板の抽出をしている典型的なものである。
>
> | 12月 | 11月 | 10月 | 9月 | 8月 | 7月 | 6月 | 5月 | 4月 | 3月 | 2月 | 1月 | 12月 |
> |---|---|---|---|---|---|---|---|---|---|---|---|---|
> | 08 | 08 | 08 | 08 | 08 | 08 | 08 | 08 | 08 | 08 | 08 | 08 | 07 |
> | 132 | 146 | 152 | 155 | 159 | 167 | 166 | 166 | 165 | 170 | 165 | 139 | 155 |

ている。イギリス政府自身の調査でも，このアプローチによって効果のあった事例はいくつかの条件がそろったときだけであることが指摘されている。一人親家庭を労働力として雇用しようとする枠組みに参加した会社はたった27％しかないし，そこで雇用されるのはたった20％でしかなく，長期にわたる失業にさらされることを余儀なくされる。精神や身体に障害のある人たちはかなりひどい状況にさらされる。(DSS, 2001)　成人教育訓練監査局（政府エージェンシー）もまた若者失業者手当(New Deal for Young People)に対してひどい評価を下している。この2001年から4年間の政策で示された労働市場への参入数は肯定的な数値を示しているようだが，しかし，この報告書ではいくつかの重大な欠点に焦点を当てている。青年層に提供される訓練の60％は不適切なものであるとして非難されている。フルタイムの教

育・訓練は採用されている最も一般的な選択肢である(18〜24歳の40％)。しかし仕事が得られたのは参加者のたった26％であり，資格を得られたのは31％だった。(ALI, 2002) 本来の目的はすべての研修生が1年間のコースの間に仕事と資格との両方を得ることであった。

　これらの数字は議論のために公開されている。ヴァン・レーネン(Van Reenen, 2001: 21)は，「プログラムは若者を就労へ移行するための重要な効果があるように見える。私たちの評価によれば，若者の失業者は毎月20％が就職している……。「ニューディール」は失業手当を請求する間には求職する義務を強く求めることが急速に進んでいるようにみえるだろう」と記している。デンマークにおいても積極的労働市場政策は，概ね役に立つと判断された。(Kvist and Pedersen, 2007) いくつかの観察者は確信がもてなくなっているようだ。(Torfing, 1999を参照) しかし，積極的労働市場政策には2つの問題が残されている。1点目はグローバルな規模で広がる不況の深刻化と関連して増加する求職者数を支援できる積極的政策とはどのようなものだろうか？ 失業率は経済の発達とともに高まっているし，「ニューディール」という方法が，職業を求めている必要数に対して効果的であるかどうかは不透明である。

　2点目は，社会的に脆弱な状況にある集団をコントロールするため，条件性を用いる政策に疑問をもつことは重要である。幾人かの執筆者は，契約原則が現在進められている改革を擁護しがちであることを提起し，条件性により負担を正当化する論理に対して挑戦を挑んでいる。(Goodin, 2002; Dwyer, 2004; Standing, 2002; Freedland and King, 2003; Dean et al., 2005を参照のこと) スタンディング(Standing, 2000; Dean et al., 2005: 20 からの引用)は「もし普通の人たちがノーと言うことができる場合にしか威厳のある労働へと発展しない」と指摘するが，イギリスの多くの失業者はその能力を欠いている。活性的な福祉国家の発展として，一人親や障害者のような"不活性"な状況にある者は，今後の福祉給付金を切り詰めるために彼らの能力を見出すことになるだろう。賃労働によって貧困な状況にある市民をできるようにするという目的は，あくまで活性化を下支えする潜在的論理とし

て派生したものである。

> *エンパワーするというよりむしろ訓練を受けることを，解放されるより監督されることを必要とし，責任と義務を果たすべき計算高い市民として取り扱うこと。(van Berkel and van der Aa, 2005: 341-352)*

第5節　結論：福祉権威主義と「個人化」

　積極的労働市場政策を組み入れたイギリスやヨーロッパの法律は，ますます権威的〝福祉〟理解としての活性化の方へ移行し拡大しつつある。正確な分類(条件性，活性化，就労強制社会政策，福祉から労働へ)の有無にかかわらず，権利が就労に焦点を当てた責任を引き受けるかどうかという観点に立った条件付けが次第に多くなっている。この〝忍び寄る条件性〟(Dwyer, 2004)は，伝統的なケインズ主義的福祉国家によって構想され，社会的必要性や権利概念について構築してきた公的福祉が，重大な質的転換をしていることを意味している。また，本稿において論じてきた政策転換は，社会給付を下支えする原理が広域的で抜本的な転換を説明するのに役に立つことも気づくべきだろう。(Cox, 1998; Taylor-Gooby, 2002)

　さらに思索を進めていくために，「社会的保護」に関する質的転換を補佐するものとして，これまでの議論を理解することは重要である。ここでの分析に加えて，条件性は政策上重要であるというだけではなく，ますます個人化していく福祉システムの中で「個々人を管理する」ために，人々に「働きかける」ことを通して社会的コントロールを図ることと同義であるものとして理解することも重要である。フェルガー(Ferge, 1997: 23)による「社会の個人化」(社会的コミットメントからの撤退や「統合的な社会」であることの重要性の減退)に関する主張は，〝二重の条件性〟概念を生み出すためにクラインとミラー(Klein and Millar, 1995)によって発展させられた〝自助社会政策(DIY social policy)〟概念と一致する。ある面では，国家政策(を手厚

くするか薄くするかどうか)は，個々人に対して活性化への責任を強いている間に，人々を活性化に向けて諸個人を「励ます」ためになされる。しかし，別の段階では，失業者や脆弱さを抱えた集団に対して面接や職業訓練などを含む求職活動プログラムへの参加を強制したりするものである。それは条件性だけでなく，働くことの必要性に関する認識としての〝自己調節〟(仕事を探すだけでなく就労することで形づくられる生活を獲得していく個々人の責任)が位置づけられており，最終的には「引き受けさせる」ようになるだろう。やがて仮説は制度化されて，そして就労と福祉に関する新しいコンセンサスの一部として不可欠のものとなっていく。

　もしも私たちがこの「新しい福祉の制度化」の展望に挑戦し，21世紀において真に統合的な新しい福祉解決を確かなものにしていくには，2つの課題に取り組む必要があるだろう。1つ目に，労働市場の活性化を超えた社会的貢献の多様な形態の正統性，特に家族の中で行われる無給の介護労働(Levitas, 2005; Lewis, 1998)をきちんと認める必要がある。2つ目として，疾病ないし障害のために賃金労働に従事することができない人々に対して，適切な福祉を享受できる権利を保障することである。もちろん，新しく制度化され福祉の「典型」になっていくだろう「活力ある」福祉国家への転換で社会権の残余物となる危険性ももち合わせている。効果的な社会的市民権の再定義において，福祉はもはや援助の最適条件としてではなく，むしろますます条件的な社会政策の環境となる中で「彼ら」自身の福祉供給をつくり出す諸個人の能力として位置づけることである。(Dwyer, 1998; Lister, 2002; Ellison, 2006)

参考文献

ALI, *Qualifications 2002/26. Annual Report of the Chief Inspector*, Coventry: Adult Learning Inspectorate, 2002.

Allirajah, D., 'Incapacity - into the melting pot', *Welfare Rights Bulletin*, 185 April: 2005, pp. 4-5.

Baldwin, P., *The Politics of Social Solidarity: Class Bases of the European Welfare*

State, 1875-1975, Cambridge, Cambridge University Press, 1990.
Barbier, P. and Ludwig-Mayerhofer, W., 'Introduction: the many worlds of activation' *European Societies*, 6 (4): 2004, pp. 423-436.
Bivand, P., 'New Deal sanctions.' *Working Brief 121*, London: Centre for Social and Economic Inclusion, 2001.
Blair, T., *Speech on Welfare Reform*. London, 11/6/02 available at http://www.number-10.gov.uk/output/Page5292.asp (6/13/03), 2002.
Blunkett, D., *Skills for Life. The National Strategy for Improving Adult Literacy and Numeracy Skills*. London: Department for Education and Employment, 2000.
Bradshaw, J., *Lone mothers and work*, Findings, York: Joseph Rowntree Foundation, 1996.
Burns, D., 'Practices of citizenship: interlinking community, work and family in a national single parent organisation', *Community, work and family*, 3(3): 2000, pp. 261-277.
Cerny. P., *The Changing Architecture of Politics: Structure, Agency and the Future of the State*, London, Sage, 1990.
Clarke, J., 'Globalization and Welfare States', in R. Sykes, B. Palier and P. M. Prior (eds.), *Globalization and European Welfare States*, Basingstoke, Palgrave, 2001.
Clasen, J., *Reforming European Welfare States*, Oxford: Oxford University Press, 2005.
Commission for Social Justice, *Social Justice: Strategies for Renewal*, London: Vintage, 1994.
Cox, R. H., 'The consequences of welfare reform: How conceptions of social rights are changing.' *Journal of Social Policy* 27(1): 1998, pp. 1-16.
Daly, M., 'Whither EU Social Policy? An Account and Assessment of Developments in the Lisbon Social Inclusion Process', *Journal of Social Policy* 37(1): 2008, pp. 1-20.
Deacon, A., *Perspectives on Welfare: Ideas, Ideologies and Policy Debates*, Buckingham: Open University Press, 2002.
Dean, H., Bonvin, J., Vielle, P. and Faraque, N., 'Developing capabilities and rights in welfare-to-work policies', *European Societies*, 7(1): 2005, pp. 3-26.
DfES, *Skills for life: the national strategy for improving adult literacy and numeracy, skills*, London, Department for Education and Skills, 2004.
DSS, 'Recruiting benefit claimants: a survey of employers in ONE pilot areas.' *Research Report no. 139*, London: Department of Social Security, 2001.
DWP, *Jobseeker's Allowance. Quarterly Statistical Enquiry May 2002*. London: Department for Work and Pensions, 2002.
DWP, *Department for Work and Pensions five year strategy: opportunity and security*

throughout life, Cm 6447, London, Department of Work and Pensions, 2005.

DWP, *The Freud Report*, London: Department for Work and Pensions, 2007.

Dwyer, P., 'Conditional citizens? Welfare rights and responsibilities in the late 1990's.' *Critical Social Policy* 18(4): 1998, pp. 519-543.

Dwyer, P., 'Creeping conditionality in the UK: from welfare rights to conditional entitlements', *Canadian Journal of Sociology*, 29(2): 2004, pp. 265-287.

Ellison, N. *The Transformation of Welfare States?*, London, Routledge, 2006.

Esping-Andersen, G., *The Three Worlds of Welfare Capitalism*, Cambridge, Polity, 1990.

Goodin, R. E., 'Structures of mutual obligation.' *Journal of Social Policy* 31(4): 2002, pp. 579-596.

Ferge, Z., 'The changed welfare paradigm: the individualization of the social', *Social Policy and Administration* 31(1): 1997, pp. 20-44.

Freedland, M. and King, D., 'Contractual governance and illiberal contracted: some problems of contractualism as an instrument of behaviour management by agencies of government', *Cambridge Journal of Economics*, 27: 2003, pp. 465-477.

Gray, A., 'Making work pay - devising the best strategy for lone parents in Britain.' *Journal of Social Policy* 30(2): 2001, pp. 189-207.

Grover, C. and Stewart, J., Modernising social security? Labour and it's welfare-to-work strategy.' *Social Policy and Administration*, 34(3): 2000, pp. 235-252.

Hancock, L., 'Gendered citizenship in Britain: from mother-care to worker' in A. Vandenburg (ed.) *Citizenship and democracy in a global era*, Basingstoke, Macmillan, 2000, pp. 156-170.

Hansard, Question in House of Lords from Earl Russell to the Parliamentary Under-Secretary of State, Department for Work and Pensions on Benefit Sanctions, *Hansard 8th May 2002 column WA181*, available at http://www.parliament.the-stationery-o.../ldhansrd/pdvn/1ds02/text/20508w03.htm (8/20/2002).

Heron, E., Bennett, C., Pearson, S., Steill, B. and Yeandle, S., 'Moving on up? Motivations, aspirations and barriers to paid employment for lone parents.' Paper to the *Social Policy Association Conference*. University of Teeside, July 2002.

Hewitt, M., 'New Labour and the redefinition of social security' pp. 189-210 in Powell, M. (ed.) *Evaluating New Labour's welfare reforms*, Bristol, Policy Press, 2002.

Jessop, B., *The Future of the Capitalist State*, Cambridge, Polity, 2002.

Johnson, A., 'Fit for purpose- welfare to work and incapacity benefit', *Speech by the Secretary of State for Work and Pensions*, Cardiff University, 7th February 2005, London Department of Work and Pensions, 2005.

Klein, R. and Millar, J., 'Do-it-yourself Social Policy: Searching for a New para-

digm?', *Social Policy and Administration*, 29(4): 1995, pp. 303-316.
Korpi, W., *The Democratic Class Struggle*, London, Routledge and Kegan Paul, 1983.
Kvist, J. and Pedersen, L., 'Danish labour market activation policies', National Institute Economic Review, October, 2007.
Levitas, R., *The Inclusive Society? Social Exclusion and New Labour*. 2nd edition Basingstoke: Macmillan, 2005.
Lewis, J., 'Work, welfare and lone mothers', *Political Quarterly*, 49(1): 1998, pp. 4-13.
Lewis, J., 'The decline of the male breadwinner model: implications for work and care', *Social Politics*, 8(2): 2001, pp. 152-169.
Lister, R., 'What welfare provisions do women need to become full citizens?', in S. Walby, (ed.) *New agendas for women*, Basingstoke, Macmillan, 1999, pp. 17-31.
Lister, R., 'Citizenship and changing welfare states' pp. 39-58 in Goul Andersen, J. and Jensen, P. H. (eds.) *Changing labour markets, welfare policies and citizenship*, Bristol, Policy Press, 2002.
Lødemel, I. and Trickey, H., 'A new contract for social assistance', pp. 1-40 in Lødemel, I. and Trickey, H. (eds.) *An offer you can't refuse*, Bristol, Policy Press, 2001.
McDonald, C. and Marston, G., 'Workfare as welfare: governing unemployment in the advanced liberal state', *Critical Social Policy*, 25(3): 2005, pp. 374-401.
O'Connor, J., 'US Social welfare policy: the Reagan record and legacy.' *Journal of Social Policy* 27(1): 1998, pp. 37-61.
Peck, J., 'Job Alert! Shifts, spins and statistics in welfare to work policy.' *Benefits*, 30: 2001, pp. 11-15.
Peck, J. and Theodore, N., 'Work first: workfare and the regulation of contingent labour markets', *Cambridge Journal of Economics*, 24(1): 2000, pp. 119-138.
Prideaux, S., *Not so New Labour*, Bristol, Policy Press, 2005.
Rhodes, M., 'The Political Economy of Social pacts: "Competitive Corporatism" and European Welfare Reform', in P. Pierson (ed.), *The New Politics of the Welfare State*, Oxford, Oxford University Press, 2001.
Rhodes, M., 'National "Pacts" and EU Governance in Social Policy and the Labor Market', in J. Zeitlin and D. M. Trubeck (eds.), *Governing Work and Welfare in a New Economy: European and American Experiments*, Oxford, Oxford University Press, 2003.
Seeleib-Kaiser, M. and Fleckenstein, T., 'Discourse, learning and welfare state change: the case of German labour market reforms', *Social Policy and Administration* 41(5): 2007, pp. 427-448.
Standing, G., *Beyond the new paternalism: basic social security as equality*, London, Verso, 2002.

Stanley, K. and Asta Lohde, L. with White, S., *Sanctions and sweetners: rights and responsibilities in the benefits system*, London, IPPR, 2004.

Taylor-Gooby, P., 'The silver age of the welfare state: perspectives on resilience.' *Journal of Social Policy*, 31(4): 2002, pp. 596-622.

Thornton, P., 'Disabled people, employment and social justice', *Social Policy and Society*, 4(1): 2005, pp. 65-73.

Torfing, J., 'Workfare with Welfare: Recent Reforms of the Danish Welfare State', *Journal of European Social Policy*, 9(1): 1999, pp. 5-28.

Treolar, P., 'Compulsion creeps up' *Welfare Rights Bulletin*, 164 October, London, Child Poverty Action Groupavailable at http://www.cpag.org.uk/cro/wrb/wrb164/compulsion.htm. (11/11/2001).

van Berkel, R. and van der Aa, P., 'The marketization of activation services: a modern panacea/Some lessons from the Dutch experience', *Journal of European Social Policy*, 15(4): 2005, pp. 329-343.

van Oorschot, W., 'Who should get what and why? On deservingness and the conditionality of solidarity among the public.' *Policy and Politics* 28(1): 2000, pp. 33-48.

Van Reenan, J., 'No More Skivvy Schemes? Active Labour Market Policies an the British New Deal for the Young Unemployed in Context', Institute for Fiscal Studies, Working Paper WP 01/09, 2001.

Visser, J., 'Union Membership Statistics in 24 Countries', *Monthly Labor Review*, 2006.

Walker, R., 'Employment, support and security: balancing the needs of disabled people', *New Economy*, 10(1): 2003, pp. 50-55.

Wincott, D., 'Beyond social regulation? New instruments and/or a new agenda for social policy at Lisbon?', *Public Administration*, 81(3): 2003, pp. 533-553.

第3章　韓国の失業問題と教育訓練

チョン・ヨンスン
（訳：ソン・ミラン）

　過去10年間，韓国の教育訓練は急激に拡大し発展してきた。職業および職務関連の教育を活性化しようと試みる政策が立案され，失業者の訓練をはじめとする各種の職業訓練参加人数が大幅に増え，職場と学校との連携をはかる試みが活発に行われている。このような変化の基底には，経済体制の再編による大量失業の発生と労働市場の再構造化が位置しており，他の一方では生涯学習社会への進展という社会的変化がある。

　グローバル化，低出産，老齢化のような人口構造の変化，情報通信技術の発展などといった社会変化を，危機を変革する機会として捉え，生涯学習をそれに対する重要な対応戦略に据えるのは世界的な傾向である。生涯学習の発展は，特に成人教育訓練市場で目立つが，その具体的な形は，各国の社会経済的背景により異なる。

　そうした中で，失業問題に対処する教育訓練は，1つの社会で生涯学習体制がどれだけ効果的に運営されているかを計る核心的判断の根拠になる。生産性が向上して生活の質が全般的に高まっているとはいえ，失業，貧困，疎外の問題がそれとともに解決されてはいない。より適切で持続的な職業訓練が提供されなければ，労働市場での活発な参加が保障されないのであり，構成員が固有な役割をもって社会に参加する経路を支援するときにだけ，人間中心的な生涯学習社会に一歩近づくことができるのである。

　本章の目的は，韓国の失業問題と教育訓練の政策を，社会経済的脈絡との連関において理解するところにある。そのためにはまず，韓国で失業問題が発生した背景とその経過，および労働市場の変化を概観し，職業訓練の政策

が時代によってどのように変化してきたのか，最近の生涯学習モデルを積極的に導入した職業訓練の政策の重点とは何か，そして，失業者職業訓練の実態と具体的な政策について論じる。このような概観を通じて，韓国での失業問題と失業者の教育訓練が抱えている課題と今後の発展方向について論じる。

第1節　失業問題と労働市場の変化

1　大量の失業発生と失業対策

　1960年代以後の韓国経済は，GNP成長率において年平均7.5％を記録するほどの高度成長を成し遂げた。高度成長期の失業率は，2～3％台で実質的には完全雇用に近い状態と言える。

　しかし，急激な経済成長の裏面には対外依存の深化など構造的な問題が累積され，1997年には国際通貨基金（IMF）の管理体制下に置かれることになる。IMF（通貨危機）は，救済金融の管理の下，韓国政府に経済安定化政策とともに大々的な構造調整を求めた。政府が主導した大規模の構造調整により韓国の労働市場は構造的な変化をもたらすことになったが，賃金労働者，常用労働者の割合が減少する一方，臨時および日雇い労働者の割合が増加し，大量の失業者が発生することになったのである。1997年2.6％であった失業率は，1年後の1998年には7.0％にまで急激に増加している。

　外国為替危機以後の構造調整の過程で発生した大量解雇によって韓国社会は，経済的，社会的，政治的に大きな費用の負担を余儀なくされた。当時の韓国は，雇用保険の適用の幅が狭く，失業扶助の制度が十分に機能していなかったことにも原因があった。雇用保険制度は，1995年から始まったが，外国為替通貨危機当時の失業給与の適用対象者は，5人以上の事業場の常用職労働者に限られ，自営業の失業者，新規失業者，日雇い労働者などは適用から外されていた。また，雇用安定事業と職業能力開発事業は，50人以上の事業場での適用に制限されていた。大量失業の事態に備えた社会安全網（セーフティネット）が取りそろわなかった状態だった。

失業者が急増すると，社会的混乱を解消するために政府は，1998年のはじめに雇用維持支援，新しい仕事の創出，職業訓練および就業斡旋，失業者に対する生活安定支援を基本構造とした総合失業対策を設けた。そういった対策を練ったのは，韓国で積極的な失業対策の出発点になったのである。失業対策の目標は，失業から来る痛みの軽減，勤労意欲と能力の維持の向上，失業の長期化に対する予防であった。(労働部，2003)　このような政策基調下に樹立された総合失業対策の基本骨格は，積極的対策と失業者就職および保護対策から構成された。

　積極的対策としては，失業発生を最小限にとどめるための企業の雇用維持支援(job keeping)と新しい仕事を創出(job creation)し，失業者の就職および保護のために就業斡旋(job placement)および職業訓練(job training)，そして失業者に対する生活安定支援(social care)が設けられた。このような失業対策の基本骨格は，1998年以後から2002年まで維持されながら，だんだんと職業訓練，新しい仕事創出，就業斡旋などを強調する積極的労働市場政策へその比重を置く方向に向かった。

　2000年代に入って景気回復と失業対策に助けられて，失業率が大きく減少することになり，政府は，失業政策の基本方向をセーフティネットの拡充を通した失業者の生計支援，雇用失業構造の改善および人材需給の不均衡の解消に中心を置いて政策を進めた。

　2002年以後の失業政策については，外国為替危機以後，進められてきた「失業対策事業」をまとめて「対象別特性化された雇用安定対策」に切り替えた。その間の失業政策が緊急救助の性格を含む失業者の量的減少に焦点が合わせられていたが，それ以後の政策は質的な雇用安定を目指すものである。

　それに伴い，以前まで進められてきた失業対策事業に対する評価を基礎として，公共事業などの短期間の仕事の創出事業などの規模を大幅に縮小し，より安定的で長期的な仕事をつくり出すための「社会的仕事」事業と「社会的企業」の育成政策が進められるようになった[1]。また，大量失業の克服過程で関心が少なかった高齢者，青少年，長期失業者などの就職脆弱階層を選別して集中的に支援する政策も強化された。

表 3-1 失業率および失業給与需給人数の推移　　(単位:％, 千名)

年度	1997	1998	1999	2000	2001	2002	2003	2004	2005	2006	2007
失業率	2.6	7.0	6.3	4.4	4.0	3.3	3.6	3.7	3.7	3.5	3.2
失業給与受給人数	49	411	484	332	428	416	502	707	812	943	1,009

出所) 韓国雇用情報院(1997年～2007年), 雇用保険統計年報。

表 3-1 は, 過去 10 年間の失業率と失業給与需給人数の推移で, 外国為替危機以後の韓国社会の失業問題発生と, それに対する政策対応がよく示されている。

外国為替危機直後である 1998 年に失業率が急激に増加したが, 2000 年代に入って失業率は 3～4％にまで安定する傾向がみられる。その反面, 失業給与需給人数は, 積極的失業対策と失業給与対象拡大政策に助けられて, 着実に増加してきた。2007 年失業給与受給者は, 100 万人を超えるが, それは, 10 年前と比較すると 2 倍以上になっている。

2 労働市場の流動性と不平等の深化

失業率が予想より早く安定したかにみえたが, 外国為替危機に伴う経済構造調整により韓国の労働市場は構造的に変化した。まず, 仕事の流動性が高くなったことである。

外国為替危機以後, 1 年(1997 年 10 月～1998 年 10 月)ぶりに約 116 万人が失業したが, それ以後の早い景気回復により, 1 年間(1998 年 10 月～1999 年 10 月)の雇用創出は, また 90.7 万人増えた。このように雇用の消滅と創出の周期が速くなり, 労働者の職場間・職業間の移動も頻繁になった。また, 正規職から非正規職へ, 非正規職と失業状態を繰り返しながら, 雇用労働者から自営業者への移動もみられるなど, その変化も激しくなった。

学校卒業後, 一度, 就職すれば定年が保障される終身雇用制の慣行が崩れてしまった。会社が終身雇用を保障しないために持続的な就職能力をそろえるのは, 個人の責任に回り, 失職のリスクははるかに高まっている。

勤務形態や雇用形態も多様化している。臨時職, 契約職, 派遣職などの不

表 3-2　従事上の地位に伴う非正規職労働者の推移 （単位：％，千名）

年度	1997	1998	1999	2000	2001	2002	2003	2004	2005	2006	2007
賃金労働者	15,290	14,016	14,937	15,717	15,877	16,614	16,532	17,082	17,397	17,755	18,148
正規職人数	7,282	6,534	6,135	6,395	6,714	6,862	7,269	7,625	7,917	8,204	8,620
非正規職人数	6,122	5,762	6,529	6,965	6,944	7,319	7,134	7,270	7,268	7,347	7,350
非正規職比率	40.0	41.3	43.7	44.3	43.7	44.1	43.2	42.6	41.8	41.4	40.5

出所）統計庁(1997年〜2007年)，経活附加調査。

安定な仕事が増え，全体雇用のうち，非正規職が占める比率が継続して高まっている。表3-2は，1997年度以後の非正規職労働者の推移である。非正規職数は，10年前に比べて，100万人程度の増加であったが，その比率は2000年代中ごろまで着実に増えている。最近，減少傾向にある。主な原因としては，2007年7月から施行された期間制保護法の正規職転換の効果と景気低迷の影響がかみ合った結果と解釈される。（チョン・ユソン，2008）非正規職は，景気変動の影響を直に受ける集団で就業と失業を繰り返す失業の脆弱（不利益）階層と言える。

　労働市場における二極化も重要な変化である。持続的な技術革新と地球的規模の競争の深化により，高度なスキルと知的な能力をそろえた人材に対する需要が増加する一方，この変化は，高いスキルの職種と低いスキル職種間の賃金と勤労条件の格差を広げつつある。例えば，仕事に伴う所得の二極化現象が深くなり，上下間の職業の所得格差は，2006年を基準として5倍を超える。2000年代に入って，景気回復により求人数が増えているとはいえ，非正規職の割合が高いサービス業などがほとんどなので，労働条件の良い仕事よりは労働条件の悪い仕事が増え，かえって雇用の質は悪化していると言える。労働市場は，全般的に中間水準の仕事は減り，専門職と単純労務職の人材需要は増加する「砂時計型」構造に変化している。

　こういう状況の下，労働市場で新しく仕事を求める新規参入者などは「質の良い仕事」を求めて就職を先送りにする現象が発生する。一定期間，就職

した後，仕事を失う古典的意味の失業だけでなく，労働市場に進入するや否や失業者になる新規失業者の問題が発生しているからである。それを反映しているのが，深刻な青年の失業問題である。景気低迷による新規求人不足，経歴職中心の採用傾向などにより，青年の新規求職者が労働市場の参入に困難を抱えている。また，高い大学進学率によって高学歴者が量産され，労働市場の需要と供給の不均衡が深くなっているのも青年失業の原因の1つである。高学歴者の青年は，すぐには仕事が決まらなくても，多少時間をかけてもより安定的で条件が良い仕事を得るために継続して就職を先送りにするか，公務員試験の準備のような就職試験に没頭する。2008年4月現在の青年失業率は7.5％で，全体の失業率3.2％より2倍以上高い。しかし，多くの青年たちが安定した仕事を求めるために，公務員試験のような就職準備に必死で，当分の求職や就職を先送りにしているから，実質的な青年失業率は，それよりはるかに高いと推定される。

　労働市場の変化によりもたらされた教育訓練環境の変化についてまとめると，まず就職，失業と再就職が反復されるなど，労働市場での移動が頻繁になりがちで，生涯を通じて，粘り強くて持続的な教育訓練が必要である。また，労働市場の二極化によって就職不利益階層を対象に，集中的な就職能力の向上の教育が与えられなければならない課題がある。学校から労働市場への自然な履行体制が崩れ，青年の新規求職者のための教育訓練も重要な社会的課題として掲げられた。

第2節　職業訓練政策の流れ

1　時代別の職業訓練政策の変化

　韓国の職業訓練政策は，時代の要請に応えて変化してきた。韓国の職業訓練制度は，1967年「職業訓練法」が制定され，その形を整え始めた。そのときから1970年代までは，一種の政策胎動期とも言えるが，政府が職業訓練制度の定着を主導した時期である。そのときは，経済開発計画と産業化の

推進により技能人材の需要が急増した時期であり，政府は，公共訓練機関を設立し，技能労働力の養成に力を注いだ。一方，重工業部門の拡大に伴い，増える訓練の需要を公共機関が全部受け入れ難くなり，政府は，1975年から企業に職業訓練の義務を課す措置をとり，社内訓練を補う契機をつくらせた。

　1980年代は，韓国経済において成長を土台にし，労働集約から技術集約へ，大量生産から多品種少量生産へと，その産業構造を切り替えた時期である。それに伴い職業訓練の重点は，単純技能労働力養成から多技術多機能の人材養成に切り替わった。政府は，そのために企業に訓練施設と装備などの支援を拡充し，職業訓練は，政府が強制する義務訓練よりは，企業の自律性を広げる方向に発展することになった。

　1990年代は，知識基盤経済への進展，競争のグローバリゼーションが進められ，社会全般が変化という流れの中に，それに伴い職業訓練制度が急激に切り替えられた時期である。職業訓練制度の基調が社会の流れに応じて，供給者中心から需要者中心へ，政府主導から民間主導へ旋回したのである。この時期の職業訓練領域の最も重要な変化は，1995年雇用保険制の導入である。

　この制度を通じて職業訓練は，人材養成中心の「訓練義務制」から，労働者全体を対象にする包括的な「職業能力開発支援制」へと切り替えられることになった。以前の職業訓練制度が，大企業の製造業生産職労働者中心に運営されたとすれば，雇用保険制度は，すべての企業の労働者と失業者を対象に職業訓練を支援する制度的礎石を置いたのである。また，このときから「職業能力開発」が「職業訓練」に代わって，政策用語で使われることになった。一方，1997年末に発生した外国為替通貨危機以後，それによってもたらされた大量の失業者を対象に，大々的な職業訓練が実施され，職業訓練制度は急激に拡大することになった。

　2000年代は，情報通信分野など，いわゆる「新産業」の成長が目立って，知識基盤産業の専門人材に対する需要が急増した。専門人材養成のために政府は，高等教育機関と産業機関との連携を強化する産学協同事業を進めた。

一方，労働市場の柔軟化によって，一度の就職で一生職場が保障される雇用慣行が崩れ，持続的に能力を開発し，被雇用力(employability)を高める責任は，各個人に切り替わることになった。それに伴い政府は，生涯ステージ別に能力開発を支援できる職業能力開発体制の構築を政策目標にした。また，労働市場の二極化によって非正規職や中小企業労働者など脆弱階層に対する支援を拡大することになった。

2　生涯学習モデルの採択と職業能力開発

　韓国の生涯学習体制では，職業教育と職業訓練が区分され，担当部署と政策が切り離され運営されている。職業教育は，上級学校進学でない専門職業の育成を目的に，学校教育で実施する正規プログラムのことを言うが，専門系の高等学校，専門大学とそれに準ずる教育機関などで行われている。職業訓練は，正規教育機関に在学していない青少年と一般成人を対象に行われているプログラムとして，職業現場で直接必要な知識と機能を育てるための実技中心の学習活動のことを言う。職業訓練機関，正規教育機関，企業などで正規課程以外に就職や職務の向上を主な目的で運営する全課程がそれに該当する。職業教育については，学校教育の所管機関の教育科学技術部が，職業訓練は労働部が，各々担当し運営している。

　切り離されている職業教育と職業訓練とを連携しようとする試案については，1996年に「新職業教育改革方案」が立案され，技術資格制度を改編するなどいくつかの成果があったが，大きい進展はなかった。しかし，そのような試みが土台となって，2000年代に入って韓国の職業訓練は，生涯学習モデルを本格的に採択するようになる。

　情報通信革命により技術変化が加速化し，グローバル社会にあって競争が深くなり，技術および熟練の寿命の周期が非常に短くなる。したがって，1人の学習を児童・青少年期に限定する伝統的な学校教育モデルでは，そのような変化には対応しきれないという判断が下され，仕事場と学校を行き来して学習できる教育訓練システムの構築が国家的課題として台頭したのである。

　韓国政府が職業訓練政策に公式に生涯学習モデルを採択して発表したこと

は,「第一次平生職業能力開発基本計画('07〜'11)」からである。その計画とは,「労働者職業能力開発法」が労働部長官の職業能力開発の基本計画の樹立義務を規定していることに基づいたもので,「生涯に合った労働能力開発」と「普遍的権利としての能力開発」を中心政策の推進課題として立てている。それを具体的に論じると次の通りである。

1つ目に,生涯学習概念の下,職業能力開発の政策領域を,一生涯多様な機関で行われる学習に広げた。従来の職業訓練政策は,主に中高年期の労働者を対象にし,企業と訓練機関で行われるプログラムに重点を置いたもので,学校で行われる職業能力開発(school to work, work to school)の重要性が見過ごされていた。また,高齢化の進展により,引退以後あるいは老年期にも生産的に社会に参加できる教育訓練が必要になったが,従来の職業訓練の概念では,そのような社会的要求に応えられなくなった。

政府が従来の職業訓練の概念を,一生涯の職業能力開発の概念に拡大し,切り替えたことは,人間の生涯の前段階,すなわち学齢期,経済活動期,第2人生期(老年期)にかけて,学校,企業,訓練機関を問わず,職業生活をするのに必要な能力を,持続的に育てて高めるすべての活動を,政策的支援の対象とするという計画であった。一生涯の職業能力開発政策の対象と領域を図式化すれば,図3-1の通りである。

このような図式の下,青年層には「学校から職場への円滑な履行」を支援して,在職労働者には「仕事場で生涯学習」ができる機会を広げて,失業者には「再跳躍の機会」を提供し,高齢者には「活動的高齢化」を目標にした各種プログラムを支援するという目標と計画を提示したのである。

2つ目に,職業能力開発を普遍的な権利で想定し,労働市場での疎外階層に対する特別プログラムの開発と支援に焦点を合わせている。既存の職業訓練が新規人材養成や在職労働者を中心に行われてきた反面,「生涯職業能力開発」政策は非正規職労働者,経歴断絶の女性,障害者など就職不利益階層の職業能力開発を支援することによって,勤労貧困,経歴断絶,勤労疎外などの問題を解決しようとしたのである。代表的な政策としては,まず非正規職のため「労働者能力開発カード制」を挙げられるが,それは,事業主が訓

88 　前　編　失業・半失業問題と生涯教育訓練

```
┌─────────────────────────────────────────────────┐
│  学齢期    │   経済活動期   │  第2の人生期        │
```

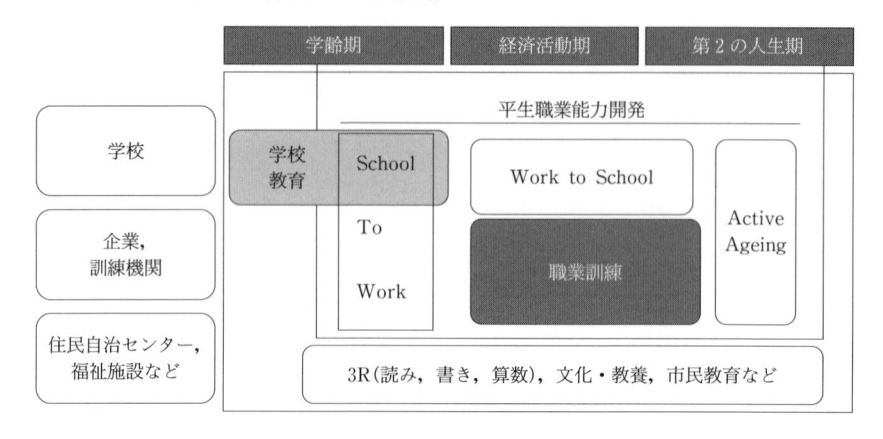

図中：
- 学校
- 企業, 訓練機関
- 住民自治センター, 福祉施設など
- 平生職業能力開発
- 学校教育
- School To Work
- Work to School
- 職業訓練
- Active Ageing
- 3R(読み, 書き, 算数), 文化・教養, 市民教育など

図3-1　平生職業能力開発政策領域

出所）労働部「第一次平生職業能力開発基本計画('07〜'11)」2007，より訳者翻訳再作成。

練の投資を避けたがる非正規職に政府が直接的に訓練を支援する制度である。一種の学習バウチャー（voucher）制度でカードのクーポン形式で非正規職（勤労契約期間1年未満の者，短時間労働者，日雇い労働者，派遣労働者）に直接訓練費用を事前に支援し，非正規職労働者は，希望する訓練課程を選択し受講することができる。また，内需不振で困難を抱える零細自営業者には，賃金労働者としての転職支援のためのプログラムや零細自営業の競争力の強化を支援するためのコンサルティングを与える。女性の労働市場への参加のためには，専業主婦など経歴中断女性の能力開発支援，高学歴女性能力開発機会拡大のために職場復帰プログラムや女性選好職種に対するイーラーニング・コンテンツ（e-Learning contents）プログラムを開発している。障害者の雇用機会を拡大するためにも就職を前提に，ある企業との約定訓練課程運営などが進められている。

　「第一次平生職業能力開発基本計画」で分かるように，生涯学習は，個人の生活の質の向上だけでなく，知識基盤社会を運営する最も効果的な国家戦略で想定され，従来の狭い職業訓練パラダイムを広げている。すなわち，生涯学習は，失職の危険の増加および労働力の流動化に伴う労働市場の危険に対応する主要政策，労働市場内の格差の緩和のために就職能力が弱い不利益

階層に第 2 の学習機会を与える戦略，低出産，高齢化の進展に伴うライフサイクル変化に対する生涯能力開発戦略を採択し，生涯全般，各領域にかけた教育訓練政策として具体化されている。

第 3 節　失業者教育訓練の実態

1　失業者の職務関連の生涯学習の参加の実態

　成人の生涯学習は，雇用の可能性の維持と向上のために非常に重要だが，仕事と関連した持続的な学習を通じて，変化に能動的に対処する能力を育てるためにある。しかし，韓国で成人の生涯学習への参加率は非常に低く，特に職務関連の生涯学習への参加率は 2004 年を基準に 14.1％で，OECD 平均 37.1％に比べてはるかに低い数値を示す。成人の生涯学習参加率が低い理由としては，教育に対する社会的関心と資源配分が，主に青少年の学校教育に集中してきたためである[2]。青少年期学習に対する過度な投資と成人期学習に対する過小投資により，勤労生涯ステージ別学習はきわめて不均衡である。個人レベルでは，学校を卒業して労働市場に参入した以後には学習はほとんどなされず，社会的にも，労働市場の学習に対する投資が非常に低い結果，失職や不安定雇用などの労働市場で直面する危険に対する労働者の対応能力は低くならざるをえなかった。

　勤労生涯ステージ別学習の不均衡とともに問題になるのは，生涯学習の参加機会の不平等である。

　女性，低学歴者，低熟練者，未就業者，非正規労働者，自営業従事者，零細企業従事者など労働市場危険に不利益な集団であるほど，職務と関連した生涯学習参加が顕著に低い。（イ・ビョンヒ，2006；労働部，2007）　職務関連の生涯学習の参加率は，労働状態別にも顕著な差をみせる。就業者の参加率が 17.5％である反面，失業者はその半分にも達しない 6.6％であり，非経済活動人口の参加率は 1.8％にすぎない。就業者の職務上の地位による差をみれば雇用が不安定な就業者であるほど参加率が低い。常用職労働者の参加

率が36.2％なのに比べて，臨時職は10.7％，雇い主は10.4％，自営業者は9.2％であり，日雇いは2.6％，無給家族従事者は3.3％にすぎない。

　労働市場の柔軟化が進められ，転職，失職，再就職などの移動が活発になったが，それに備えた「平生教育」参加率は低い方である。(イ・ビョンヒ，2006)　韓国での就職経験者が年間の失業や非経済活動状態などの失職を経験する比重は約24％で，4人中1人が失職を経験するほど高い。しかし，失職を経験した就業者の生涯学習参加率は14.5％で，失職を経験しなかった就業者の25.5％に大きく及ばない。特に職務関連の生涯学習参加率は，失職を経験した就業者がそうではない就業者に比べて，1/3水準にとどまっている。

　また，2回以上の失職を繰り返す場合，生涯学習の参加は，よりいっそう低くなることで現れる。一方，失職だけでなく転職，自営業に転ずる賃金労働者の生涯学習の参加率は，1つの職場に勤続する労働者よりきわめて低いことで現れている。

　このような事実は，労働市場で相変わらず失職の危険にさらされているにもかかわらず，それに対応した生涯学習の参加は，相変わらず不十分だということを物語ってくれる。成人の平生学習の参加率が低い中でも，職務関連の生涯学習参加の機会は失業者よりは在職者などに，失職の危険にさらされている非正規職や零細自営業者よりは，常用職などの安定した地位にある労働者にさらに多く配分されている。

2　失業者職業訓練の現況

　韓国の職業訓練制度は，「労働者職業能力開発法」と「雇用保険法」を根幹としており，大きく2つの種類に分かれる。最初に，職業訓練部門の市場の失敗を補って，不利益階層に対する職業訓練の接近性を向上するための政府支援(脆弱階層に対する支援，人材養成のための支援)，2つ目に，訓練市場を活性化して民間の職業訓練に対する投資拡大を誘導するための政府支援(企業および労働者の職業訓練活性化，職業訓練市場の活性化)である。

　このうち，失業者訓練は前者に該当し，進学しない青少年，青年(大卒)失

業者，中高年の失業者，低所得・低学歴主婦および低所得高齢者などが政策の対象となる。

　失業者職業訓練プログラムは，事業対象により合わせて8種類に分かれている。転職失業者の訓練，新規失業者の訓練，優先選定職種の訓練，地域失業者の訓練，自活職業の訓練，女性失業者訓練，北朝鮮からの脱北住民訓練，零細自営業者訓練である。転職失業者訓練は，伝統的意味の失業者対象の再就職の訓練で全体失業者職業訓練のうち，50％を超える割合を占める。

　新規失業者の訓練は，新規の未就業者や雇用保険適用を受けない失業者も，就職に必要な訓練を受けられるようにする事業である。優先選定職種の訓練は，国家経済の基幹になる産業のうち，労働力が不足した職種の情報通信，自動車産業などの国家戦略産業のうち，人材が不足した職種，その他，産業現場の労働力の需要増により，その養成が必要な職種の新規労働力養成のために実施する訓練である。失業者の職業訓練種類と訓練人数の現況は，表3-3の通りである。

　表3-4は，年度別失業者の再就職の訓練（転職失業者訓練）支援現況をまとめたものである。再就職訓練参加人数は，雇用保険制の導入以後の1997年1,949人にすぎなかったが，通貨危機直後の1998年に飛躍的に増加し，170,096人にまで達して，1999年には226,000人で頂点に達した。それ以後，2000年代に入って景気回復とともに訓練への参加者がだんだん減る傾向にある。2000年120千人をはじめとして，2002年には88千人，2005年と2006年には各々64千人，54千人水準を記録し，2007年に入ってからは65千人で小幅に上昇したが，最高頂点対比の約1/4水準である。

　失業者職業訓練を実施する機関のうち，訓練施設が最も高い割合を占める。2005年度の転職および新規失業者がどんな形の訓練機関で失業者訓練を受けたのか調査した結果（ナ・ヨンソン，2007），2種類の訓練すべての職業能力開発訓練の施設が60％以上を占めていた。その反面，大学など高等教育機関が職業訓練を実施する比率は，2.5％内外で非常に低調である。「平生教育」施設での訓練もなお6％内外で低い。

　失業者の訓練の代表的な成果は，再就職の比率と言える。失業者の訓練の

表 3-3 韓国失業者職業訓練

訓練区分	内容	訓練比率(%)
転職失業者訓練	雇用保険適用の事業場で失職した労働者が再就職のために訓練を受ける場合，訓練費と訓練手当てを支援	54.3
新規失業者訓練	新規未就業者，雇用保険適用を受けない失業者も就職に必要な訓練を受ける	16.6
優先選定職種訓練	国家経済期間産業労働力のうち，労働力が不足した職種の新規人材養成のために失業者を対象に実施する訓練	19.1
地域失業者訓練	各市道知事が指定した訓練機関で失業者，軍除隊(予定)者，就職保護対象者，農林漁業人とその家族を対象に実施する訓練	3.8
零細自営業者訓練	年間売上高4,800万ウォン未満の事業者を主な対象にし，就職のための訓練実施すること	2.2
女性戸主失業者訓練	生計や家事負担で一般職業訓練課程への参加が難しい女性戸主失業者の就職支援訓練	2.0
自活職業訓練	国民基礎生活保障法上，受給者対象に訓練を実施して，就職能力向上および迅速な自活を促すこと	1.2
セトミン(北朝鮮脱北住民)職業訓練	北朝鮮から韓国に脱北した住民たちの職業定着を助けるために実施する訓練	0.7
全体		103,185名(100.0)

出所) 韓国雇用情報院「2007年失業者訓練成果分析」2008，より作成。

表 3-4 失業者再就職(転職失業者)訓練支援現況

(単位：千名，1千万ウォン)

	1997	1998	1999	2000	2001	2002	2003	2004	2005	2006	2007
支援人数	2	170	226	120	105	88	57	53	64	53	65
支援金額	226	19,119	30,617	21,551	15,250	15,196	13,199	12,420	13,678	12,848	15,260

出所) 韓国雇用情報院「2007年失業者訓練性と分析」2008，より作成。

就職率は，毎年少しずつ上昇し，2002年に36.0％で，2007年には62.6％までに上がった。しかし，訓練の種類や参加集団別の就職率では少しずつその差をみせている。新規失業者よりは転職失業者の就職率が少し高く，女性よりは男性の失業者の就職率が高く，年齢が高いほど就職率は低くなる傾向をみせる。学歴別に就職率が最も高い集団は，短大卒業者などで高卒や中卒学歴者などの就職率は逆に低い。

3 失業者職業訓練の課題と政策方向

通貨危機以後，過去10年間の失業者の職業訓練は，セーフティネットの役割を果たす一方で，就職能力を高めることによって雇用安定に寄与してきたと評価される。

失業者の訓練の対象はだんだんと拡大し，訓練の成果で表れる就職率も毎年高まっている。それにもかかわらず，生涯ステージ別の生涯学習参加の不均衡，就職集団別の生涯学習参加の格差などの問題により，失業者訓練の機会はまだ十分でなく，時代の変化に合わせた多様性を広げなければならない課題などを抱えている。

「平生職業能力開発第一次基本計画」では，失業者訓練の発展と充実のために訓練の職種，訓練課程，訓練時期，訓練相談など，いくつかの領域の課題を挙げて，それに伴う政策計画を提示している。現在の失業者の訓練は，教育学生の募集が簡単な一部職種に限って訓練が集中しており，訓練課程が長期間の集合教育にだけ行われて，柔軟性が落ちて，訓練時期も多様に開かれていないので，一定の時期にだけ集中し，訓練以後の雇用サービスとの連携のための相談が不十分な形である。

このような問題解決のために提示された政策課題は5つあるが，「地域需要密着型失業者訓練体系への改編」，「失業者訓練実施方式の多様化」，「訓練課程の標準模型の開発」，「雇用サービスとの連携構築」，「訓練延長給与の活性化」である。

具体的に論じると，1つ目に，地域と民間の役割を拡大することによって，訓練の需要と供給が自律調整されるように誘導するということである。2つ目に，イーラーニング(e-Learning)と訓練バウチャー制度(訓練voucher制度)の導入等を通してより柔軟で多様な訓練方式を活性化する一方，市場メカニズム制を積極的に導入して，効率性を高めるということである。3つ目に，訓練課程の標準モデル開発を通じて質的水準を向上するということである。4つ目に，訓練と就職を積極的に連携する総合雇用サービスを提供するということである。5つ目に，訓練支援金の引き上げにより，失業者の生計

負担を軽減させて訓練にだけ専念できる条件をつくり，失業訓練のセーフティネットとしての機能を強化するということである。

　要するに，「平生職業能力開発第一次基本計画」から「再跳躍機会(Second Chance)」の提供というスローガンの下，提示された失業者教育訓練政策の方向は，自由化，多様化，質の向上，訓練と雇用との連係の強化，セーフティネットとしての機能強化といえる。

第4節　結　　論

　外国為替通貨危機以後，韓国の経済構造と労働市場は，激しい変化を経験してきている。その結果，流動性が高くなるにつれ，職場および職業間の異動，失職と再就職が繰り返される労働市場で，もはや失業は，労働者の誰にでもありうる。すなわち，賃金労働者ならば，誰でも潜在的失業者と言える。

　したがって，失業問題に対処する教育訓練は，現在失業状態にある労働者だけでなく，すべての労働者が労働市場で直面する危険に備えて，その対応力を高めるために持続的に職業能力を開発できる機会を提供する体制づくりを必要とすることになった。韓国の教育訓練の体制が，外国為替通貨危機直後のセーフティネットとしての役割を果たす時期を経験し，最近の「平生職業能力」の開発体制の構築を目標に掲げているのは，そのような流れに応じたものである。職業能力学習において，生涯をかけた学習機会の分配と不利益階層に対する学習支援の強化を強調する最近の政府政策は，非常に時宜にかなっていると言えるが，発展のためには相変わらず次のようないくつかの解決しなければならない課題を抱えている。

　1つ目に，生涯段階別，集団別の学習機会の不均衡とその格差が相変わらず高い。正規教育の段階では，過剰な投資を憂慮するほど投資されているが，労働市場で雇用の可能性を高めるための学習機会とその投資は非常に低い。学齢期児童青少年に比べて，成人の学習参加率が落ちるのは，各国ごとに共通した現象であるが，韓国の成人の生涯学習参加率は，類似の経済水準並みの他の国と比較しても非常に低いのが実情である。労働市場での学習機会が

拡充できるような社会的投資がされなければならない。

　韓国の失業者訓練は，転職失業者だけでなく，新規失業者や女性家長など多様な階層に訓練機会を増やし，最近の非正規職労働者や零細自営業の従事者に対しても政策的関心をもち始めた。しかし，生涯学習参加機会の不平等は，相変わらず女性，低学歴者，未熟練者，非正規労働者，零細企業従事者，自営業従事者など失職の危険にさらされている集団であるほど，生涯学習参加が低い。特に，外国為替通貨危機以後，量産された新規就職脆弱階層の非正規職，零細自営業者，新規失業者に対する政策的関心は，まだスタートの段階にすぎなく，投資は相変わらず微弱である。それらが労働市場の変化と危険に能動的に対応できるように，生涯学習参加機会を増やし，支援する方案が強化されなければならない。

　2つ目に，効率性と公益性を同時に確保するために，職業訓練の政策運営において市場メカニズムと政府メカニズムとの適切な調和が必要である。韓国の職業訓練制度は，胎動期の1970年代以後の政府主導から出発し，だんだんと民間領域の自律性を拡充する方向で行われてきた。技能労働力養成のための公共訓練において，民間企業の教育訓練を活性化するために支援を拡大する方向に変化し，最近の生涯学習モデルでは，労働者個人の自律的な訓練に対する支援を強化している。自律訓練のための学習者訓練費の直接支援は，学習適合性を高め，訓練市場を活性化する成果を出すことができると期待されている。

　特に，非正規職に費用を直接支援する労働者職業能力開発カード制のような制度は，まだ現実的には補う点などが多いが，学習疎外階層に対する支援を強化して学習の多様性を高めることができる制度という点では，その意義が大きい。個人主導の能力開発支援の傾向は，また訓練市場の活性化によって，その多様化と競争を通じて，職業訓練プログラムに対する質を管理するという政策的な意図が反映されていることでもある。

　しかし，市場親和的な制度は，商品性がない訓練に対しては死角地帯をつくる危険がある。民間訓練機関の失業者訓練プログラムは，人気ある一部職種にだけ集まって，労働力の需要とミスマッチが起きるのがその一例である。

個人主導の能力開発体制を根幹とするが，公共訓練機関の役割の強化，機能の充実など市場失敗を補うような措置が同時に補わなければならない。

　3つ目に，失業者訓練を活性化して参加機会を増やすためには，高等教育機関の平生教育機関での役割の拡大が急がれる。職業訓練政策が平生教育モデルを採択したにもかかわらず，教育体制と訓練体制が切り離されているから，高等教育機関は，相変わらず全日制学生のための正規教育に重点を置いている。ほとんどの大学が「平生教育院」を設立し，非正規の学生および成人に対する教育を行っているが，大学教育全体で占める割合は少なく，その上，教養や趣味教育プログラムがほとんどである。したがって，高等教育機関での成人の職業能力開発のための教育課程運営の割合は非常に微弱で，特に失業者訓練の実績は非常に低調である。また，対案的高等教育制度の学点銀行制[3]（credit banking system）に職業訓練機関が参加する割合は増加しているものの，単位銀行制が学歴認定を前提に設計された制度なので，実質的な職業能力を強化するというよりは学歴主義に便乗して，学歴インフレを助長する危険が大きいという批判もある。「平生教育」モデルの採択が政策的標語を超えて実質化されるためには，高等教育機関が職業能力開発のための成人教育訓練に積極的に参加できる政策的促進策をつくらなければならない。

　4つ目に，より長期的でマクロな観点で，仕事創出の社会的再構成に伴う教育訓練との連携とその対応が求められる。世界経済は，もう経済成長そのものが仕事の創出と結びつかない「雇用のない成長」の時代に入っている。実際に，韓国社会は，2000年代に入って外国為替通貨危機から回復しプラス経済成長を遂げたのに，全体の就業者は減るような雇用衝撃を経験している。単純に，成長率を高めることだけでは失業問題を解決しにくいというおそれが広がっており，その解決法で示されたのが，低所得層のための政府主導の雇用創出事業の懸案である。社会的雇用の創出，社会的企業など第3セクターおよび公的な雇用を創り出そうとする積極的労働市場政策がそこから出発したのである。問題は，そのような雇用創出の政策がまだ失業者教育訓練と結びつかないという点である。その間，韓国の失業者訓練がセーフティネットとして一定の成果を出してきたことは明らかだが，産業化時代の完全

雇用パラダイムに基づいた職能中心訓練では脱産業化社会の失業問題解決にその限界がある。不利益階層および失業者訓練でも産業社会以後，できる限り，多様な雇用創出のシナリオに対する想像力を発揮しなければならない時点にある[4]。公共領域でつくられる仕事は，競争よりは創意性，ケア，疎通といった社会的価値に基づいた社会的労働などで，特定の職能よりは全人格的の能力発揮を重視することが大部分である。社会的雇用に対応する失業者の教育訓練は，伝統的な訓練機関で行われる職能訓練を超えて，市民社会の活力と創意性を引き出す人文学的生涯学習，市民学習コミュニティなどとの連携がなされる時点にある。

注
1) 1997年末，外国為替通貨危機直後，韓国政府は大量失業事態に直面して，短期仕事の提供事業である大規模公共勤労事業を施行した。この事業の委託を受けて取り組んできた地域の市民社会団体は1回的な公共勤労事業が貧困問題を解決できないとみて，仕事の連続性が保障される安定した仕事の必要性を強調した。

　このような議論は，それ以降，ヨーロッパで活性化した社会的経済および社会的企業に対する関心につながり，それに助けられて，2004年から政府は社会的雇用の事業を始めて，2006年には社会的企業育成法が制定され，2007年から労働部が認証する社会的企業が登場することになる。社会的雇用と社会的企業は「雇用のない成長時代」にその貧困と失業を打開するための重要政策として言われている。（キム・ヘウォン　2008）
2) 韓国の大学進学率は80％を超えて，GDP対比公教育費率は7.2％でOECD平均5.8％より高い。また，年間の私教育費規模は20兆ウォンにも上る。
3) 学点銀行制度は，正規学校以外で行われた学習経験を累積，認めて，高等教育の学歴を与える制度で，1997年スタートして，2007年現在，20万人の学習者と430余りの教育訓練機関が参加し，560余りの資格が連関する制度にまで発展した。なおこの場合，学点は「単位」を意味する。
4) 産業化以降の多様な仕事についてはウルリッヒ・ベック著の『美しくて新しい労働世界』(1999)参照。

参考文献
カン・スンヒ「生涯学習体制観点から見た職業訓練体制の改善法案」教育改革フォーラム発表文，2002。
キム・ヘウォン「韓国社会的企業政策の形成と展望」『動向と展望』75号，動向と展望，2008, pp. 74-107。

ナ・ヨンソン「失業者職業訓練体系の改善方案研究」韓国職業能力開発院，2007。
労働部「国民の政府5年(1998-2002)失業対策白書」2003。
労働部「第一次平生職業能力開発基本計画('07〜'11)」2007。
労働部「2008労働白書」2008。
労働部「職業能力開発事業現況」2008。
ウルリッヒ・ベック『美しくて新しい労働世界』ホン・ユンギ訳，ソウル新しい波，1999。
イ・ビョンヒ「生涯学習と労働市場の危険」『労働政策研究』6(3)，韓国労働研究院，2006，pp.1-32。
チョン・ユソン「非正規職の乱用と差別実態の年度別推移」高麗大学校労働問題研究所，2008。
チョン・テクス「韓国社会と非正規職労働者」『職業能力開発制度の変遷と課題』韓国職業能力開発院，2008。

第4章　労働と社会的排除
―― 現代における職業教育訓練の課題

上原　慎一

第1節　課　　題

　これまでの社会的排除，とりわけ労働との関連でそれを明らかにしてきた研究は，各国に固有の事情を問わないとするならば，概ね若者政策に関するものと失業対策に関するものに大別されるだろう。労働市場がよりいっそう「排除型」[1]となる中で生起している諸問題に対応する政策を考察するという現代的な課題からすれば，これらの研究の問題意識は至極当然でもあり実践的でもある。しかし，これらの考察の枠組み――言い換えるならば，労働とは言っても労働市場にのみ着目し，労働過程に十分な注意を払わない枠組み――では，こうした実践と従来から行われている職業教育や職業訓練との接続性に関する考察を十分なしえないのではないか，本稿が主張したいのはまさにこの点にある。長期不況以降，学校から職業への間断なき移動が困難となり，若者をはじめ社会的弱者が就労から排除されているという現状は，さまざまな研究が明らかにしてきたが，こうして排除された人々に対し，どのような教育や職業訓練が可能なのか，具体的に考察するにはこの接続性の観点が欠かせない。この問題点は従来の研究が，就労あるいは労働市場そのものから排除された人々を対象とするという強い問題意識を共有しているためか，職業教育や職業訓練の前提となるべき雇用や労働の現場に対する問題関心が希薄であるがゆえに生じていることなのかもしれない。まれに問題となる場合でも，労働条件に関わる法的な諸問題に関する事柄が議論の中心となり，労働そのものへのまなざしを感じさせるものではない。

他方，製造業に従事する派遣労働者にまつわる一連の事件もあり，派遣労働への関心は社会的に高まっている。派遣労働への関心の高まりそれ自体は，労働問題への関心の社会的な高まりとして評価できよう。しかし，諸問題への一連の論評に顕著なように，それらの多くは歴史認識としての妥当性を欠いたものが多い。歴史認識，すなわち日本資本主義と非正規雇用・不安定就労の構造的な関連を問うことなしに，フリーター問題，派遣問題へと問題を矮小化することは，上の問題とも併せて，問題の解決に向けての議論に大きな制約をもたらすこととなろう。派遣労働の問題も産業・業種ごとに濃淡こそあれ戦後一貫した非正規化・請負化の流れの中で捉えられる必要があるし，社外工問題に顕著なように雇用形態の直接／間接のみが問題なのではない。非正規雇用に関わる問題は，産業別特徴，雇用形態の質や雇用・使用する企業の質，労働過程への位置づき方等々を総合的にみて考察される必要があるのである。

　以上を踏まえて，本稿は現代の労働それ自体がいかに排除的性格を強めているのか，そしてそれは職業教育や職業訓練にいかなる課題を提起しているのかを考察する。とはいえ，労働過程・労働市場と職業教育・職業訓練は，とりわけ公共職業訓練を媒介に密接な関連をもつ分野ではあるが，それぞれの独自の分野でもある。紙幅の関係もあり，それぞれの全体像に接近することは不可能であるが，本稿では以下の点に留意して両者の接続関係を考察する。第一に，労働過程・労働市場の現状に関しては，労働市場の柔軟化や非正規化の動向は産業により，その特徴が大きく異なる点に留意すべきであるということである。より具体的に言うならば，非正規化の問題はその産業に固有の労働編成や技能のあり方[2]によって異なる。また，彼ら／彼女らの働き方は正規雇用の従業員との関係に大きく規定されている。現代的な課題を考察する際，何よりも求められるのは特定産業の労働過程や労働市場との関連で，彼ら／彼女らの働き方を分析することである。

　職業教育・職業訓練に関しては，前者の分析を生かして企業内教育，公共職業訓練，職業教育，キャリア教育の現代的な意義・特徴・限界を分析する必要があろう。これらはよく指摘されるように，実施の主体が異なり，相互

に関連しながら行われているとは言い難いというのが現状である。言い換えれば，教育行政，労働行政，個別企業，経済界それぞれが十分に協調することなく職業に関する教育や訓練を行っている[3]というのが日本的特徴である。さらに言えば，労働組合が単組レベルでも，ナショナルセンターレベルでも，この問題に強い関心を示さないという点も付け加える必要があろう。この問題に対して，現状追認的にふるまうことも，また逆に抽象的に「あるべき職業教育訓練」を唱えることも意味がない。重要なのはそれぞれが行っている教育や訓練に，いかなる接続の可能性があるのか検討することなのである。さらに本稿が強調したいのは，近年盛んになっている地方自治体などによる就労支援の意義である。実はこれらの支援は，従来型の職業教育や職業訓練にアクセスすること自体が困難であった人々を職業へと誘う役割を果たしている。本稿はこうした支援を含めて職業教育訓練の全体像が構想されるべきであると考えるし，それらと労働過程・労働市場はどのように接続しうるのか考察するべきであると考えている。

以下，第2節では労働編成の柔軟化の過程の一端に触れながら，戦後いち早く労働市場の重層化に取り組んできた鉄鋼業やパート・アルバイトに全面的に依存している産業を事例として，労働編成の展開を明らかにする。第3節では，そこで生ずるさまざまな問題に対処あるいは克服する職業教育・職業訓練の可能性や課題を考察する。

第2節　戦後における非正規雇用の多様化

1　非正規化の展開

ここでまず，ごく簡単に非正規雇用の拡大過程を振り返りながら，問題の質を確認してみよう。戦後改革によって，戦前における労働者に対する支配構造の根幹と位置づけられた間接雇用，労働者供給業は原則禁じられた。非正規雇用の主役は「直接雇用」である臨時工であった。しかし，職業安定法施行規則改正によって，1952年に社外工制度が復活したことを皮切りに，

再び労働者供給業的な性格を有する事業やそこで働く労働者が復活したのである。1960年代後半以降パート労働者が増加し，臨時工に取って代わった。1985年に成立した労働者派遣法は，当初13業種のみについて派遣を認めていたが，規制緩和によって対象業種が徐々に拡大されたことはよく知られていよう。その結果，非正規雇用の内訳は，よく知られているようにパートを主体としながら，ここ数年派遣労働者が激増するという構成になったのである。ここで注意する必要があるのは，請負労働者の場合，労働者は通常請負会社の正社員であるため，特別に集計されない限り，非正規雇用の統計には含まれないということである。また，拙稿で指摘したように[4]鉄鋼業の場合，社外企業の多くは労務供給業的な性格を脱していることにも注意を払う必要がある。

以上のように，通常疎詳はあれ，非正規雇用を問題にする諸議論は，このような過程を経て拡大した非正規雇用の不安定性を問題にする。しかし，不安定であることと，すべての非正規労働者が低賃金で単調な労働をしているということは同義ではない。問題の理解を難しくするのは，日本的経営の下では，非正規労働者であっても「パート店長」の例に顕著なように，あるいは鉄鋼業ではかつてからそうであったように，場合によっては育成の対象となり戦力化されるということなのである。すなわち非正規雇用の広がりと労働市場が「排除型」であることはストレートに結びつくものではない。正規／非正規と排除／包摂とは深い関連をもちながらも，別次元の問題であるという認識が必要なのである。ともあれ労働市場の特質は，それぞれの時代における雇用の質をめぐる状況の変化と並行して把握されなければならないことは分かるであろう。

2　鉄鋼業とサービス職における非正規雇用

(1)　鉄鋼業における重層的労働編成

高度経済成長期において日本の〝リーディングインダストリー〟の役割を担った鉄鋼業であるが，その成長は不断に合理化の展開と密接に結びついたものであった。言うまでもなく社外企業のあり方も，1950年代から始まる

鉄鋼メーカーの合理化過程と切っても切れない関係にある。鉄鋼業の合理化は他産業と比較して，ホットストリップミルやLD転炉の導入などにみられるような生産技術面のそれのみならず，作業長制度や職務給の導入にみられるような経営労務面と労使関係の転換，業務下請化等が系統的に行われたという点で総合的である。とりわけ60年代から70年代にかけて，業務下請化に伴い社外工が大量導入され，正社員である本工のみならず，社外工にも企業内教育が整備されていく。この間，既存の製鉄所（旧製鉄所という）のほかに，大手各社は新鋭一貫の製鉄所を建設する（新鋭製鉄所という）。新鋭製鉄所では社外企業の編成に関し，1つの領域を1つの比較的鉄鋼業の社外企業として実績があり，かつ規模の大きい企業を選定し配置した。これを1業種1社制という。新鋭製鉄所ほど1業種1社制に近い社外企業の編成方針をとり，その結果，それらの製鉄所では旧製鉄所と比較して社外工比率は高く，ある製鉄所では約70％にも達した。

　旧製鉄所である新日鉄M製鉄所の1970年代における社外工の労働実態については道又（1978）が，新鋭製鉄所における社外工の1990〜2000年代における労働実態については木村・藤澤・永田・上原（2008）が詳しい。この2つの調査研究から社外企業・社外工の担当領域，労働の質，労働市場について要約すると以下の通りである。70年代以前までの社外企業の担当領域は，あくまでも運輸・荷役等の間接部門・付帯部門に限られていたが，70年代以降は圧延等の工程において，精整部門を中心に直接部門の内部まで社外工が進出していた。彼らの労働のありようは一部に資格を必要とする分野や内部労働市場を形成するケースもみられたが，多くはさほど熟練を要さない領域に限られており，高熱重筋肉労働もウェートを下げたとはいえ，幅広く残存していることが確認された。また交代制勤務を限られた要員で操業することによる連続勤務も数多くみられた。けれどもこの時期，製鉄所本体は社外企業や社外工の積極的な育成に乗り出した。M製鉄所でも地場企業を買収した企業を中心に労務管理や小集団活動，教育訓練を整備し始めたのである。現在であれば「偽装請負」とされる本工・社外工の混在職場も，かつては数多くみられたが，徐々に克服されていった。こうした事例にみられるように，

かつての鉄鋼社外企業は戦前からの経緯によって「組」的な要素がとても強く，労働市場もその影響を受けていたが，徐々に「企業」として発展していったのである。

それに対し，新鋭製鉄所では高い社外工比率を裏づけるように社外企業はかなり幅広く，奥深く進出していた。直接部門の下工程（圧延）では中核工程の前後にまで進出し，運輸部門はほぼ100%社外企業が担っていた。進出が遅れていたのは上工程（製銑・製鋼）と保全部門である。しかし，90年代後半以降，鉄鋼業界全体を取り巻くグローバリゼーションや価格競争の影響を受けた製鉄所全体の要員削減，出向・転籍の急激な増大の影響を受け，上工程や保全部門にも進出するに至っている。こうして社外工の労働は，70年代のM製鉄所にみられるような従来型の特徴を部分的にみせながらも，あるいは場合によっては，かつて以上の悪条件さえみられる状況もあるが，製鉄所における「大事なところ」，すなわち品質に重要な影響を与える部分にまで迫っているのである。とりわけ労働市場や産業集積の不足といった条件から内部に抱え込まざるをえなかった保全部門における外注化は，系統的かつ大量に行われた。保全部門の外注化には無論製鉄所による系統的指導が伴ったが，社外企業自身も自ら教育訓練に積極的に取り組んでいるという点が注目される。また，社外企業自身による能力主義化も徐々に進められ，それに対応した企業内教育も整備されている。

(2) サービス職従事者

以上は本工，社外工とも男性正社員からなる鉄鋼業の事例であった。スーパーマーケット，コンビニエンスストア，飲食店，居酒屋等，非正規労働者，とりわけ女性の非正規労働者が多い職場における労働編成や技能のあり方は異なる特徴を示す。

以下に示したのは，統計上産業や業種の特定が可能な分野の雇用構造である。表4-1には飲食店の男女それぞれの非正規比率，表4-2にはおそらく『事業所・企業統計調査』によって把握できる産業種別であるところの「ハンバーガー店」における男女それぞれの非正規比率を掲げた。両者から分か

表 4-1 飲食店の雇用構造(2004年)

事業所数	419663
従業者数	2777305人(女性57.8%)
常用労働者・男性	正規37.6%, 非正規62.4%
常用労働者・女性	正規15.1%, 非正規84.9%

出所）大石(2008)より引用。

表 4-2 「ハンバーガー店」の雇用構造(2004年)

事業所数	5104
従業者数	129382人(女性54.5%)
常用労働者・男性	正規13.5%, 非正規86.5%
常用労働者・女性	正規2.7%, 非正規97.3%
常用労働者・全体	正規7.6%, 非正規92.4%

出所）大石(2008)より引用。

る通り，いずれにおいても従業者全体に占める女性比率は55%前後を示しており，非正規比率は男性に比べ女性に有意に高いことが明白であろう。飲食店では85%程度，ハンバーガー店では95%以上が非正規労働者なのである。

さて，これら非正規労働者は実際職場にどのように位置づき，どのように働いているのであろうか。飲食店，ハンバーガー店における彼／彼女らの労働に関する研究は皆無とは言えないけれども，多くは高校生のアルバイトとの関係で論及されることが多く，職場の構造はみえにくい。よって類似の業態であるコンビニエンスストアにおけるアルバイトの労働過程分析で代替しよう。

居郷(2007)はコンビニエンスストアで働く20代前半と30代中盤の青年の働き方を分析する中で，在庫・販売管理の重要性の理解，販売促進のための工夫，後輩の仕事への動機づけなどの各方面で店舗の主役となって活躍している様子を鮮明に描いている。またその活躍は，とりわけ廃棄ロスの問題や人件費，設備投資などの経営に関わる諸問題にも踏み込む可能性があるため，オーナーの裁量そのものとの関連で限界をもちながらも，常に微妙な力関係の下にあることにも注意を向けている。と同時に，彼らの賃金が彼らの働きに全く見合っていない点について，社会がいかに受け止めるべきか指摘している。以下引用しよう。

「このような二人が示す働きぶりそのものは，能力開発という点では望ましいといえるかもしれない。そして，問題なのは働きぶりが処遇に対

応していないことにあるという指摘をすることもできるだろう。……（中略）……それは同時にがんばって働いてもそれが報われるとは限らない現実に私達が直面していることに対し，何を考えどう対処すべきか真剣かつ深刻な議論を必要としている。そうであるなら，問われるべきは，処遇に結びつきにくくさせているのはどういった要因なのか，当該個人の能力や一組織体の問題として捉えるのではなく，生産システムのメカニズムと照らし合わせた検討にあるのではないか。」(居郷, 2007, pp. 107-108)

すなわち，ここでフリーターの働き方を考える際に重要なのは，その不安定さと釣り合わない要請される能力なのだと述べているのである。また，それはフリーターの働き方といえども労働である以上，従来の労働問題研究が追求してきた，「生産システムのメカニズム」との関連で非正規労働者の労働が捉えられなければならないことを示している[5]。

(3) 労働と排除

鉄鋼業とサービス職の事例からは，一方でコア部分がスリム化されるという意味での排除性の高まりが確認しうる。しかし同時に，「生産システムのメカニズム」への同化に象徴されるように，それは包摂(能力開発!!)とない交ぜになった，それぞれの産業，企業，職場によって微妙にニュアンスの異なる事柄として生起しているものと考えてよいだろう。戸室(2010)が報告している自動車メーカーにおける請負労働者への暴力の問題は，こうした事象の突端に起こった現象として考えることができる。

他方，こうした働き方にかかわらず非正規労働者の賃金は低水準である。雇用形態としてそびえている正規／非正規の高い壁と賃金格差は，まさにそれ自体が排除の象徴として問題化されなければならない。すなわち，このことは非正規労働者への排除の克服には，技能面と賃金面の両者を射程に入れた運動が求められることを示しているのである。その際，職業教育訓練を実施すると同時に賃上げを要求できるのは，本来労働組合のみであるという原

点に立ち返って，両者を同時に問題化させ政策化する必要があろう。

　しかし，日本の企業別組合は例外とされるが，歴史的に職業教育訓練の担い手である労働組合は職業別・産業別に組織される労働組合であり，その組織原理は言うまでもなく熟練，技能である。熟練，技能の観点から鉄鋼やコンビニの事例を見た場合，前者は熟練労働として後者は不熟練労働として区別され，連続性をもつ共通の課題をもつものとして捉えられることはない。本稿が主張したいのはまさにこの点に内在する問題である。すなわち職種としての熟練／不熟練を乗り越えて，両者を共通の土俵上にあるもの，あるいは連続性をもつものとして捉える必要があるということである。不熟練労働から熟練労働まで職種の違いを乗り越えた職業教育訓練の担い手こそが，まさに今求められているのである。

第3節　職業教育訓練の課題

1　職業教育・職業訓練と企業内教育

　さて，前節では非正規化という流れにかかわらず生産システムのメカニズムに対応しうる職業教育訓練が求められるとしたが，労働における排除の克服という観点からみて，現実にそれはいかに構想しうるだろうか。職業教育と企業内教育の接続の課題として考えてみよう。

　職業教育に関しては，近年でも資格志向・専門志向やアルバイト経験による知人の影響の強さなどによるレリバンスの高さが指摘されている[6]。しかし，斉藤・田中・依田(2005)が繰り返し指摘しているように，この間職業教育の専門性は薄められ，完成教育としての位置づけも失いつつある。都市部における序列化の深刻な影響の問題が現存する一方で，実践的有効性を今なお保持している学校が現存している点から考えるならば，横山や天野[7]が紹介するような，地域とのつながりを模索する教育実践に職業教育の可能性が見出せるのではないだろうか。このことは，高度化する専門性に対応するタイプから，地域あるいはより広く社会と労働との関連を導き出すタイプまで，

多様な役割を職業教育が担うことを意味する。こうした多様化がさらなる序列化を招くという批判はあるとしても，先に指摘したような，雇用形態に関わらない企業内教育との接続を考えるならば，こうした多様な職業教育こそ求められているとも言えよう。そしてその教育には次に述べる企業での実習，現代日本で多用されている言葉で言うならばインターンシップが不可欠なのである。

　キャリア教育の実践的有効性の限界に関して寺田（2008）は，「実践のみがあまりにも先行し，研究やきちんとした議論・定義がともなっていない」とした上で，キャリア教育が過度に「キャリアガイダンス（進路指導）のコンテクストで位置づけられ……目的論や内容論における一面化，形式陶冶化の傾向が生じた」[8]と批判している。その上で氏はキャリア教育の母国アメリカの実践を念頭に置きながら，「①生徒・学生に将来の職業や専門を主体的に選択させるためのキャリアガイダンス・カウンセリング②通常の教育課程のキャリアの視点からの捉えなおし③職業や労働に関するインテンシブな教科目の設定④キャリア一般に関する啓発的体験の教育的組織化⑤キャリアに直接・専門的に準備する職業能力開発」の5点を提案している[9]。キャリア教育の教育課程への明確な位置づけを目指したこうした提案に，さしあたって本稿が付け加えるものはない。しかし，職業教育同様，地域とのつながりを目指す実践という意味において以下の点を付け加えたい。第一は，地場産業や地元自治体の産業政策との関連が明確な形で実施するということである。第二は，困難層への対応である[10]。それぞれ自体非常に困難な課題であるが，これらを克服することによってキャリア教育の可能性は広がるだろう。

　次に近年の企業内教育の動向についてみていこう。企業内教育は新自由主義の影響を直接に受けたリストラ合理化，要員削減の影響によってその役割を変化させつつある。すなわち「成果主義，業績主義との連動が強化」され，結果企業内教育も「スリム化し自己啓発の比重が拡大」する傾向にある[11]。さらに従来労働者の技能水準の平準化させる役割を果たしてきた小集団活動も，ホワイトカラー層の役割を増大させている。こうした一連の変化は従来型のOJTを主体とした教育訓練では対応が困難となり，「Off-JTの重要性

が増大」していることも指摘されている[12]。こうした傾向は，就職する以前にはさして職業能力を求めず，入社以降の企業内教育で技能形成を果たしていくという，これまでの企業内教育の目的が変化せざるをえないことを示している。さらに企業内学校，公共職業訓練は政策的要請もあり，内容を高度化させている[13]。こうした一連の傾向は職業訓練に排除的な傾向をもたらしているものと言えよう。その結果として受講生の減少傾向が伝えられている[14]。こうみると，職業訓練は職業教育と同じ課題——高度化の必要性と困難層への対応——を迫られていると言ってよい。新しいコース，伝統的なコースの可能性の模索を含めて，これまでとは異なる企業，業界団体，そして本来職業訓練に重大な関心をもつべき労働組合との連携強化が果たされなければならない。それが職業訓練の社会的な位置づけを回復させることになるのである。

2　地方自治体による「自立支援」・就労支援

　さて，これまで職業教育や職業訓練が対応すべき課題として何度か「困難層への対応」を挙げてきた。しかし，学校からも排除されがちな困難層に対し職業教育や職業訓練を行うことは容易ではない。さらに言うならば，学校や職業訓練機関のマンパワーやノウハウでは，この問題に対応するのは不可能に近い。必要とされているのは，福祉と労働と教育が一体となった総合的な行政の仕組みなのである。こうした総合的な仕組みを構築しうるのは地方自治体である。田端(2006)，福原(2007)，上原・久住(2009)でも紹介されているように，自立支援が政策の柱となった2000年以降，大阪府下の地方自治体，とりわけ和泉市で就職困難者に対する就労支援が熱心に取り組まれてきた。その事例について，ここで若干紹介しよう。

　この事例の特徴は，これまで労働政策，子育て支援，障害福祉等，それぞれの部署がばらばらに行ってきた困難者への支援をつなぐ形で行われていることである。この連携は就職情報フェアや地域展開事業にみられるような商工会議所，テクノステージ和泉まちづくり協議会，職業安定所との関係でも存在している。このようにつながることによって，相談事業が単なる相談に

表4-3 和泉市における就労支援事業

事　業	内　容
職業能力開発向上事業	障害者職業能力開発向上事業(パソコン講習会等)，中高年齢者職業能力向上事業(職業意識転換講習会，フォークリフト技能講習会)，若年者職業能力向上事業(初級システムアドミニストレーター講習会)，母子家庭支援(医療事務講習会)
就職促進事業	就職情報フェア(合同就職面接会，テクノステージ合同面接会)，中高年齢者雇用促進事業
情報提供事業	インターネットによる情報検索
地域展開事業	地域企業ネットワーク事業(商工会議所，テクノステージ和泉まちづくり協議会)，職場体験訓練事業(障がい者，若年者トライアル雇用)
雇用拡大事業	ワーカーズコレクティブ・NPO設立支援助成金
就労支援センター	就労支援コーディネーター相談事業
無料職業紹介	就労困難者を対象に大阪府内求人者に対し紹介を行う，テクノステージ和泉に立地する企業に対し市内求職者の紹介を行う
求人開拓事業	無料職業紹介で提供する求人の開拓
キャリア・カウンセリング	詳細不明

出所) 上原・久住(2009)，p.41 より引用。

終わらず，無料職業紹介や各部署の代表者による個別のケースの検討へと接続し，就労支援が現実味を帯びてくるのである[15]。しかし課題もある。それは教育との連携が薄いことである。教育委員会の関与はケースに関わって意見を言う程度のものであり，就労の支援にまで及ぶものではない。かつて，教育運動，より正確には教員による労働組合運動は卒業生の就労に関わって「追指導」を行うことを目標に掲げていたが，この事例をみる限りその名残はない。教育と労働と福祉が十分に連携することによって，地域における社会的包摂が可能となるのである。

第4節　おわりに

グローバル化が進展する中で雇用構造が大きく変化してきたことは周知の事柄であろう。また，それに伴い日本企業における教育訓練のあり方が大きく変化していることも想定の範囲内であろう。本稿で指摘したのは，こうし

た変化が現場を100％変えたと理解することではなく，新しい事態の中にかつてから脈々と営まれてきた営為が依然としてみられるということである。問題はこれらをいかに変化との関連でインテンシブに捉えうるのかということにある。

　雇用構造の変化が教育訓練にもたらした変化は，労働組合による職業訓練への関与を求めるものであるが，それは従来型の熟練をベースにした，それ自体排除的な組織のありようではない。むしろ，社会的には不熟練とみなされる労働から熟練とみなされるそれまでを連続的に捉え，職業訓練のカリキュラムとして展開しうる，全く新しいタイプのそれが求められているのである。従来型の企業別組合はもとより，個人加盟組合，コミュニティユニオンなどの新しいユニオン運動にも，それを十分に求めることはできない。

　他方，職業教育訓練の方に目を転じても，教育の内容が専門性を薄める方向へと展開し，キャリアガイダンスの方向へとシフトしている。教育と労働の接続関係が変化し，不安定化する中でキャリアガイダンスを重視するのは，実践的には否定しきることはできない。しかし，企業内教育や公共職業訓練が専門的な教育を必ずしも保証しきるものになっていないという現状の中で，専門性を保証する職業教育こそが求められているといえよう。

　ここで考えられなければならないのは，先に述べたように企業別組合やコミュニティユニオンにその機能を期待することはできないとしても，自治体や教員の組合を含めて，それぞれの職能を生かした職業教育訓練の構想を，労働組合や基礎的自治体が主体となって打ち出すことなのではないだろうか。

注
1) 岩田正美氏は社会的排除の概念について，その内実が不明確であるにもかかわらず，あるいは不明確であるがゆえに，貧困の把握に当たっても新たなリアリティを獲得しうるとしている(岩田，2008)。加えて，氏は「たとえば，障害者，女性，外国人移住者，被差別部落……など多様な社会問題をこの概念を使ってさまざまに考え」(同上)ようと提起しているが，貧困研究のいわば「ベース」であった労働市場の問題との関連が不明確となっているのは，おそらく貧困と労働との関連を意図的に排除したからであると考えられる。
　本稿はあくまでも排除を労働との関連で考察することを試みる。労働と排除の関係

を総合的に考える場合，本来ならば不安定就労の全体像との関連で考察すべきであるが，本稿では社外工を含めた非正規雇用(非定型労働とも言う)がいかに排除型なのかどうかを検討するにとどめる。
2) この前提に立って私たちは一貫して労働過程分析と重層的労働編成の分析を行ってきた。鉄鋼業に関しては道又(1978)，木村・藤澤・永田・上原(2008)を参照していただきたい。また，中小企業に関しては上原(1999)を参照されたい。また，本来ならばもう1つ地域が加わるが，ここでは触れない。地域労働市場に関しては上原(2003)を参照されたい。
3) この問題に関しては佐々木(2006)が詳しくその経緯を分析している。
4) 上原(2008)。
5) 居郷はまた「それは又，若者に限定した話としてくくることもできないということを私達に問うているのではないだろうか」とも述べている。とかく若者問題と主張されがちな非正規雇用，フリーター問題に対する鋭い問題提起として受け止めるべきであろう。
6) 寺田(2004)。
7) 横山・天野(2005)。
8) 寺田(2008)。
9) 寺田，同上，p.56。
10) 田端(2006)。
11) 木村・永田(2005)。
12) 同上。
13) 同上。
14) 高橋(2009)は，入所者の減少傾向も都道府県ごとに異なる特徴があり，少子化と就職内定率の向上のみをその原因とすることの危険性を強調している。都道府県ごとのミクロ的な相違の中にIT，設計関係などのアップトゥデートなコースと溶接，内装等の伝統的なコースのアンバランスも挙げてよいのではないだろうか。
15) 上原・久住(2009)，p.34。

参考文献

居郷至伸「コンビニエンスストア」本田由紀編『若者の労働と生活世界』大月書店，2007年，第2章所収。
岩田正美『社会的排除』有斐閣，2008年。
上原慎一「『中堅』・中小企業の労働編成と教育訓練」北海道大学高等教育機能開発総合センター『生涯学習研究年報』第5号，1999年。
上原慎一「求人票からみた地域労働市場」『地域総合研究』31-1，2003年。
上原慎一・久住千佳子「地域就労支援の現状と可能性」北海道教育学会『教育学の研究と実践』第4号，2009年。
大石徹「マック仕事の労働者たち」山内乾史編著『教育から職業へのトランジション』

東信堂，2008 年，第 5 章所収。
木村保茂・永田萬享『転換期の人材育成システム』学文社，2005 年。
木村保茂・藤澤建二・永田萬享・上原慎一『鉄鋼業の労働編成と能力開発』御茶の水書房，2008 年。
斉藤武雄・田中善美・依田有弘編著『工業高校の挑戦』学文社，2005 年。
佐々木享「近代日本の職業教育・職業訓練の経験に関する研究の概観」『職業と技術の教育学』第 17 号，2006 年。
田端博邦編著『地域雇用政策と福祉』東京大学社会科学研究所研究シリーズ No.22，2006 年。
高橋保幸「公共職業訓練施設の入所者数に関する一考察」日本産業教育学会『産業教育学研究』第 39 巻 1 号，2009 年。
寺田盛紀「高校職業教育と職業・就業の関連構造」同編著『キャリア形成・就職メカニズムの国際比較』晃洋書房，2004 年。
寺田盛紀「わが国におけるキャリア教育の課題」『日本労働研究雑誌』No.573，2008 年。
戸室健作「自動車・電機産業における請負労働の現状」北海道大学教育学研究院産業教育研究グループ・高等継続教育研究グループ『現代の労働と職業教育』，2010 年。
福原宏幸「就職困難者問題と地域就労支援事業」埋橋孝文編著『ワークフェア──排除から包摂へ？』法律文化社，2007 年，第 9 章所収。
道又健治郎編著『戦後日本の鉄鋼労働問題』北海道大学図書刊行会，1978 年。
横山滋・天野武弘「地域と結び地域に学ぶ」斉藤ほか前掲書，第 1 篇第 6 章所収。

第5章　労働と生涯学習と仕事
　　　——誰のための，何のための学習か？

キース・フォレスター
（監訳：姉崎洋一　訳：伊藤早苗）

第1節　課　　題

　経済的および教育上，「ポスト・フォーディズム」環境での労働の統合的な視点としての人的資本論の出現は，非政治的で，適応的で，個人的なプロセスとしての職場学習（workplace learning）の視点を促進させた。（Baptiste, 2001）　従業員（employee）を「人的資源」として捉えることは，OECDのような国際的機関や組織経営学のような研究領域において，生涯学習の理解についての説得力のある論議として出現した。最近の資本主義経済において，グローバル経済の中で競争力を保つための有力な経路として柔軟なポスト・テイラー主義的戦略に向かう動きが認められ，一般的な知的理解力，特に従業員の労働のノウハウに，研究と政策上の関心が強められてきたと言える。

　これらの情勢は一般的には生涯学習について，特に従業員の学習についての研究と政策上の関心を拡大したが，それは不十分な論議の中で生じてきた。従業員の学習，もっと一般的には，労働者階級の学習は，適切性の欠如や失敗，不十分さを暗に示している。

　「基礎的技能」の改善に財源と政策の焦点を当てた「技能の危機」について，時に繰り返される政策見解の公表は，従業員の能力と力量に関する否定と失望を伴ったイメージの一因となっている。雇用主の組織は全国的にも地域的にも教育改革の課題について次第に影響を強め，義務教育学校を卒業した人々の力量と高等教育における適切な職業的技能の不足を慨嘆し，「知識

経済」における「学習する労働力」(learning workforce)あるいは「市民学習」(citizenship learning)のための政策展開を推し進めてきた。

　この章で述べる議論は，社会的活動としての学習を捉える上で中心にあると考えられる学習者と環境の関係性の中に位置づけられている。職場学習に政策的に特段の重要性を与えるならば，従業員の置かれた環境，すなわち「職場」(workplace)に問題の焦点が置かれるだろう。すなわち，従業員の置かれている環境から帰結する特定の能力発達に光を当てて，学習の内容と従業員の置かれている複雑性を適切に把握するような社会学習(social learning)に関する，単一の見解は存在しないということである。多くの研究においては，最近の資本主義経済における労働環境の詳細な特徴を不十分にしか調査してこなかったという傾向が強く，人的資源管理についての批判的見方さえもあったことが論じられるだろう。(Storey, 1995)　この労働環境の軽視の結果，従業員の「日常」(everyday)の非職場学習(non-workplace learning)の貢献の過小評価と同様，労働の場における学習の性質と矛盾する特徴を周縁化し無視する傾向があった。「労働生活」の特徴である労使関係の不平等と資本の支配という広く歴史的に認識されている性質にもかかわらず，多くの研究は，この差別され，かつ差別する知識の本質を職場の内外で十分強く認識し，説明し，描写することができない。結果的に，過度に一般化された学習理解を伸張させるか，あるいは従業員の学習を「総集計する」(totalising)描写を提供する傾向がある。(Casey, 1995; Wenger et al., 2002; Mathews and Candy, 1999; Marsick and Watkins, 1997)　従業員の内面意識の企業内化と「植民地化」に基づいて普及した新しい経営管理法を無批判的に受容すること，および「グローバリゼーション」への衝撃とおそれが，無抵抗の「新しい職場」における無抵抗の「新しい労働者」の基盤を提供してきたかのようにみえる。

　ThompsonとAckroyd(1995)が従業員の抵抗の現在の実態の分析において皮肉に論じているように，「ポスト構造主義者」にとって，力(power)のようにみえるものはどこにでもあってどこにもないものであり，研究課題からこぼれ落ちていた。しかし，人々の生活の中で不均衡で矛盾した重要な変

化が生じ，現在も生じ続けていると認識することは，これらの変化と継続性の理解に関して，区別と関連をもっての批判的な分析の重要性を増加させている。これらの支配的な言説と対照的に，学習の具体性(materiality)の不十分な認識は，実践家の実践の具体性理解と同様に，社会的学習の理解にとって重要な結果をもたらしたことを本論文は論ずることになる。

　この章の第2節ではヨーロッパ連合(EU)の生涯学習についての理解の簡単な政策の概観を述べる。EUの大部分の加盟国にとって，彼ら自身の事業と資金準備を伴った枠組みと言語と提案された政策方針を提供するのはEU自身である。この節では概念的に，そして実証的に，生涯学習を一般的に理解し，特に従業員や労働者の学習を把握するのにより有効なアプローチは，学習それ自体の本質に焦点を当てることであると述べる。そのようなアプローチは，賞賛に値する研修事業，技能・技術そのものに心酔する政策(『低い』，『普通』，『高い』のいずれであろうと)，EU全体を通じての「生涯学習」の限られた貧弱な理解などを超えて動いていく。章の第3節は，より明確に職場学習に焦点を当て，職場学習の理解と実践を位置づけるのに関連すると考えられる多くの「時代遅れ」とされた論点を再び呼び起こすことになる。さらに学習のより共感的で社会的な概念の，簡明にして批判的な批評が続けられる。そして，「活動理論」が現在の支配的な言説において，見失われた諸側面を明らかにするための効果的な道を提供することが示唆される。

第2節　生涯学習と従業員の学習——ヨーロッパ連合の課題

　この章の導入部分で示されたように，「生涯学習」の概念と実践は不十分にしかこの学習の実際を認識していないことが示唆されるだろう。EUの中では，これはますます問題となっている。EU内の生涯学習についての初期の理解の部分的な長所は，社会活動に関する文脈の中に学習を位置づけることであったと論じることができる。提案された学習の概念と実践は，変化し続ける経済と，社会，政治の変化の背景を考慮して理解されるべきである。学習は言い換えれば具体的で固有の社会的で経済的な成り立ちと関係性を通

して，ともかく深く結びつき，形づくられているものである。しかし，Coffield(1999)が「生涯学習は単独の力で広範な教育，社会，政治上の難題を解決する特効薬やトランプ手品のエースであるという言説が過去30年間に展開されてきたという意見の強い一致があった」と主張したときには，生涯学習にはそれほど好意的ではなかったという事情がある。(1999：479) 生涯学習が「知識社会」，「知識基盤経済」，あるいは社会的排除と周縁化の問題に立ち向かうための重要な(しかし唯一ではない)手段として位置を定められている限りにおいては，これはたしかに過去10年間かそのくらいの間は真実であった。EUは加盟国，地域と都市間に，そして「社会的階級，民族，障がい，年齢，ジェンダーの差異性において」(Brine, 2006: 660)に増大してきている差別と不平等を軽視，あるいは無視する一方で，同時に，過去20年間の新自由主義的な言説と政策実施によりますます助長され，いっそう確信をもって「知識経済」という言葉を用いるようになった。知識基盤経済がリスボン協定の裏側の激しく壮大な熱望の中にある最大の関心事であるという明らかな証拠以上のものはない。

　　　ヨーロッパ連合は，知識基盤経済(knowledge based economy)に駆動されることによって世界で最も競争的でダイナミックになり，より多くのより良い雇用とより強い社会的結束を伴う持続可能な経済成長を実現しなければならない。
　　　　　　　　　EU; Memorandum Communication and Resolution.3（2000）

　社会的排除はEUの文書の中に確認できる政策課題として残るが，ますます知識*社会*よりもむしろ知識*経済*と関連づけられている。人的資源戦略は以前のより社会学的な本質への関心事に取って代わったようにみえる。EU内の増加した加盟国の背景事情に反して，生涯学習の焦点は「基礎技能」，職業訓練，被雇用力，「市民学習」へと大幅に縮小された。
　Brine(2006)が例示するように，学習についての社会活動的な見方からの転換を伴うことは個人レベルの欠陥をますます強調することであった。彼女

が結論づけるように,

> 生涯学習は,「生得の美徳」に名を借りて,ジェンダー,階級と人種,そして障がい,年齢,移民／市民の資格などに基づく教育的な労働市場の力関係を(再)構築するために続く,競争,個人の努力,絶え間ない変化,包摂と排除,階層化についての言説となっている。
>
> （Brine, 2006: 663）

　管理政策信奉者が生涯学習についての EU の政策発表をめぐる問題とテーマに,ますます駆り立てられることとは対照的に,この章は全く別のアプローチをとる。生涯学習についての抑圧された政策的関心よりも,むしろ学習を理解することに注意を向けることであり,上記の Brine によって確認されたいくつかの課題に関する取り組みを開始する。

第3節　従業員学習の特色

　労働市場問題の考慮すべき事柄を明確な形にしてきたいくつかの伝統的な問題について,矛盾しているように思われるかもしれないが,EU と他の場所での職場学習についての最新の研究と系統的な叙述が次第に姿を消してきたと言える。例えば,労働力(つまり働く能力であり,さらにこの働く能力を翻訳すると生産活動となる)の販売は,しばしば職場の階層的な関係の特徴である買い手側の,潜在的で,矛盾し,かつ公平ではない性質を認識する基盤を提供してきた。文化的,具体的,そして象徴的なありふれた無数の論争は,この利害の対立を「分かりやすく」,「常識的」な水準に終わらせている。目もくらむような数の監視と監督の配列は,拡張されたシステムを通した賃金―契約関係への圧力が,労働者に対し,また実証的研究に対して,既知のサブテキストを提供していると言える。(Thompson and Warhurst, 1998) 同様に,このことは,労働と不平等の関係性についてはあまり説得力がなく,また労働についての伝統的な理解を超えることはない。この不平

等さの深刻さとその本質は，例えば，賃金制度，ジェンダー問題，権限関係，労働災害と不健康のパターンにおけるように，異なったレベルと形に作用し，広く文書で裏づけられ調査されてきた。

　この「労働」そのものの特徴である不平等さ，搾取と支配の文化的，観念的，そして具体的な構造は，従業員の知識と経験の両方を周辺化することを通して忠実に映し出されている。職場や他の場所で何が誰にとって適切で正当な知識であると認識されるのかという疑問は，学習と教育についてのどんな議論においても，めったに中心的な問題となることはない。働く人々は常に新しい技能と能力を学び，高めてきた。大学で低い学位取得のための作業を活かして高い学位も同時に取るという，新しい制度の重要な特徴としての暗黙知の出現は斬新である。テイラー主義の労働体制の中で，労働者の知識，参加，責任が抑圧されてきたことに取って代わる提案は，労働者が深く関わる職場を開発し，労働者の知識，一体感，動機，そして忠誠心を行使し，それに依存する体制によって人的資本を擁護することである。しかし，労働者が知っていることを利用することは，資本主義の発達の中で不可欠な面であった。労働者の知的理解力と実践的感覚を流用しようとするくらみを増大させる現在の戦略は，職場学習の爆発的増加の背後にある政策と財源の両面の主な理由として考えられる。これらの労働者の「実践的感覚」の形成があまり広く認められていないことは，労働者の力，尊敬，幸福，公平性，知的感性が差別されてきた独自の歴史的，社会―経済的な固定した関係の認識を示している。

　しかし，個人的な感覚や従業員の経験の概念を理解することには困難を伴う。流動的な捉えどころのない「自由な行為主体」(Sawchuk, 2003: 29) として毎日の経験を思い浮かべるよりはむしろ，「資本は，資本主義社会に存在するすべての人々がそれを通して*主観的に一定の方法で活動する*社会的関係である」(Salling Olsen, 1996：41，斜体字は原文のまま)。個人的，かつ集合的な経験は，言い換えると，社会的に構成され，歴史的な特定の形に形成されている。

　職場やその他の場所での「日常生活のカリキュラム」――あるいは「生き

られた階級(class as it is lived)」——への注目は，権力の再生産，支配と正当性，恒久化，「正常さ」に対して，批判的，理論的，実証的な関心に由来する。社会的で文化的な職業生活の解釈の中で社会的階級とその重要性と価値を理解する際には，教育学社会学的論争が存在する。一部のポストモダン派と多くの政治家による妥当性への挑戦にもかかわらず，階級の形成は社会的理論関心の中心に残っている。職場と日常生活の中で「生きられた階級」に焦点を当てることは，冷徹で社会的，あるいは職業的分類法スキームによる分析と経験主義的な範囲を焦点づけ，人生の歴程の中で差別化された性と人種を位置づけることに有利な点がある。(Reay, 1998) 階級についての主体的な経験についての最近の研究は，アイデンティティを超えて，さらに進歩することを明らかにしている。(Skeggs, 1997; Mahoney and Zmroczek, 1997) 日常的な階級(そしてジェンダー，エスニシティ，障がい)の具体的な理解は，表象，テキスト，言説，記号化と言った議論を超えて，不平等，疎外，支配の迷宮のような「時代遅れ」の問題に関心を引き戻すのである。示唆されたこれらの変化を実証することは，人間の行為主体と社会構造の関係についての長年にわたる議論であり，今日では主体性と社会関係をめぐる議論を組み立てている。Hubbard(2000)を連想させる他の論述，例えば「実体の社会的構造」，「構造化理論」，「ハビトゥス」，「伝達行動と生活世界」などは行為主体―構造の関係に取り組む最近の試みである。行為主体をいっそう自由に浮遊し再帰する行為者(Lash and Urry, 1987; Beck, 1992 参照)としてみなすよりも，これらの表現は人間の経験と行為を「社会の構造的関係には全く接触しない」(Hubbard, 2000: 2)ものではないと理解する広い見方を共有するものと考えられる。

第4節　社会文化的学習

上記に示したように，生涯学習一般と特に職場学習に対する理論と実証面の関心の爆発的な増加は，大部分は資本の戦略的重要性を支えるために不可欠であると考えられる労働者の「新しい」知識と技能に対する雇用者の関心

によって駆り立てられてきた。従業員の隠された，あるいは暗黙の「ノウハウ」(「会社の最も価値ある資産」)を使用する際，特に「非公式の学習」が，より競争的な新フォーディスト的ビジネス環境の中で生き残るために不可欠であると考えられる。学習は伝統的に認識されてきたよりも，かなり複雑で問題を抱えているということが今日では広く認知されている。支配的な学習の「良識的」イメージ——多くは雇用者の見解と道徳観として明瞭である——は，獲得され転移された不連続で脱文脈化された「ブロック」としての技能と知識である。(Hager, 2004) 「成果としての学習」とは対照的に，より新しい発展段階の見方は「プロセスとしての学習」を考える。つまり，成長し，常に環境に再適応する人間の能力として考えるのである。(同上：12) この観点からの学習とは日常的で，文化的で社会的な要因と同様の文脈によって形づくられた「正常な」活動である。学習者や労働者を特定の脱文脈化された技能と知識において，「経験不足」，「能力がない」，「欠陥がある」とみなす代わりに，新しく出現した学習のフレームワークは人間の成長する能力や働く能力を，資質，技能，可能性と知識を必然的に含むと考える。後天的な獲得(Sfard, 1998)に反して，参加としての学習は，組織化された社会活動的実践(労働，家族，労働組合，余暇活動など)への参加を通して，人間として発達する社会的で文脈的な動力を得る性質を重要視する。

　特定の生活経験の中で，人々は行動し，さらに彼らの日常生活の中で異なった経験の多様性に影響されている。つまり私たちは集団的であると同様に，個人的に学習する。労働者，あるいは女性従業員，有色人種の従業員であることを学習することは，つまり特定の差別し差別された具体的で文化的なプロセスへの参加に等しい。知ること，つまり「労働」について知ること，自己について知ること，他人について知ることは，弁別的でしばしば矛盾する意識に帰着する。職場の関係性，課題，労働局，現在の雇用「規則」の詳細な微視的性質と様式について実証的に調査することは，権力が影響を与え，形づくり，あるいは可能性と課題の理解に影響を与える多層的な局面を解読することを始めることになる。(Welton, 2005) Welton(2005：130)の主張によると，構造的な障壁と同様に，言語と記号と表象の使用と適用と巧みな

操作に方法論的な注意が向けられることが必要である。あるいは，Charlesworth(2000：65)が述べるように，「個人的な感覚が生じる関係の客観的な階層構造の中に築かれた力強く内在化する感覚を通して，ある方法で世界に実在する」ために，それが何かを私たちは実証的に把握する必要がある。

　もちろん，「一定の方法で世界に存在するようになるとき」に差違があることを認めてきた教育研究の豊かな伝統がある。社会的公正さと主題の急激な変化は，コミュニティ(Lovett, 1988)と職場(Simon, 1990)における成人教育の研究と実践に強く影響した。フレイレの「意識化」の概念は学習を人種，性，階級で分類された経験として学習を理解することの重要性を明確に示している。本論文の冒頭部で論じられたように，これらの「前近代的」な伝統は最近の職場学習の文献中にあまり強く反映されていない。しかし，学習への参加型アプローチの影響が大きくなることは，より多くの理論的で実証的な詳細が専門領域の中の知識の発達の不均衡なプロセスに焦点化されることをもたらした。「正統性」と「周縁性」の概念に本来備わっている明るい展望にもかかわらず，Fenwick(2000：250)が「状況的な認識力の非政治的な位置づけ」についての議論の中で指摘するように，これがつねに当てはまるわけではない。階級，ジェンダー，人種によって差別された学校教育，職場学習や地域学習運営の不平等性の情報をもとにした他の研究は，次第に教育的な不平等の再／生産の問題に取り組むための道具として専門分野内で，また，専門分野を横断してブルデューのハビトゥスの公式化と資本の形式を使うようになった。教育の不平等性は，より強力な集団が珍しく価値のある資源を利用する権利を確保することができるときに生じ，維持される。ブルデューの概念の価値は，経済学者の決定論的な階級と知識についての概念に反発する見方の中でしばしば正当化される。

　職場学習の分野におけるブルデューほど影響力がないが，ハーバマスの生活世界のコミュニケーション的行為と弁護の概念は，同様に学習を最近の資本主義の差別的構造の中に位置づける。おそらくブルデューほど実証的には有効ではないが，ハーバマスの概念と関心は，最近の資本主義の絶え間ない商品化と損害賠償から生活世界を救う際の解放するプロジェクトとして，成

人学習により強く焦点を当てることを基調としている。(Welton, 1995)　ブルデューとハーバマスによる広範な研究と成果は，マルクスとの生涯にわたる共感的であるが批判的な対話として考えられ，現代の資本主義の鋭い批評となっている。

　学習についての異なったアプローチは，学習として何が理解されるべきかという見方を強調し，あるいは軽視し，無視し，あるいは認め，説明し，あるいは混同するということを前に示唆した。労働者や労働者階級の学習に興味をもつ人々にとって，特別な参加重視アプローチの文脈は，これらの問題に取り組み始めるための機会を供給する。フレイレ，バーンスタイン，ブルデュー，ハーバマス，レイブとウェンガーたちは多様な視点から，経済面が学習の可能性にある程度影響を与えることを認めるのと同様に，差別化するプロセスとして学習を位置づけている。しかし，おそらく学習についての参加的な見方の中で最も有望なものは，文化的で歴史的な活動の伝統である（今後は活動理論と呼ぶ）。1917年以後から1920年代のロシアのヴィゴツキー，後には同じくロシア出身のレオンチェフとルリヤの業績にその起源をたどると，活動理論の伝統は，強調する点，方向性，概念，コンテクストが，かなり多様であることが特徴となっている。(Chaiklin, 2001)

　この論文の目的のためには，活動理論は物質的にも文化的にも媒介された組織的な社会的活動実践への参加を通した学習の発達の研究として簡潔に理解したい。「活動」の特徴的な概念（主体，対象，行為，操作，関係，道具，ゴールという下位概念を伴う）は，基本的な分析の単位としてみなされる。学習は，人間個人が歴史的な生きられ・生かされた関係性の制度の中に位置づけられた人間個人の活動に本来備わっている。

　Elhammoumi(2001)が説得力のある議論をしたように，最近の西洋の研究の中で「廃れたか自国に取り入れられた」ロシア心理学者の業績には，強力な史的唯物論の視点が満ちている。社会的に組織された実践の中での変化と苦闘の両方の原動力を説明するのは，最近の資本主義における富の創造と「労働」を伴う社会的関係の間の矛盾する弁証法的な関係である。Engestrom(1987)が束縛された学習とは対照的に論じるように，活動システムの

特徴である矛盾の解決から生じる学習は広範囲にわたるものである。歴史的に組織された人間の活動を通した人間の思考形式の枠と形をつくるのは，これらの生産の社会的関係である。共有された意味と理解，記号論の過程，人間の認識や協働活動は，労働者の具体的で実践的な活動の中に位置している。仕事，学校，家族など社会的に組織された慣習は，所有権の行使，富の生産と分配，資源，空間，時間から分離されたときには無力化される。

活動理論の視点からみると，労働者や下位(subordinated)グループがより少なく学習し，学習する能力に欠け，興味をもたず，あるいは消極的で反応的な学習者であるというのは，本当ではない。それよりむしろ，Sawchuk(2003)，LivingstoneとSawchuk(2003)が最近の労働者階級の知識の研究で示すように，どのように下位グループが異なった方法で異なったことを学習するか，また，どのようにこの学習は進行中の文化的で実際的な生活の中に具体化されるかを確認することに強調点が置かれる。労働市場の生き残りには，雇用者に要求されるさまざまな技能と知識の獲得が必要になるが，このことはまた代替の可能性と行動方針を識別することを通した創造性と想像力が，これらの要求に挑戦する学習に，「生き残る」ための学習を巻き込むことである。職場学習に関して言うならば，労働者の矛盾する経験は，仕事を手に入れ維持する可能性を強化する特定の品目(研修，修了証明書，教育，指定された技能，能力と知識)を蓄える結果となっている。同時に，賃労働の特徴である断片化と区分化を少なくし，自律的で，「自由」な活動と成長のために，職場の内と外で場所が特定され，建設され，あるいは開発される。労働の性質と組織の文化的，イデオロギー的，実質的な変化を仮定し，あるいは当然のことと考えるこれらのアプローチと研究とは対照的に，活動理論は史的唯物論的見方の中でつくられ媒介される強力で実証的な焦点化を勧めている。

第5節　結　　論

本論文では，一般化され，あるいは「心理学的に考察」された従業員の学

習に関して提起されてきた職場学習研究の中で増大する傾向に対して反論を加えてきた。EU や他の場所で広がっている労働と社会活動的な実践の性質を形づくったとみられる変化を無批判に受け入れることは，人間の行為主体によって形づくり，形づくられた実体的な状況から分離されたようにみえる過度に社会化された学習の概念に帰着するものである。活動理論の観点がこれらの限界に対抗的に取り組むには最良のアプローチを提供することが示唆された。このようなアプローチは，生涯学習の理解と政策発表が不足している現在の EU に欠けている政策課題を組み入れ，資本優位の近年の支配的な思想，財源などの定式に立つ生涯学習に熱心な加盟国に対して，ラディカルでオルタナティブ(代案的な)キャンペーンと連帯のための基礎を提供するものである。

参考文献

Baptiste Ian, 'Educating Lone Wolves: Pedagogical Implications of Human Capital Theory', *Adult Education Quarterly*, 51, 3, 2001, pp. 184-201.
Bauman Z., *Liquid modernity*, Cambridge, Polity Press, 2000.
Beck U., *Risk Society: Towards a New Modernity*, London, Sage, 1992.
Bourdieu P., *Distinction*, London, Routledge, 1984.
Brine Jacky, 'Lifelong learning and the knowledge economy: those that know and those that do not - the discourse of the European Union', *British Educational Research Journal*, 32(5), 2006, pp. 649-665.
Casey Catherine, *Work, Self and Society. After Industrialism*, London. Routledge, 1995.
Chaiklin Seth (ed.), *The Theory And Practice Of Cultural-Historical Psychology*, Aarhus, Aarhus University Press, 2001.
Charlesworth Simon J., *A Phenomenology of Working-class Experience*, Cambridge, Cambridge University Press, 2000.
Coffield Frank, 'Breaking the consensus: Lifelong learning as social control', *Educational Research Journal*, 25(4), 1999, pp. 479-499.
Du Gay P., 'Enterprise Culture and the Ideology of Excellence', *New Formations*, 13, 1991, pp. 45-61.
Elhammoumi Mohamed, 'Lost-or Merely Domesticated? The Boom in Socio-Historicocultural Theory Emphasises Some Concepts, Overlooks Others', in Seth Chaiklin *(op. cit.)*, 2001, pp. 200-217.

Engestrom Y., *Learning by Expanding: An Activity-theoretical Approach to Developmental Research*, Helenski, Orienta-Konsultit, 1987.

Fenwick Tara J., 'Expanded Conceptions Of Experiential Learning: A Review Of The Five Contemporary Perspectives On Cognition', *Adult Education Quarterly*, 50, 4, 2000, pp. 243-272.

Hager Paul, 'Conceptions of Learning and Understanding Learning at Work', *Studies in Continuing Education*, 26, 1, 2004, pp. 3-17.

Hubbard Gill, 'The Usefulness of Indepth Life History Interviews for Exploring the Role of Social Structure and Human Agency and Youth Transitions', *Sociological Research Online*, 4, 4, 2000, pp. 1-16.

Lash S. and Urry J., *The End of Organized Capitalism*, Cambridge, Polity Press, 1987.

Lave Jean and Wenger Etienne, *Situated Learning. Legitimate Peripheral Participation*, Cambridge, Cambridge University Press, 1991.

Livingstone D. W. and Sawchuk Peter H., *Hidden Knowledge. Organised Labor in the Information Age*, Ontario, Garamond Press Ltd, 2003.

Lovett Tom (ed.), *Radical Approaches to Adult Education: A Reader*, London, Routledge, 1988.

Mahony P. and Zmroczek C. (eds.), *Class Matters: 'Working Class' Women's Perspectives on Social Class*, London, Taylor and Francis, 1997.

Marsick V. J. and Watkins K. E., *Informal and Incidental Learning in the Workplace*, London, Routledge, 1997.

Mathews Judith H. and Candy Phillip C., 'New dimensions in the dynamics of learning and knowledge' in David Boud and John Garrick (eds) *Understanding Learning At Work*, London, Routedge, 1999.

Reay D., 'Rethinking Social Class: Qualitative Perspectives on class and Gender', *Sociology*, 32, 2, 1998, pp. 259-275.

Salling Olesen Henning, *Adult Education and Everyday Life*, Roskilde, University of Roskilde, 1996.

Sawchuk Peter H., *Adult Learning and Technology in Working-Class Life*, Cambridge, Cambridge University Press, 2003.

Sfard A., 'On Two Metaphors for Learning and the Dangers of Choosing First One', *Educational Researcher*, 27, 2, 1998, pp. 4-13.

Simon Brian (ed.), *The Search For Enlightenment: The Working Class and Adult Education in the Twentieth Century*, London, Lawrence and Wishart, 1990.

Skeggs B., *Formations of Class and Gender*, London, Sage, 1997.

Storey John (ed.), *Human Resource Management. A Critical Text*, London, Routledge, 1995.

Thompson P. and Ackroyd S., 'All Quiet on the Workplace Front? A Critique of Recent Trends in British Industrial Sociology', *Sociology*, 33, 1, 1995, pp. 615-33.

Thompson Paul and Warhurst Chris, 'Hands, Hearts and Minds: changing work and workers at the of the century', in Paul Thompson and Chris Warhurst (eds) *Workplaces of the Future*, London, Macmillan Press, 1998, pp. 1-24.

Welton Michael R. (ed.), *In Defence Of The Lifeworld. Critical Perspectives on Adult Learning*, Albany, State University of New York, 1995.

Welton Michael, *Designing the Just Society: A Critical Study*, Leicester, NIACE, 2005.

Wenger Etienne, McDermott Richard and Snyder William, *Cultivating Communities of Practice*, Boston, Harvard Business School Press, 2002.

後　編
社会的排除克服への社会的協同実践

第6章　社会的排除克服への地域再生教育

鈴木　敏正

　本書後編の課題は，日英韓の経験と実践を踏まえ，格差・貧困・社会的排除問題を克服して「持続可能な包摂型社会」を形成していく上で，市民社会レベルで展開される「社会的協同実践」(そこに含まれる「協同の教育」)の意義を提起し，「地域再生教育」への方向を考えるところにある。本章では，そのために必要となる基本的な考察をする。

　まず第1節では，社会的協同の位置づけと意味について検討する。次いで第2節では，社会的排除克服に向けた社会的協同の代表的な歴史的事例として「水平社宣言」を取り上げ，その実践的教訓を考える。そして第3節では，社会的協同の実践構造を，「マイペース酪農」，「農村女性起業」，そして「労働者協同組合」の事例を通して提起する。さらに第4節は，社会的排除問題に取り組む社会的協同の国際的な代表例として「社会的企業」を取り上げ，その展開論理を「グラミン銀行」の事例によって検討する。最後に第5節で，以上の実践で展開される学習活動を援助・組織化する「地域再生教育」の意義について提起する。

第1節　市民社会と社会的協同

　近代社会の基本的理解の中に「市民社会」を位置づけたのは，G. W. F. ヘーゲルであった。それは『法哲学』の「第3部　倫理」の構成，すなわち「第1章　家族」，「第2章　市民社会」，「第3章　国家」に端的に表れている。そこには，近代家族制度を基盤としながら，「国家と市民社会の分裂」，

すなわち「欲求の体系」としての市民社会と，倫理的原理をもつ「国家」との分裂が近代社会の基本的特徴であるという理解がある。重要なことは，国家の側から市民社会に働きかける「福祉行政」と，市民社会の側から国家に働きかける「職業団体」を位置づけ分析していることである。近代以降の社会の展開は，この行政と団体が複雑に絡み合って社会制度をなし，複雑化していく過程とみることができる。

しかし，ヘーゲルはもっぱら観念的に「普遍的精神の展開であり現実化である」[1] 世界史を捉えていたから，現実の「国家と市民社会」の関係を歴史的・構造的に検討する社会科学的枠組みを展開することは重要な課題とならなかった。その枠組みは，同じく「国家と市民社会の分裂」という理解を前提にしながら，ヘーゲルとは逆の立場になる「史的唯物論」の創始者 K. マルクスの「経済的社会構成体」論によって提起された。それは，先発先進国としてのイギリスをモデルにして一般化された『経済学批判』の「序言」において定式化されている「物質的生産諸力―生産諸関係＝経済的構造（土台）―法律的・政治的上部構造―社会的意識諸形態」という枠組みである。市民社会は，ここでは「土台」として理解されていると言える。

この枠組みでは，「経済的基礎の変化とともに，巨大な上部構造全体が，あるいは徐々に，あるいは急激に変革される」とされている。そして，その考察にあたっては，「経済的生産諸条件における物質的な，自然科学的に正確に確認できる変革と，人間がこの衝突を意識し，それをたたかいぬく場面である法律的な，政治的な，宗教的な，芸術的または哲学的な諸形態，簡単にいえばイデオロギー諸形態とをつねに区別しなければならない」ことが強調されている[2]。上部構造としての社会意識諸形態＝イデオロギー諸形態，一般に文化的な構造と実践の相対的独自性を指摘したものと理解されよう。

社会構成体の歴史的動態については，次のように言う。「それが十分包容しうる生産諸力がすべて発展しきるまでは，けっして没落するものではなく，新しい生産諸関係は，その物質的存在条件が古い社会自体の胎内で孵化されおわるまでは，けっして古いものに代わることはない。それだから，人間はつねに，自分が解決しうる課題だけを自分に提起する。……課題そのものは，

その解決の物質的諸条件がすでに存在しているか，またはすくなくとも生まれつつある場合にだけ発生する……」，と。この定式は社会変革の萌芽，「すでに始まりつつある未来」とその発展条件を捉えることの重要性を指摘していると言えるが，機械的に当てはめると，生産力主義，経済主義，客観主義になる。

　マルクスの理解を引き継ぎながら，経済主義とともに主意主義を克服しようとしていた20世紀イタリアのアントニオ・グラムシは，（経済）構造と上部構造を現実的相互関係にある「歴史的ブロック」だと考えた。そして，上部構造を「政治社会（＝政治的国家）プラス市民社会」から成る広い意味での国家として捉えた。政治的国家と市民社会の区別は，実体的なものではなく方法論的なものとされているが，この政治的国家が「規制された社会のなかに汲み尽くされて解消していくこと」，つまり「規制された社会（自己規律的社会＝倫理的国家あるいは市民社会）」の諸要素が強まるにつれて，強制的性格をもった国家は尽きていく（「政治的国家の市民社会への再吸収」）と考えた[3]。

　その際にグラムシは，上記マルクス『経済学批判「序言」』の「イデオロギー諸形態」についての命題を，「人間はイデオロギーの場で構造の諸矛盾の意識を獲得する」と理解し，国家と市民社会の間での「ヘゲモニー（覇権）」関係の展開を考えた。それは国家から市民社会に向けられた「ヘゲモニー装置」や，市民社会から生成・発展する協同的諸組織，民衆文化の考察に及んでいった。特にヘゲモニーと「ヘゲモニー装置」論は戦後の国家論や政治学，さらには社会組織論や国際関係論などにも大きな影響を与えた。最近においてより重要なことは，特に1980年代末葉以降の「市民社会論」隆盛への寄与である[4]。それは，ソ連型社会主義の崩壊をもたらした東欧民主主義革命，先発先進資本主義国における市民運動，後発先進国における民主化運動，あるいはグローバルな活動をする国際的NGOの発展を背景にしたものであった。

　それらはJ.ハーバマスによって「市民社会 Zivilgesellschaft の再発見」と理解され，その制度的核心は「自由な意志にもとづく非国家的・非経済的

な結合関係」であるとされた。その例として挙げられているのは，教会，文化的サークル，学術団体，独立メディア，スポーツ団体，レクレーション団体，弁論クラブ，市民フォーラム，市民運動，同業組合，政党，労働組合，オルターナティヴな施設である[5]。それらはまさにグラムシの市民社会論が対象にしてきた諸組織である。これらは先発先進国イギリスでは，すでに19世紀後半から目立ったものとなっているが，中発先進国としての日本で，これらの運動が盛んになるという意味での「現代市民社会」が形成されるのは1960年代末葉以降，後発先進国である韓国では，まさに80年代末葉からの民主化運動の時期からである。それはグラムシの言う「歴史的ブロック」が「政治的国家・市民社会・経済構造」という三次元で十全に分析できるようになり，そのように分析しなければならなくなった時代における市民社会である。

　現代市民社会は，いわゆるケインズ主義的福祉国家の限界(「国家の失敗」)とその後の市場重視型政策の矛盾(「市場の失敗」)が明確になり，国家でも企業でもない「社会的協同組織 association」が「第3セクター」として重視されるようになるにつれて，注目度を増すようになってきた。それらを組織化することは，国家の側からも不可欠のものとなる。国家財政の赤字への対応というだけでなく，この時代のグローバリゼーションと知識基盤型社会，不確実性社会・危険社会化の進展の中で，新たな統治形態(ガヴァナンス)が求められてきたからである。例えば，グラムシらの思想を現段階的に発展させようとしているB. ジェソップは，資本主義国家の動向を「ケインズ主義的福祉型国民的国家」から「シュンペーター主義的勤労福祉(ワークフェア)型脱国民的レジーム」への展開と捉えた。「レジーム」と理解する理由として指摘されているのは，市場のアナーキーと命令的調整のヒエラルキーに対して「ヘテラルキー」的ガヴァナンス，すなわち個人間ネットワーク，組織間交渉，分権的システム間コンテキスト操作といった「相互依存関係にあるアクター間の水平的な自己組織からなるもの」のガヴァナンス，あるいは「ネットワーク型パラダイム」，すなわちパートナーシップ，規制的自己調整，インフォーマル・セクター，自己編成と分権型の脈絡応答型管理の重視であ

る。そして，現代資本主義国家には「ガヴァナンスのガヴァナンス」＝メタガヴァナンスへの方向性がみられるとしている[6]。

　序章で述べたように，市民社会で展開する社会的協同組織については，経済構造からの作用としての商品化・資本化傾向と，政治的国家の上記メタガヴァナンスなどによる官僚化・国家機関化傾向に対して，固有の論理を主張できるものであるかを吟味しなければならない。ハーバマスが挙げた事例にはきわめて多様な性格をもったものが含まれている。われわれはまず，いったん市民社会全体に視野を広げた上で，1990年代初めに「再発見」された市民社会論が，労働組合運動や市民運動一般を超えて，特にグラムシの言う「自己規律的社会」への現代的形態となる可能性をもったNPOや労働者協同組合などの「非営利協同組織association」論や自治体論などに及んでいることに注目してみたい[7]。それらは「すでに始まりつつある未来」の事例として，社会的排除問題を乗り越える将来社会のあり方を検討する社会的実験とも言えるからである。

　もちろん，労働組合運動や市民運動は社会的排除問題に取り組む上できわめて重要な位置にある。現在の社会的排除問題を規定している経済的グローバリゼーションとそれを推進してきた新自由主義的政策の展開は，前編第2章でみたように，先進国における労働組合運動の「後退」と裏腹の関係にあり，そのことが社会的排除・包摂政策を大きく特徴づけている。しかし，特に日本のように企業別労働組合，しかも大企業を中心とした労働組合が社会的排除問題に取り組もうとした場合には，先行して市民社会で展開されている社会的排除問題克服への多様な社会的協同活動に学び，それらと連帯していくことが不可欠になってきているのである。

　イギリスに始まりEUでは，社会的協同の現段階的モデルとしての「社会的企業 social enterprise」が社会的包摂政策の前面に押し出されてきている。そこで，本編では，「現代的」ないし「現段階的」な社会的排除問題に取り組む社会的協同実践として社会的企業，すなわち「社会的目的（ミッション）を優先して事業活動をする組織」に着目する。

第2節　排除克服への歴史的実践例に学ぶ——水平社宣言の場合

　序章で触れたような社会的排除問題を捉える際の前提となる人権・公民権の歴史的発展は，そうした理解を生み出し，具体化しようとする社会運動・市民運動・住民運動，特に当事者主体の運動に支えられて初めて現実のものとなった。それらは，現代の実践への教訓と課題を示している。ここでは，日本で最初の人権宣言と言われている「水平社宣言」(1922 年)を取り上げてみよう[8]。

　同宣言は，四民平等・賤民身分廃止の理念に基づく「解放令」(1871 年太政官宣告)にもかかわらず，そして政府による融和政策・地方改良事業の展開にもかかわらず，根深く存在していた部落差別に対して，同情・融和を乗り越え，「吾等の中より人間を尊敬する事によって自ら解放せんとする者の集団運動」を起こすことを宣言したものである。宣言の最後にある「人の世に熱あれ，人間に光りあれ」という文章はよく知られているが，その綱領が，①特殊部落民は部落自身の行動によって絶対の解放を期す，②吾々特殊部落民は絶対に経済の自由と職業の自由を社会に要求し以て獲得を期す，③吾等は人間性の原理に覚醒し人類最高の完成に向かって突進す，と謳っていることにも注目すべきである。

　①ついて重要なことは，政府や各種団体による同情・融和活動を批判しつつ，部落民自身の「自ら解放せんとする者の集団運動」を提起していることである。そこには「人間をいたわるかのごとき運動は，かえって多くの兄弟を堕落させた事」への反省がある。全国水平社結成の大きな推進力として，奈良県の部落青年知識人の活動があったことはよく知られている。その中心人物とされる西光万吉は西光寺住職長男であったが，画家志望であり，部落出身青年であることから生まれる精神状況の中で，当初は絶対避妊論や自殺賛美論を主張していたと言われる。そこから，いかにして集団的自己解放の理論と実践を展開していったかが注目されなければならない。

　②は，近代的人権としての経済的・職業的自由(封建的身分による制約＝

王権・領主権・教権からの自由)を示すが，それらが主張される社会的背景としては，大正デモクラシー，特に米騒動，小作争議などの影響を無視できない。西光らが部落解放運動をする前の実践として，部落の生活改善や相互扶助運動があったことを踏まえておく必要がある。すなわち，彼らが結成した「燕会」は低利融資，消費組合，団体旅行，夜話および講演会，「家の組合」を目的とした自助組織であった。「家の組合」は実行にまで至らなかったが，消費組合運動は部落民の生活改善に重要な役割を果たした。こうした経過を踏まえて初めて，「経済の自由と職業の自由」と結びつけて，政治的・社会的な差別克服が主張されていることの歴史的・実践的重要性が理解できるのである。

　③については，キリスト教思想と結びついた賀川豊彦の消費協同組合運動や当時の真宗教団改革運動の影響もあるが，特に集団的自己解放の重要性を指摘したマルクス主義者・佐野学による「特殊部落民解放論」が重大な影響を与えたとされている。しかし，水平社創立趣意書(『よき日の為めに』)をみるならば，佐野のほか，ウィリアム・モリス，ロマン・ローラン，ゴーリキー，聖書，親鸞からの引用が多く，これら古今東西の「人間性の原理」に関わる思想を自分たちなりに捉え直して，「人間を尊敬する事」の上に立った集団的自己解放を宣言しているのである。

　そもそも，「水平社」という名称は，17世紀イギリスの市民革命(「ピューリタン革命」＝クロムウェル革命，1649年)の時代に活動した「水平派 Levellers」からとられたものである。それは，同じピューリタニズムであっても，①長老が礼拝・規律を監督する権威主義的な「長老派 Presbyterians」，②農村の独立自営農民と都市の自由民を基盤に，財産権の保護と制限された選挙，各教会の独立性・自律性を主張する「独立派 Independents」＝クロムウェル派に対して，③ロンドンを中心とする都市手工業の下層生産者たちを基盤に，「自然権」に立脚し，全人民の完全同意と普通平等選挙により選出された政府を要求する「革命派」であった。これらに対して，貧しい小作人たちの要求を背景にし，所有権の廃止，財産の共有，土地の共同耕作を主張した「真の水平派」として「農耕派 Diggers」があった。「水平社」は，

このような階級的思想配置の中で「レベラーズ」からフランス革命につながる思想と実践を引き継ごうとしたのである。

　以上，水平社宣言は日本で初めての人権宣言としての理念的な意義だけでなく，現在のあらゆる社会的排除問題を考える上での実践的教訓に満ちたものであった。特に「人間性の原理」の理解→生活改善運動（「人間をいたわる」活動を含む）→自己解放運動→社会改造という発展，思想的には，自由主義→改良主義→革新主義→改革主義という方向性に注目すべきである。それぞれの理解には，現在からみれば歴史的限界があったと言えるが，これらは社会の諸レベルにおける現実的運動のサイクルをなし，近現代の歴史の全体がこれらの螺旋的展開をなしていると考えることができる[9]。

　水平社創立趣意書『よき日の為めに』は，赤インクで書かれた，次のような文章で終わっている。すなわち，「吾等は唯，無意識に社会進化の必然に押し流されてゐた。……しかし，それがどうして変るのか，またどう変へねばならぬかが，わからなかった。よし幾らかそれがあっても，少なくとも自分から新境遇を来らせるために，闘はうとはせなかった。」，と。ここで，学習活動とは「なりゆきまかせの客体からみずからの歴史を創造する主体に変えるもの」であるというユネスコの学習権宣言(1985年)を想起することができよう。

　述べられていることは，社会の仕組み(構造)を理解し，その歴史的変化の方向を「意識的に」捉えることを通して，初めて自分たちの境遇をどのように変えるかを考えることができるのだということであろう。歴史の研究は現在を理解し，新しい未来を切り拓くためにこそあるが，それは社会の構造的理解があってこそ生きてくるものである。

　ところで，水平社宣言で主張された「人権」については，戦後の憲法・教育基本法体制によって再確認され，拡充されたと言ってよい。しかし，実質的な部落差別，部落民の貧困の状態は強固に残った。それを克服するための運動は多様に展開され，教育的には就学・進学率の低さ，学力の低さなどを克服することが大きな課題となってきた。特に同和対策特別措置法(1969年)以降の「同和対策」によって展開された諸事業，地区・学校での特別な

体制と資金投入による取り組みがなされてきた。

　しかし，21世紀になって教育政策の最大の重点となってきた「学力問題」をとっても，なお「部落の低学力問題」は克服されたとは言えない。ここでは，今日の教育のあり方に関わる社会的排除の重要な一環であるこの問題と，それへの取り組みの方向について触れておこう。

　「部落の低学力問題」の原因としては，これまで「差別と貧困の同居」，「不平等な機会構造」，「世代累積的な負のストック」，学校と同和地区の「文化的不連続」，そして急激に浸透する「消費社会・情報化社会の波」や「成人の学力問題」などが指摘されてきた[10]。最近では，同和地区内外の格差は文化階層や親学歴による格差より大きいことを確認しつつ，それらを社会的排除の視点から問題とし，その克服のために「効果ある学校 effective school」あるいは「力のある学校 empowering school」の実践を提起するというような研究も生まれてきている[11]。

　そうした実践においては，子どもの集団づくり，教師集団のチームワーク，親との連携など，「協同の教育」の重要性が指摘されているのであるが，さらに地域住民を含めて当事者がともに学び合い，「ともに育ち合う地域」づくりの実践の一環として学校改革を進めていくことが求められてきている。われわれは，そうした実践を日本全国の地域再生＝教育再生の運動，そしてグローバルに広がる「もうひとつの学校 alternative school」を目指す運動の中にみることができる[12]。本編では，地域全体に広がる社会的協同活動と結びつけて学校づくりを進めてきた，韓国の「地域教育共同体」運動や，釧路市における「もうひとつの学校」を紹介している。

第3節　社会的協同の現代的実践構造

　さて，1960年代末葉以降の現代は，日本で「政治的国家―市民社会―経済構造」の枠組みが本格的に適用できる時代であるが，同時に，J.ヤングが「排除型社会」と呼ぶ後期近代社会(ポスト・フォーディズムの社会)の特徴が現れてくる時代でもあった。前編第1章では，ヤングの理解の限界も含め

表6-1　社会的協同の展開と自己教育活動

自己教育活動	マイペース酪農	農村女性起業
意識化 1970年代前半	労農学習会 近代化農政・農協批判 高額借金＝離農者を出さない	農家食料自給率20% 米の減反政策対応 自給野菜づくり
自己意識化 1970年代後半から	経営技術研究会 生産学習と生活反省 生活と経営の一体化	消費者化反省 直売による交流 農業・農村の見直し
現代的理性形成 1980年代後半から	未来を考える集会 風土に生かされた農業 土・草・牛・人・地域の連環	農産物加工，食堂，農業体験から地域農業再建へ
自己教育主体形成 1990年代〜	未来集会プラス交流会 生活・福祉・教育へ 自治体行政との連携	NPO・第3セクター，福祉・生涯学習を含めた村づくり計画

て，そうした特徴に触れた。この時代における社会的排除を克服する「社会的協同」の運動は，多様な領域において展開されているが，注目すべきはそこにおいて学習活動の重要性が理解されてきたということである。

　それは，地域住民が社会的排除の状態を，単に社会構造や政治の問題としてだけでなく，自己疎外の問題として捉え直し，それを克服するために，自らの生活と仕事のあり方を問い（問題の意識化），自らの力を捉え直し信頼して（自己意識化），自らを取り巻く世界を変えていこうとする際に求められる「現代の理性」（実践的・協同的・公共的理性）を形成していく運動である。そうした運動に伴う学習活動は，何のために，どのような内容の学習をどのように進めていくかをわがものにしていく（自己教育主体の形成過程）という意味で，まさに「自己教育活動」の展開にほかならない。

　ここではその展開を，北海道別海町を中心に取り組まれてきた「マイペース酪農」学習運動と全国的に展開していった農村女性起業活動にみておこう。その概要は表6-1のようである。

　北海道は戦後日本の食糧基地として位置づけられ，高度経済成長期には「近代化農政」の優等生と評価されてきた。特に「新酪農村」として大規模な国家的開発プロジェクトが展開された別海町は，ヨーロッパ水準をも超える酪農経営が創出された地域として，日本の最先端を行く農業地域とされて

きた。しかし，その内実は，「ゴールなき規模拡大」の下，離農が急速に進み，残った農家は多額の借金を抱え，多忙化による生活の歪みは健康障害までもたらすと同時に，乳牛や農地の「健康破壊」が問題にされるようになってきた。

　別海町の学習運動は，当初，そうした事態をもたらした農政の批判的学習を進めるのであるが(「意識化」)，次第に，「近代化農政」のイデオロギーに取り込まれ，自らの足下を見失ってきた生活や生産のあり方自体を問い直すことになる(「自己意識化」)。そして，土・草・牛・人すべてが健康になるような，地域と自らの土地・自然的・歴史的条件(風土)に根ざした「マイペース酪農」を追求するようになるのである(「現代的理性形成」)。そうした思想は，生産のあり方だけでなく，生活・福祉・教育などにも及び，やがて自治体行政とも連携した地域づくりを志向するようになってくる。そのような実践を生み出すような自己教育活動の発展が，地域集会＝「別海酪農の未来を考える学習会」と対話学習会＝「マイペース酪農交流会」を軸とする学習の構造化(「自己教育主体形成」)であった[13]。

　21世紀の別海町において急速に発展してきている生活福祉領域の活動としては，厚生企業組合「すずらん」が注目される。母体となった別海企業組合のホームヘルパー養成講座を前提にして，そこで育った農村女性による在宅福祉活動への参加(訪問会議)から始まったその協同運動は，地域福祉実践への住民参加の領域を拡大しつつ(居宅支援，グループホーム，デイサービス，介護ハイヤーなど)，2007年度には約3億円の事業高を挙げる地域産業にまで成長した。そして，その後は利用者の立場での政策提言，地域づくり活動への参画なども行うようになってきている。

　ここでは，やや一般的に，表に示した時期において多様な展開をしてきた農村女性を中心とした社会的協同実践として，起業活動の展開過程に触れておこう。

　農村の連帯経済としての女性起業[14]は，1970年に始まる米の減反政策で減った収入を補うため，また，農家でありながら自給率が20%を割って消費者になってしまった生活の反省(問題の「意識化」)を踏まえて，自らの生

活を変えていく運動の一環として，減反田で自給野菜づくりをすることから始まった。それはやがて生産物の直売をするようになり，消費者との交流が深まるようになるにつれて，さらに農産物加工，それを食べるための食堂，それらと農業を体験することのできる事業へ拡大し，全体として複合化が進展した。その活動は生活の見直し(「自己意識化」)を含んでいるがゆえに，やがて福祉活動を行い，次第に村ぐるみの事業となっていく。それは，NPOや「第3セクター」など，さまざまな形態をとって展開している。21世紀に入っても拡大しつつある農村女性起業は，①新しい農業経営と地域農業の方向の提示，②雇用の創出，③コミュニティの再生，④女性のエンパワーメント，⑤組織活動のオルタナティブの提示などの意義をもつものと理解されてきており，多様な広がりをみせている(「理性形成」)。

　社会的に排除された人々と地域における社会的協同運動は，都市的地域においても展開されている。ここでは，失業者・高齢者による労働者協同組合の事例を挙げておく。

　労働者協同組合センター事業団は，失業対策事業の縮減の中で，自分たちで収入を獲得できる仕事を確保するために設立された。当初は，地方自治体や病院から清掃・物流・施設給食などの仕事を受託していたが，次第に「自分たちさえよければ」という考え方を乗り越えて，地域・社会的課題に応えていくことを大切にするようになる。そこから，仕事だけでなく生き甲斐・福祉を自分たちの手でつくり出す協同組合＝高齢者協同組合が生まれる。それはさらに，地域福祉の主体者になる方向につながり，地域で「新しい福祉社会の創造」を目指す地域福祉事業所を設立する。その実践はさらに，介護保険・指定管理者制度への参画によって自治体との関係を深めながら広がってきており，「利用者との協同」「地域との協同」「働く人同士の協同」という3つの協同を進めている。その中から，①利用者・市民を主体者に，②公共サービスを地域再生・まちづくりの拠点に，③協同労働を通して働く人たちの主体性を発揮する，④新たなニーズに応える仕事おこしの拠点に，という「基本姿勢」が生まれてきている(「協同的・公共的理性形成」)。

　重要なことは，こうした社会的協同運動には学習活動，それも「現代生涯

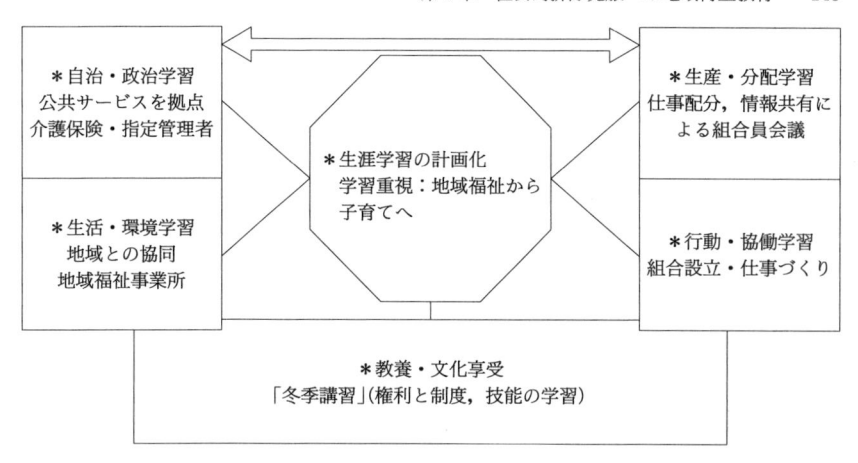

第6章　社会的排除克服への地域再生教育　143

```
┌─────────────────┐                    ┌─────────────────┐
│ ＊自治・政治学習  │                    │ ＊生産・分配学習  │
│ 公共サービスを拠点│                    │ 仕事配分，情報共有に│
│ 介護保険・指定管理者│                 │ よる組合員会議    │
├─────────────────┤   ＊生涯学習の計画化 ├─────────────────┤
│ ＊生活・環境学習  │   学習重視：地域福祉から│ ＊行動・協働学習  │
│ 地域との協同      │   子育てへ         │ 組合設立・仕事づくり│
│ 地域福祉事業所    │                    │                 │
└─────────────────┘                    └─────────────────┘
              ＊教養・文化享受
              「冬季講習」(権利と制度，技能の学習)
```

図6-1　失業者・高齢者の企業組合・労働者協同組合の展開

学習の基本領域」の展開が含まれているということである。それらを図6-1に示そう。

　以上でみてきたように，社会的排除問題に取り組もうとする農村と都市のいずれの社会的協同実践においても，序章の表0-1で示したような学習実践（現代生涯学習の基本領域）の展開がみられるのであり，そうした学習を通して，消費者→生活者→労働者→生産者→地域住民（地域づくり主体）への主体形成の方向性をみてとることができるのである。

第4節　社会的包摂活動と「社会的企業」の論理

　さて，序章でも触れたように，社会的排除問題を克服しようとする社会的協同実践の展開は，政治的国家と経済構造の論理とは区別された市民社会の活性化とコミュニティの再生につながるものである。それゆえ，社会的協同を担う組織は，一般にNPO（非営利組織）やNGO（非政府組織）と呼ばれてきた。

　ただし，これらは主として英語文化圏で使用されてきた用語であり，ヨーロッパでは「社会的経済 econommie social」（協同組合，共済組合，ボラン

ティア組織など)が政策にも位置づけられ，1990年代後半以降は，社会的排除問題に取り組む組織としては「社会的企業 social enterprise」が取り上げられ，ヨーロッパを超えた国際機関でも重視されてきた。日本では，1998年の特定非営利活動促進法以来，NPOの呼称が一般化しているが，制度的には各種公益法人や協同組合法人とは区別されている。

今，社会的目的をもって事業活動をする組織を「社会的企業 social enterprise, social business, or community business」とすれば，それがその社会的目的通りの活動をしようとすれば，政治的国家からの官僚化・国家＝行政機関化と経済構造からの商品化・資本化傾向を不断に克服していくことが不可欠である。まさに非営利・協同の論理の追求が求められるのであるが，それを支えるものとして注目されてきたのが，「社会的(ないし社会関係)資本 social capital」すなわち関わる人々の相互信頼に基づき，互恵・互酬の活動をする人間関係のネットワークである。

しかし，社会的資本は人々を包摂すると同時に排除する機能を果たす場合もある。そこで問われるのは，「協同」関係の質である。実際の社会的協同活動では，多様な質の協同関係が重なり合っている場合が多い。多様な協同活動を援助・組織化する「中間的支援組織 intermediary」の役割も注目されている。筆者はこのような動向を踏まえて，地域の現場で社会的協同活動を進めるためには，「協同・協働・共同の響同」[15]による社会的協同の「ハイブリッド的展開」が当面する重要な課題となることを提起した。

社会的排除問題の克服に取り組むことができるような「地域再生 community regeneration」は，以上のような社会的協同実践の展開があって初めて可能となるものであると言える。それは，人権＝連帯権，生存＝環境権，労働＝協業権，分配＝参加権，そして参画＝自治権と展開する現代的社会権を実現する運動である。われわれはすでに，社会的排除問題に取り組む社会的協同実践として，特に「社会的企業 social enterprise」を取り上げ，その基本的性格と課題を検討している[16]。社会的企業は，特にイギリスにおいて社会的包摂政策の重要な一環として位置づけられているが，単に「生活擁護」のための福祉事業を行う民間組織や「雇用」代替の「労働参加」形態で

はなく，非営利・協同の「社会的経済」の発展と考えるべきである[17]。日本では特定非営利活動促進法(1998年)以来，NPO が注目されているが，既述のような農村女性の起業組織や都市被排除層の労働者協同組合・企業組合ほか，諸種協同組合運動にも広げて考えることができる。

　本章ではより視野を広げて，日英韓における社会的協同の実践例をみていく。ここでは，今日求められているグローカルな視点の重要性を踏まえて，バングラデシュで貧困克服のためのマイクロ・クレジット事業を展開し，それを国際的運動にまで広げて，2006年にはノーベル平和賞を受賞した「グラミン(農村)銀行」の例を挙げておきたい。

　同銀行総裁のムハマド・ユヌスはグラミン銀行を「社会的企業 social business」＝社会貢献を目的とする企業としている。それは現在の金融危機＝世界同時不況をもたらした投機的・多国籍金融資本の対極にあるものであり，今日，支配的な政策や市場・企業の理念とは根本的に異なる。貧困をあらゆる人権(特に女性と子どもの人権)の剥奪と理解した上で，社会的企業は，何よりも人間そのものとその自発性・積極性，人間の「内なる能力」(自分の保身や私的利益を追求するだけでなく，人々の幸福増大のために貢献しようとする力)と「人間の創造性に対する揺るぎない信頼」に基づくものであり，その現実化のための運動であり事業活動だということにある[18]。

　もちろん，ポスト・コロニアルと呼ばれている現段階の世界システムにおける歴史的・文化的・制度的差異などは踏まえられなければならない[19]。しかし，それらの議論をしなくとも，グラミン銀行では脱官僚化・脱国家(行政)機関化の方向が明確であり，旧来的な商品や資本の理解を脱するという意味での脱商品化・脱資本化傾向もみられる。

　同銀行は，「企業家としての能力は実際には普遍的」だという理解を基本にして，特に生計を立てるための自然な方法としての(特に女性の)「自己雇用」(自営・共同経営)を推進している。貧しい人々に新しい技能を教えるよりも，彼らがすでにもち合わせている「生存のための技能」を発揮するように援助することに焦点を合わせたのである[20]。それはマイクロ・クレジットを展開する金融事業を核にして展開されているのであるが，グラミン銀行は，

「4つの原則」(規律，団結，勇気，勤勉)に始まり，家族，健康，子どもの教育，助け合い，そしてあらゆる社会活動への参加を謳った「16条の決意」を掲げてきた。それらは人権保障というだけでなく，自然と人間の共生，コミュニティの再生という視点も重視するものであり，具体的な実践においては，表0-1に示したような社会的協同活動，それに伴う自己教育活動の展開をみることができるのである。

　その方向は，青年・成人教育の目的は，「人々と地域社会が当面する諸挑戦に立ち向かうために，みずからの運命と社会を統制できるようにすること」だとしたユネスコ国際成人教育会議「成人学習についてのハンブルク宣言」(1997年)の提起に重なる[21]。ユヌスは，貧しい人々に「彼ら自身の運命を統御する能力」があれば，彼らはもっと多くのことを達成することができると言い，特に彼らが自身のコミュニティをつくり，拡大し，改良する能力を強化するために「地方自治の民主的制度の創設」を強く主張している[22]。

　先進国に住むわれわれも，こうした視点からあらためて地方自治制度を見直し発展させていく必要があるが，地域再生のためのさまざまな政策が展開され，地域政治経済の全体的あり方が問われ，地域内循環と地域内再投資が提起されている今日[23]，「金融的排除」克服に取り組みながら，社会的に排除されていた地域住民のエンパワーメントを援助・組織化しているグラミン銀行による地域金融事業実践から学ぶことは多い。日本では，多重債務を生む「貧困ビジネス」や，銀行資本による「貸し渋り」や「貸し剝がし」，自動車・電機など中核産業にも「派遣切り」や「雇い止め」が横行し，社会的排除問題を深刻化させているような現状がある。それらを批判・規制・改革する上で，「すでに始まりつつある未来」としての「社会的企業」の実践に学ぶべきものが多いように思われる。

第5節　協同学習を進める地域再生教育へ

　「人間の創造性」に対する信頼に基づき，社会的排除問題に取り組む社会的協同実践には，自主的・主体的な学習活動が含まれ，しばしば学習活動の

重要な位置づけがなされている。その生涯学習論的・社会教育的意義を考えるとき，まず，学習は本来社会的実践だということが踏まえられなければならない。そうすると，社会的協同実践の学習実践としての捉え直しの必要性が明らかになるであろう。

そもそも学習は人間が人間であるための基本的な活動であり，ユネスコの「学習権宣言」(1985年)が言うように，「人権中の人権」である。その学習を援助・組織化する教育は人間と人間との関係において生まれ，教育する者と教育されるものが学び合う関係があって初めて成立するという意味において社会的実践であり，社会参加の活動である。したがって，学習ができなくなるということ，あるいはその条件が十分に保障されていないことやそれが失われることが，まさに社会的排除にほかならないのである。

多様で異質な諸個人が一定の目的のために協働し合う社会的協同組織は，学習実践の創造(学習者の意識変革過程)を不可欠のものとして含む。それは，最近の学習理論に言う「活動システム」(エンゲストローム)であり，「実践共同体」(レイヴ／ウェンガー)である。「NPOの教育力」が注目されているのは，それゆえである。

ボランティア活動やその発展としてのNPO活動などの地域行動・社会行動の基本的性格は，直接的には①自発性・主体性・行動性である。それは「なすことを学ぶ」「なすことを通して学ぶ」過程である。しかし，社会的目的をもったミッションを掲げ，継続的に事業活動をする社会的企業などは，それにとどまらず，②協同性・自治性の形成が重要な価値をもっている。それが地域再生を意識しているときは特にそうである。そして，それが地域社会の発展計画づくりを意識するようになると，さらに③公共性・計画性が重要な価値となってくる。

今日求められている地域再生に関わる学習を援助・組織化する「地域再生教育」[24]を進めるためには，以上のような価値形成＝意識変革を含む学習活動を重要なものとして位置づける必要がある。特に社会的排除問題に取り組むためには，国連の「21世紀教育国際委員会報告」(1996年)が提起した「学習4本柱」，すなわち「知ることを学ぶ」「なすことを学ぶ」に加えて「人間

として生きることを学ぶ」ことと「ともに生きることを学ぶ」ことを，それぞれの地域で創造的に発展させることが重要である。

　今日，それらを含めた地域生涯教育計画づくりが求められている。それは，社会的排除問題を克服する「排除から学び合いへ」の学習，競争の教育に代わる「協同学習 cooperative learning」を推進するものであり，学校を「学びの共同体」とすることを超えて，学校教育と社会教育・生涯学習，大人の学びと子どもの学びを結びつけ，戦後改革期に城戸幡太郎が構想した「地域教育協同体」を現代的に創造することにつながるものとなるであろう[25]。

注
1) G. W. F. ヘーゲル『法の哲学』(『世界の名著』第35巻，藤野渉・赤澤正敏訳，中央公論社，1967(原著1821)，p. 595。
2) K. マルクス『経済学批判』杉本俊朗訳，大月書店，1953(原著1859)，pp. 15-16。
3) D. フォーガチ編『グラムシ・リーダー』東京グラムシ研究会監修・訳，御茶の水書房，1995(原著1988)，pp. 220, 282。グラムシについては，竹村英輔『グラムシの思想』青木書店，1975；松田博『グラムシ研究の新展開』御茶の水書房，2003；鈴木敏正『エンパワーメントの教育学』北樹出版，1999，など。
4) 市民社会論の現代的特徴については，吉田傑俊『市民社会論』大月書店，2005。
5) J. ハーバマス『第2版　公共性の構造転換——市民社会の一カテゴリーについて』未来社，1994(原著1990)，「1990年新版への序言」。
6) B. ジェソップ『資本主義国家の未来』中谷義和監訳，御茶の水書房，2002(原著2005)，pp. 323, 334, 340-343。
7) 田畑稔ほか編『アソシエーション革命へ』社会評論社，2003；松田博『グラムシ思想の探求』新泉社，2007，など。
8) 被差別部落問題の歴史については，渡部徹「部落解放運動」『岩波講座　日本歴史18』岩波書店，1975；今西一『近代日本の差別と村落』雄山閣出版，1993，など。特に水平社宣言については，鈴木良『水平社創立の研究』部落問題研究所，2005，を参照。
9) この点，鈴木敏正『教育の公共化と社会的協同——排除から学び合いへ』北樹出版，2006，第III章を参照されたい。
10) 原田彰編『学力問題へのアプローチ——マイノリティと階層の視点から』多賀出版，2003，序章参照。
11) 苅谷剛彦・志水宏吉編『学力の社会学——調査が示す学力の変化と学習の課題』岩波書店，2004，第9および10章；鍋島祥郎『効果のある学校——学力不平等を乗り越える教育』部落解放人権研究所，2003；志水宏吉『学力を育てる』岩波新書，2005。

12) 鈴木敏正『新版　教育学をひらく——自己解放から教育自治へ』青木書店，2009，第5章；永田佳之『オルタナティブ教育』新評論，2005。
13) 詳しくは，山田定市編『地域づくりと生涯学習の計画化』北海道大学図書刊行会，1997，第3編，特に第1章参照。
14) 岡部守『農村女性による企業と法人化』筑波書房，2000；岩崎由美子・宮城道子編『成功する農村女性起業』家の光協会，2000；藤森文江『「食」業おこし奮闘記』農文協，1999，など。
15) 鈴木敏正『生涯学習の教育学——学習ネットワーキングから』北樹出版，2004，第Ⅲ章。
16) 鈴木敏正『教育の公共性と社会的協同』前出，第Ⅳ章。
17) 塚本一郎・柳澤敏勝・山岸秀雄編『イギリス非営利セクターの挑戦——NPO・政府の戦略的パートナーシップ』ミネルヴァ書房，2007；中川雄一郎『社会的企業とコミュニティの再生——イギリスの試みに学ぶ』大月書店，2005。
18) ムハマド・ユヌス『貧困のない世界を創る——ソーシャル・ビジネスと新しい資本主義』猪熊弘子訳，早川書房，2008(原著2007)，pp.106-107，378-379。
19) それは20世紀社会科学を代表する社会学の領域からも，社会科学に対置される人類学の領域からも提起されている。例えば，庄司興吉『社会学の射程——ポストコロニアルな地球市民の社会学へ』東信堂，2008；竹沢尚一郎『人類学的思考の歴史』世界思想社，2007。
20) 同上，pp.104-105，189。
21) ハンブルク宣言については，鈴木敏正『エンパワーメントの教育学——ユネスコとグラムシとポスト・ポストモダン』北樹出版，1999，資料と第2章参照。
22) ムハマド・ユヌス『貧困のない世界を創る』前出，p.193。
23) 中村剛治郎『地域政治経済学』有斐閣，2004；岡田知弘『地域づくりの経済学入門』自治体研究社，2005。
24) 地域再生教育については，鈴木敏正・玉井康之・川前あゆみ編『住民自治へのコミュニティネットワーク——酪農と自然公園のまち標茶町の地域再生学習』北樹出版，2010，を参照されたい。
25) 鈴木敏正『新版　教育学をひらく』前出，同『現代教育計画論への道程——城戸構想から「新しい教育学」へ』大月書店，2008。

第7章　日本の若者支援政策の端緒的形成と展望
　　　——参加とユースワークのポテンシャル

横井敏郎

第1節　課　題

　格差と貧困の拡大に対して，いかにしてより平等で公正な社会を実現するか，その構想を明らかにすることが喫緊の課題として浮上している。とりわけ若年層において深刻な事態が生じており，同層の格差が社会格差の重要な要素ともなっている。失業率や非正規雇用の比率が若年層，とりわけ10代後半から20代前半の世代で顕著に高くなっているのは周知のことであろう。また不登校や高校中退，引きこもりなど，社会的な関係を結ぶ機会をもちにくい状況にある子ども・若者の存在も指摘されている。

　しかしながら，いわゆるフリーター・ニート問題をはじめ，こうした子ども・若者たちの困難は格差や貧困，社会的排除の問題としてよりも，若者論として語られてきた。筆者は，この数年，国，地方の行政機関や経営者・経済団体などを訪問しているが，そこでしばしば聞かれたのは，若者たちの「辛抱の足りなさ」や「意欲のなさ」，であり，学校と家庭の教育力の欠如という批判であった。今日のフリーター・ニート論は，かつてのパラサイトシングル論といまだ連続性をもって語られており，排除や貧困の問題として検討されるべきであるにもかかわらず，彼らの人間的な未熟さに要因を求める若者論として語られる傾向がある[1]。

　『平成16年版労働経済白書』は，15〜34歳の若年無業者（非労働力人口のうち，家事も通学も行っていない者）が52万人に上ると発表し，マスコミは若い世代に「ニート」が大量発生していると報道した。しかし，同白書が用

いている「労働力調査」は「完全失業者」が少なく算出されるため問題があるとされているものであり，その数字自体を検証する必要があるが，こうした若年無業者の増大傾向は，多様な形態の非正規雇用の大量出現によって，多くの若者が不安定就労の中に置かれるようになり，就業—失業の単純な二分法で事態を捉えるのが難しくなっていることを示している[2]。若者たちはこれまでとは異なる移行の経路を探し，新たなライフコースを歩んでいかなければならなくなった。

こうした排除と貧困による若者の困難に対して，ヨーロッパ諸国では早くから支援策が模索され，1990年代からはEUが社会的排除との闘争を宣言して，若者の社会的包摂に向けた取り組みが進められている。また日本でも先年，ようやく若者支援政策が開始された。しかし，社会的排除が多次元性をもって発生するものであり，社会的包摂政策も多次元的な側面，複数の領域から実施されなければならず，どの国も若者支援の原理と方法をめぐって模索を続けている。

そこで，若者支援政策の原理と方法を明確にするため，本稿ではまずヨーロッパの若者移行政策研究の知見に学び，若者政策の類型や論点，今後の方向性について整理する。次に，それを念頭に置きながら，2000年代前半に打ち出されたわが国の若者支援政策について，その推移と性格，課題を明らかにする。この2つの作業を通じて，これからの日本の若者支援政策の方向性について考えたい。

第2節　ヨーロッパの若者移行政策のアプローチと領域

1　ヨーロッパの若者移行政策——アクチベーションとホリスティック・アプローチ

ヨーロッパの多くの国々で若者の移行の困難に対する政策として採用されているのが，アクチベーション（activation）である。これは，個人レベルでの支援に重点を置いて，若者の労働市場への統合，あるいはより広い社会的

包摂を目指すものである。

　フォーディズム時代に形成された若者の教育から雇用・市民生活への移行の形態は国によって異なっており，それが現在においても依然として規定力をもっている。ウォルツァーは，エスピン=アンデルセンの福祉レジーム論を応用して，現在のヨーロッパにおける若者の「移行レジーム」に，準保護型(イタリア)，雇用中心型(ドイツ)，普遍型(デンマーク)，ポスト社会主義型(ルーマニア)，リベラル型(イギリス)の5つの類型を見出せるとしている。ただ，彼は，そうした移行の多様性が存在しながらも，若者の社会的排除の発生は共通しており，どこの国でも若者政策はアクチベーションに収斂して実施されてきているという[3]。

　このアクチベーションについて大きく2つのアプローチに区別することができると，コバチェヴァとポールは指摘している。すなわち，①労働市場統合に限定されたタイプと，②社会的包摂に向けたより広いタイプの2つである[4]。前者はネガティブ・インセンティブと外因的な動機づけの考え方に基づき，給付の限定やサンクションを提示して雇用に向かわせようとするものであるが，雇用への統合に限定し，失業から雇用へ至った者の数を増やすことで成果をはかるこの〈労働市場統合限定タイプ〉では，逆にモチベーション(motivation)が弱まり，非参加という副作用が生じる。これに対して，後者はポジティブ・インセンティブと内因的な動機づけの考え方に基づき，幅広い教育・訓練の選択肢やカウンセリングの機会を用意して包摂をはかろうとするものである。個人のニーズと期待を起点において，学校・職業ガイダンスセンター・雇用サービス・地方自治体・コミュニティの幅広いアクターの分野横断的な連携の下，教育，キャリア開発，各個人の成長のステップを含み込んだ〈広い社会的包摂タイプ〉の方がうまく社会的統合を果たすことができると，コバチェヴァとポールは評価している。

　〈広い社会的包摂タイプ〉を評価する上で重視されるのが，ホリスティック・アプローチである。〈労働市場統合限定タイプ〉は狭いエンプロイアビリティを重視するが，このアプローチはそれを超えて，若者支援のゴールをライフマネジメントスキルや，ライフコンピテンシーとしての社会的人格的身

体的なスキルにまで拡張する。コバチェヴァとポールは，各国の若者政策の分析から，積極的に評価できる取り組みの要因として，個人のライフパースペクティブとニーズを出発点に置くことの重要性に注目している[5]。

　彼らが個人のモチベーションに焦点を当てるのは，失敗を個人の責任に帰すのではなく，若者たちの脱標準化された成長と自律のプロセスにおいて，彼ら彼女らが自らの資源を活用していけるようにするためである。若者の移行と社会統合を効果的に進めるには，個人を単に訓練・雇用に導き入れるという制度的レベルの目標の実現だけを考えるのではなく，主観的に意味のある人生にアクセスする機会を若者たちに与えること，若者自身をそこでのキーアクターとすることが重要である。若者の移行や社会統合を妨げる構造的バリアを取り除こうとするプログラムや施策も，狭い制度的パースペクティブや制度的思考からでなく，若者のライフパースペクティブと個人の志向性，価値，スキルに基づいて捉えなければならない。移行プログラムや政策手段は，当事者に実際に届いて初めて効果を発揮するのであり，そのためには財源，配置，制度間のコミュニケーション・ネットワーク，参加資格の無条件性や無差別性といったアクセス可能性を高める条件の確立とともに，それらのプログラムが当事者の目からみて価値あるものとして映らなければならないというのである[6]。

2　若者移行政策におけるユースワーク

　ウォルツァーも，心理学の知見に基づき，同様のことを指摘している。モチベーションは，ゴールが自己選択的なものであれば内因的であり，誰かに課されれば外因的となる。アクチベーションは，個人の選択がネガティブな結果に結びつくという単純な動機理論を採用しており，モチベーションは個人の特性とみなされている。しかし，モチベーションとは自己効力感(self-efficacy)と経験の相互作用の結果として説明されるものであり，資源と機会へのアクセスのあり方に規定されている[7]。

　このような見地に立てば，若者政策のキー概念として参加が浮かび上がってくる。しかし，参加はさまざまな文脈において幅広い意味で使われており，

参加というだけでは，それによって若者に何がもたらされるかは明らかにはならない。では，上のような意味での参加が可能になる方向性をもっているのは，どのような政策なのだろうか。

ウォルツァーは，若者移行政策を①労働市場，②教育訓練・福祉，③ユースワーク(youth work)の3つのセクターに区分した上で，参加概念を検討している[8]。まず，①労働市場セクターでは，エンプロイアビリティが中心的概念であり，需要と供給の市場システムに従う労働力となることが参加とされている。②の教育訓練では，生涯学習を除けば，若者の側の積極的な影響力をほとんど期待しておらず，福祉では，ホリスティックな観点から個人に対応する必要が示唆されてはいるものの，参加は個人の貢献と給付の関係システムの一部として位置づけられている。これに対して，③ユースワークは，エンパワーメントの視角から若者を1人の個人として捉える。若者の学習可能性や能力，関心に信頼を置き，ノンフォーマル教育を通じて，それらを引き出そうとするのが参加である。

ここではユースワークの参加論に高い位置づけが与えられている。もちろん，他の2つのセクターの存在自体を否定しているのではなかろう。しかし，若者たちを自らの「ニーズ解釈」[9]に巻き込んでいかなければ，若者がシティズンシップを獲得すること自体も困難になる。社会的権利が受動的な参加に置き換えられたり，官僚的基準の押しつけやリスクと排除の個人化が生じたりすることを避けるためには，福祉は能動的な参加と結びつけられなければならない。シティズンシップと社会統合に伴うジレンマを解くカギは参加にあり，ウォルツァーはその可能性をユースワークにみているのである。

このような検討から，ウォルツァーは2つのアクチベーションの解釈を示している。1つは，個人の活動をサポートの前提条件とする「社会—政治的解釈」である。もう1つは，個人の強みを探し，高めていくためのサポートを提供する「教育的解釈」である[10]。これまでの論述から，後者の優位性は明らかであろう。それは人間の発達可能性に依拠した解釈であり，〈発達的解釈〉といってもよいものである。人間の発達は，他者および社会的文脈との間の関係を通じてもたらされるものであり，若者に他者との関係性を育ん

だり，何事かをなしたりする機会と空間が必要である[11]。それゆえに，参加が重要になってくるのである。

　以上のように，ヨーロッパの批判的若者移行政策研究は教育訓練と労働市場への適応を主眼とする〈労働市場統合限定アプローチ〉と，構造的機会へのアクセスや若者の自発性の発揮を容易にしようとする〈広い社会的包摂アプローチ〉の2つのアクチベーションを区別し，若者の発達可能性に信頼を置き，個人のライフパースペクティブとニーズを尊重して参加を引き出そうとする後者の考え方を重視していた。また，労働市場，教育訓練・福祉，ユースワークの3つの若者移行政策セクターでは，ユースワークに若者の参加促進の可能性を見出していた。

　もっとも，ユースワークだけで若者の移行は完結するわけではない。アクチベーションが若者の移行に有効に機能している国々では，〈広い社会的包摂アプローチ〉が採用されるだけでなく，通常教育と積極的労働市場政策にも十分な財政支出が行われている[12]。若者個人の主観的次元と社会の制度的次元の2つを統一的に把握していくことが不可欠である。参加が本当の意味でシティズンシップと社会統合のジレンマを解くためには，それが主観的次元だけにとどまらず，制度的次元にまで拡張される必要がある[13]。

　コリーは，ユースワークセクターは雇用と教育に比べて低い地位にあり，その可能性が十分に活用される見通しはあまりないとも指摘しているが[14]，そうではあるとしても，若者のライフパースペクティブとニーズから出発し，若者の参加の機会と空間をつくり出すことによって発達を引き出そうとするユースワークは，若者移行政策において固有の位置を占めうると考えられる。

第3節　日本の若者自立支援政策の内容と性格

1　若者自立支援政策の始動──「若者自立・挑戦プラン」・「再チャレンジ支援総合プラン」

　本節では，上のようなヨーロッパの批判的若者移行政策研究の知見を踏ま

え，遅れて生まれてきた日本の若者支援政策がどのような内容と性格をもっているのかを検討する。

わが国の学校から雇用への移行においては，学校教育の一元的能力主義[15]を基礎に，学校の就職斡旋機能[16]や新卒一括採用，高校と企業の実績関係[17]などのシステムによって，間断なく若者たちを学校から企業へと送り出す構造が高度経済成長期に形成された。日本の学校体系は分岐型をとるドイツとは異なるが，移行レジームは雇用中心型のドイツと類似の構造をとっていたと言うことができよう。学校から雇用への送り出しに重点を置くこの移行レジームは，日本経済の成長や開発主義行政，性別役割分業などを背景にして，長期にわたって強力に機能し続けてきたために，学校から雇用への移行システムを超えた領域を広げた総合的な若者行政は，欧米に比べて大きく遅れて開始されることとなった。

若年層に焦点を当てて打ち出された最初の若者支援政策は，2003年の「若者自立・挑戦プラン」である。同年4月，「高い失業率，増加する無業者，フリーターなど，若者を取り巻く雇用情勢は極めて厳しい状況」にあり，「若者の職業能力の蓄積がなされず，中長期的な競争力・生産性の低下といった経済基盤の崩壊や，社会保障システムの脆弱化，社会不安の増大等深刻な社会問題を惹起しかね」ないとの問題意識から，文部科学省，厚生労働省，経済産業省，内閣府の4省府によって「若者自立・挑戦戦略会議」が設置され，同年6月に「若者自立・挑戦プラン」が取りまとめられた。

同プランには，若者向け職業相談機関の整備(ジョブカフェやヤングハローワーク)，学校におけるキャリア教育の推進，専門高校・専門学校等での「日本版デュアルシステム」，若年労働市場の整備(若年者トライアル雇用)，高度人材の育成，起業家教育促進事業などの施策が盛り込まれた。2004年12月には「若者の自立・挑戦のためのアクションプラン」が策定され，2006年1月に改訂されたアクションプランでは，フリーター20万人常用雇用化プランの推進，若者自立塾・地域若者サポートステーションの設置によるニート対策の強化，体系的なキャリア教育・職業教育等のいっそうの推進などが謳われている[18]。

2006年9月に安倍政権が発足し,省庁連携による再チャレンジ支援政策が開始されると,「若者自立・挑戦プラン」はそれに組み込まれる形で継続されることとなった。2006年12月,「再チャレンジ推進会議」(「多様な機会のある社会」推進会議)は「再チャレンジ支援総合プラン」をまとめ,公表した。①支援を必要としている人へのきめ細かな対策,②障害となっている制度の改正,③社会意識・慣行の見直しへの働きかけの3つを施策の基本的方向とし,次のような3つのターゲット集団への支援を重点課題として示した。すなわち,①フリーター・ニート・非正規労働者・多重債務者・事業失敗者には「長期デフレ等による就職難,経済的困窮等からの再チャレンジ」を,②子育て女性・配偶者暴力被害者・障害者・発達障害者・母子家庭等の子ども・刑務所出所者には「機会の均等化」を,③退職団塊世代・学習意欲のある社会人・UJIターン希望者・人生二毛作希望者・二地域居住希望者には「複線型社会の実現」をそれぞれ可能とするよう支援に取り組むとされている。

若者支援策は,①「長期デフレ等による就職難,経済的困窮等からの再チャレンジ」と③「複線型社会の実現」に含まれており,雇用制度規制(有期労働契約法制整備,非正規・正規均衡処遇,正規雇用登用等をはかる企業の支援,製造業請負事業適正化,トライアル雇用など),就職支援・相談体制の整備(ジョブカフェ・ヤングワークプラザ等の整備,再チャレンジプランナー・若年者ジョブサポーターの配置),キャリアアップ制度整備(就職基礎能力速成講座,実践型人材養成システムYESプログラム,ジョブパスポートなど),キャリア教育・職業教育の充実(学校段階でのキャリア教育,専修学校での職業教育支援,大学での実践的教育コース等の開設,日本版デュアルシステム,専門高校等での企業連携ものづくり人材育成),ニート支援(地域若者サポートステーション,若者自立塾)などが挙げられている(「再チャレンジ支援総合プラン行動計画」)。

「再チャレンジ支援総合プラン」の若者政策は,省庁連携によって策定され,一定の総合性はあるが,あくまで就労支援策であり,特に若者の就労意欲の喚起に力点が置かれていることが第1の特徴である。「再チャレンジ支

援総合プラン行動計画」では，若者たちの「克服すべき障害」として，「若者の就業意識の希薄化，職業探索期間の長期化，働くことに対する不安」と「学校段階からの適切な職業観・勤労観等の育成が不十分」が最も多く挙がっており，ほかに「求職活動への躊躇」，「自己の能力，適正への理解の不足」，「働く意欲」や「働く自信」の不足などの類似した事項が多数並んでいる(①のフリーター・ニートの部分)。つまり，フリーターやニートは，本人の就労意欲や職業意識の未熟さによるという認識が政策の基礎にあると言える。

それゆえ，第2の特徴として，多くの施策が就業相談機会の充実や相談員の配置，学校でのキャリア教育が中心的な施策となっている点が挙げられる。若者の職業世界への移行を可能にする能力開発機会・制度の整備に関する施策は手薄であり，雇用形態・労働条件に関わる整備や規制も微温的なレベルにとどまっている。有期労働契約法制整備や正規雇用と非正規雇用の均衡処遇が取り上げられてはいるものの，方向を提示したに終わっている。

以上から分かるように，2003年から始動したわが国の若者自立支援政策──「若者自立・挑戦プラン」・「再チャレンジ支援総合プラン」──は，若年者雇用問題に若者の側の就労意欲や職業意識の改善によって対応しようとする雇用対策であり，前節でみたヨーロッパの2つの若者移行政策で言えば，〈労働市場統合限定タイプ〉の範疇にあると言ってよい。

2　小さな政府論の中の若者自立支援政策

こうした就労意欲や職業意識の改善によって当事者を雇用へと誘導することを中核に置く就労中心主義という性格は，若者移行政策だけではなく，その他の政策においても共通してみられる。

政府は，今日のワーキング・プアや生活保護世帯の増大，ホームレスや障害者といった困難層に対して，各層ごとに支援法と支援プログラムを策定し，対応に臨んでいる。そこで打ち出されている社会政策では，ホームレスの自立の支援等に関する措置法(2002年)，生活保護自立支援プログラム(2005年)，障害者自立支援法(2006年)など，「自立支援」という言葉が多用され

ている。また最近の教育・児童援助分野でも「児童自立支援施設」(1998年),「青少年自立支援事業」(2004年),「問題を抱える子ども等自立支援事業」(2007年)のようにこの言葉が頻出している。地方自治分野でも地方公共団体の自立が言われ，ニュー・パブリック・マネジメント(NPM)の導入によって，自律的経営が求められている。上で取り上げた若者移行政策も，こうした「自立支援」型政策の1つとして捉えられる。

この「自立支援」型政策の性格を把握するために，2004年12月に提出された社会保障審議会「生活保護制度の在り方に関する専門委員会」の「報告書」を取り上げよう[19]。これは，今日の国の「自立支援」型政策をよく説明するものである。

この「報告書」は，「利用しやすく自立しやすい制度」を目標として掲げ，生活保護制度に「自立支援プログラム」の導入をはかる提起を行った文書である。生活保護世帯と言っても，その世帯形態や貧困の要因は多様であり，そこで有子世帯(一人親世帯の親等)，就労経験の少ない若年者等，社会的入院患者等(精神障害者等)，高齢者，ホームレス，多重債務者といった多様な被保護者の分類に応じて「自立支援プログラム」を導入するとしている。被保護者のタイプによって若干の異同があるものの，おおよそ[健康問題の改善・社会生活能力の習得]→[勤労習慣・就労意欲の向上]→[職業訓練・職業能力開発促進]→[トライアル雇用・就職活動(ハローワーク等の就職支援)]といった流れで取り組みを配置し，最後に[就労による自立]という共通かつ唯一の目標に到達するよう各プログラムは設計されている(報告書付帯「説明資料」)。

同時に，プログラムの見直し等にもかかわらず，被保護者が「合理的な理由」なくプログラムへの参加を拒否し，さらには取り組みに全く改善がみられず，稼働能力の活用等，保護の要件を満たしていないと判断される場合には，保護の変更・停止，廃止も考慮するとしている。就労を福祉給付の条件とする欧米のワークフェア[20]とほぼ同じ論理が日本の生活保護行政においても検討され始めている。

この「報告書」は，いわゆる国・地方税財政の三位一体改革の過程で出さ

れており，年々増大する社会保障費の適正化を至上命題としていた。母子加算・老齢加算の廃止などが提案され，「自立支援プログラム」も「就労による自立」によってできるだけ財政削減をはかることがねらいとされている。

今日の社会保障制度改革はいわゆる構造改革の中に位置づいている。1980年代後半から90年代にかけて日本経済はグローバル化の波に呑み込まれ，日本の大企業の急速な多国籍化とともに，経済・社会の規制緩和が求められるようになった。この経済変動の下，経団連の豊田ビジョン「魅力ある日本──創造への責任」(1996年)と橋本内閣の6大改革が打ち出され，その後，経済財政諮問会議の設置(2001年)によって構造改革は本格的に推進されてきている。

経済財政諮問会議では民間議員が自ら提案，答申を執筆して大きな役割を果たしており[21]，経済界の要望がストレートに反映する。中心的企業が多国籍化した日本経団連[22]は，一般会計歳出に大きな比率を占める地方交付税，公共事業，社会保障の削減を強く求め，それが経済財政諮問会議の基本方針として取り入れられた。「小さく効率的な政府」(「経済財政運営と構造改革に関する基本方針」2005年，2006年)を目指す財政削減の枠組みの中で社会政策は構想され，「自助」を基本原則とした「自立支援」政策が全般的に採用されることになった。

「自立支援」政策は，フォーディズム的体制の解体と階層格差の拡大の中で，さまざまな生活上の困難に面する人々を，公共サービスや社会的インフラの十分な提供・整備なしに統合していく機能を有するものであり，小さな政府論に不可欠の構成要素として位置づいている。わが国の若者支援政策は，こうした小さな政府論の刻印を受けてスタートしたのである。

第4節　子ども・若者育成支援推進法の意義と課題

以上のように，わが国の若者自立支援政策は，小さな政府を目指す構造改革の中で生まれ，労働市場統合を就労意欲の喚起によってはかろうとするものとして形成された。日本の若者自立支援政策は，社会への移行の長期化・

複雑化という事態に直面する若者たちを支援する政策の萌芽として見ることができるものの，ヨーロッパの〈労働市場統合限定タイプ〉のアクチベーションと比べても雇用保障と職業教育・訓練機会の整備が貧弱であり[23]，また引きこもりや発達障害などの若者たちへの対応も，社会的企業や媒介的労働市場を法的資金的に援助している欧州の取り組み[24]に比して貧困である。

ところで，「再チャレンジ支援総合プラン」(2006年12月)は，これを策定した安倍内閣が2007年9月に総辞職し，後の内閣において一度改正されてはいるが(2008年12月)，同プランを推進する「再チャレンジ推進会議」(「多様な機会のある社会」推進会議)は，この改定をもって活動を停止している[25]。省庁連携によって策定され，推進されてきた若者自立支援プランは，結局のところ，中断されてしまっているようにさえみえる。キャリア教育やインターンシップ(日本版デュアルシステム)，ジョブカフェ，地域若者サポートステーションなどいくつかの事業は，その後も各省庁管轄下で継続実施されているが，中には若者自立塾のように，民主党鳩山内閣(2009年9月発足)の「事業仕分け」によって，廃止が決定したものもある。

しかし，この間の国の若者支援政策が，「子ども・若者育成支援推進法」(2009年7月制定，内閣府所管)として1つの実を結ぶこととなったことは，注目しておいてよいであろう。

これは，近年多数制定されている基本法群の1つとみることができる。わが国法体系において基本法と称される法律は，教育基本法(1947年)を嚆矢として，数十本がこれまでに制定されてきている。教育基本法は理念的性格が強かったが，近年制定されている基本法の多くは，現代社会において大きくクローズアップされるようになった新たな問題群に対して，その解決や政策推進を目指すものである[26]。

2001年の中央省庁再編によって設置された内閣府は，旧総務庁や沖縄開発庁，経済企画庁などの業務を引き継ぐとともに，個別省庁では対処が困難な課題・業務を所掌し，行政各部の施策の統一をはかるために必要となる事項の企画・立案，総合調整に関する事務を司る位置づけを与えられている(内閣府設置法第3条)。組織機構は現在7分野に分かれているが，そのうち

共生社会政策分野は少子化対策，高齢社会対策，障害者施策，自殺対策，食育推進，交通安全対策など，総合的な行政施策が求められる事務を所掌しており，それぞれの事務ごとに基本法や施策要綱・指針が制定・策定されている(現在制定・策定中のものもある)。子ども・若者に関する事務も，「青少年育成」としてこの共生社会政策分野に含まれており，「子ども・若者育成支援推進法」はこの事務分野の基本法として制定に至ったといえる。

　内閣府の青少年行政の政策形成の推移を確認しておけば，旧総理府・総務庁の青少年行政事務を引き継いだ同府は，2002年4月に青少年育成の基本的な方向等について幅広く検討する「青少年の育成に関する有識者懇談会」を設置し，翌年4月に報告書を取りまとめた。これは，①従来の「守られ」「与えられ」「導かれる」受動的な青少年観を，「自己を表現し，他者を理解し，家庭や社会のために自ら行動する」能動的な青少年観に転換する，②若者の就労の不安定化や未婚率の上昇でライフコースが多様化する中で，青少年の社会的自立を促進するため施策の総合化が必要である，③従来施策の少なかった青年期の包括的自立支援方策の早急な検討と確立が必要である，④格差の固定化や差別による社会からの排除が生じないように特に困難を抱える青少年の支援をはかる，⑤青少年の健全育成の基本となる政府計画の作成と施策の着実な実施のための総合調整等が必要である，と提言している。ここには，「子ども・若者育成支援推進法」に至るこの後の内閣府の青少年政策の骨格が示されている。

　次いで，内閣府は2004年9月に「若者の包括的な自立支援方策に関する検討会」を設置し，2005年6月に報告書をまとめる。この報告書は，若者の「社会的自立」について，職業的自立，親からの精神的・経済的自立，さらに「若者が日々の生活において自立しているかどうか」，「社会に関心を持ち公共に参画しているかどうか」など，多様な課題を含むものとし，それゆえに総合的，包括的に施策を実施していく必要があるとしている。特にニートなど自立に困難を抱える若者の支援を取り上げ，若者を「個人ベース」で包括的・継続的に支援する体制の整備すること，より具体的にはユースサポートセンター(仮称)を中核機関として，教育関係機関，就労支援機関，警

察・少年補導センター，保健・医療機関，自立支援を行う各分野のNPO，地方自治体，さらには家庭や企業が連携するユースサポートパートナーシップを構築することを提唱している。

「子ども・若者育成支援推進法」は，多くの若者の置かれている生活のしんどさが背景にあって生まれたものであるが，政策的系譜という点から言えば，上の2つの報告書の延長線上に成立したものと捉えられる。

同法の目的は，有害情報の氾濫，子ども・若者をめぐる環境の悪化や，ニート，ひきこもり，不登校，発達障害等の精神疾患など，子ども・若者の抱える問題の深刻化といった事態に対して，社会生活を円滑に営む上で困難を有する子ども・若者を支援することとされている。そのために，子ども・若者育成支援施策の総合的推進の枠組み(国の本部組織・大綱，地域の計画やワンストップ相談窓口等)の整備と，「子ども・若者支援地域協議会」を中心に置いた教育，福祉，保健，医療，矯正，更生保護，雇用その他の各関連分野専門機関の支援ネットワークの整備を求めている[27]。

内閣府の2つの報告書と同法は，狭い就労主義や若者の意識に問題を還元する単純な見地にも立ってはいない。子ども・若者の成長は，「社会とのかかわりを自覚しつつ，自立した個人としての自己を確立し，他者とともに次代の社会を担うことができるようになること」とされ，子ども・若者のありようは，さまざまな社会的要因，特に家庭的環境に影響を受けていること，それゆえに良好な社会環境の整備が必要であり，また支援に当たって子ども・若者の意思を十分に尊重することが記されている(第2条，第11条)。

もっとも，同法は意義とともにいくつかの限界をも有しているといえるだろう。

まず，同法が対象としているのは，「ニート，ひきこもり，不登校，発達障害等の精神疾患など」の「社会生活を円滑に営む上での困難を有する子ども・若者」とされている。これら困難を抱えた子ども・若者は従来，縦割り行政の狭間に陥りがちであり，彼ら彼女らを明確に公的な支援の対象としたことは，同法の有意義な点と言える。

また縦割り行政を超えて子ども・若者支援を包括的な取り組みとして実施

していこうとしている点も，同法の有意義な点であろう。個々の若者は1人の有機的な存在であり，個人ベースでの包括的な支援が不可欠である。同法の概念図では，若者は「子ども・若者総合相談センター」（子ども・若者に関するワンストップ相談窓口）を経由して，保健・医療，福祉，雇用等の専門機関へ「誘導」されるという構図が示されている[28]。

　しかし，他方で，同法が「子ども・若者」と広く対象を捉える法律名を冠しながらも，困難を抱えた子ども・若者を対象とし，個人ベースで支援をしていくのでは，その困難を個人レベルで補償するにとどまる可能性もはらんでいる。ニートすなわち無業者は，失業者や不安定就労者と明確に区別することはできない。若年無業者層には，雇用や生活保障などの制度・構造レベルの見直しが伴わなければならないが，同法の守備範囲はそこまで及んでいない。発達障害や病的な引きこもりなどの若者について，たしかに固有のアプローチが必要ではあるが，先に設置された地域若者サポートステーションが多様な困難を抱える若者への対処に困難を来しているのと同様の事態を超える道筋が明確に示されているわけではない。

　近年，公共政策にニュー・パブリック・マネジメント型手法が取り入れられ，施策が時限的に実施されるようになっており，当初は国の予算で事業が実施されても，一定期間を経過した後は地方公共団体などが自立的に負担して実施することが求められたり，短期間での成果が要求されたりするものが多い。これまでの若者支援施策では，ジョブカフェや若者自立塾などにそれははっきりみてとれる[29]。こうした行政手法から「子ども・若者育成支援推進法」が逃れられる保証もない。

　このように「子ども・若者育成支援推進法」は，フレームワークのレベルでは，若者の困難を彼ら彼女らの意欲の問題に還元する傾向や就労をゴールとする目標の狭さが内在していた「若者自立・挑戦プラン」や「再チャレンジ支援総合プラン」とは一線を画していると捉えられるが，その守備範囲には限界も存在している。

第5節　若者支援政策のジレンマとその克服——結びに代えて

　2003年に「若者自立・挑戦プラン」として開始された日本の若者政策は，若者の労働市場への統合を中心課題として形成されており，ヨーロッパの労働市場統合限定型アクチベーションと同様の性格をもっていた。「子ども・若者育成支援推進法」の制定は，そこにより広い社会的包摂型アクチベーションの要素を付け加えることとなった。若者移行政策を労働市場，教育訓練，ユースワークの3つの領域で捉えるならば，前二者を中心としてきたところに，ユースワークセクターの社会的包摂政策の萌芽的な進展がみられたと言える。

　しかし，前二者の政策は，ジョブカフェやヤングハローワークの設置，キャリア教育の推進など，カウンセリングを中心とする施策が多い[30]。またユースワーク領域の政策も困難を抱えた若者を個人ベースで包摂するだけにとどまる可能性がある。

　若者移行政策には，個人を教育訓練と労働市場の需要に適応させようとする〈個人アプローチ〉と機会構造をアクセスしやすくする〈構造アプローチ〉の間のジレンマ，および不利益を生み出すリスク要因に対処する〈予防措置〉と積み重なった問題を軽減する〈補償措置〉の間のジレンマ，という2つのジレンマがある[31]。また政策セクターそれぞれの守備範囲の限界もあり，そこにもジレンマがあると言えよう。

　これらのジレンマを解いていくためには，まず構造的不平等を明らかにし，それを克服する再分配的な構造アプローチが不可欠である。しかし，不平等の克服は，政治的自由の制約と引き替えであってはならない。すでに第1節の動機理論のところでみたように，これまでの支援政策は，若者をつねに外部から支援される必要がある受動的な存在としてみる傾向があった。しかし，「生の保障」を奪われている人々も，他者との継続的なコミュニケーションによってその欠如を特定し，それを克服していく政治的な行為者となりうるのである[32]。

単に個人ベースで補償的に包摂していくのではなく，若者が自らの進路や人生の展望を考えることのできるような機会をつくっていくことが重要であり，参加という視点は若者移行政策に不可欠である。参加とは，他者との関係性を育む場所と機会をもつことであり[33]，なんらかの社会的活動に関わることを意味する。人は参加の場所と機会を得ることによって，他者や社会との関係を組み替えながら，発達を遂げていく。このような意味での参加─発達アプローチを若者移行政策の中心原理として置くことが必要であり，ユースワークにはそれをもたらすポテンシャルがある。

　格差社会を乗り越え，地域社会の再生をはかっていくためには，若者を単なる労働力や受動的な被支援者として捉えるのではなく，彼ら彼女らが意味や価値があると考える活動や仕事に関わり，それを発展させていくことができる機会をつくり出すことが求められる。3つの政策セクターそれぞれで若者の参加を可能とし，彼ら自身を担い手とするような社会的協同実践をいかに進めていくかが若者移行支援の課題である。

注
1) 本田由紀・内藤朝雄・後藤和智『「ニート」って言うな！』光文社，2006，を参照。
2) 乾彰夫編著『不安定を生きる若者たち』大月書店，2006。
3) A. Walther, "Educated, (un)employed, activated, included-"Participated"? Contradictions in supporting young people in their transitions to work", in Colley, H., Boetzelen, P., Hoskins, B. and Parveva, T. (eds.) *Social inclusion and young people: breaking down the barriers*. Strasbourg: Council of Europe Publishing, 2007, pp. 104-110. なお，若者移行レジームの5つの類型については，A. McNeish and P. Loncle, "State policy and youth unemployment in the EU: rights, responsibilities and lifelong learning", in Blasco, A. L., McNeish, A. and Walther, A. (eds.) *Young people and constructions of inclusion: towards integrated transition policies in Europe*. Bristol: Policy Press, 2003. も参照。
4) S. Kobacheva and A. Pohl, "Disadvantage in youth transition: constellations and policy dilemmas", in Colley, H., Boetzelen, P., Hoskins, B. and Parveva, T. (eds.) *Social inclusion and young people: breaking down the barriers*. Strasbourg: Council of Europe Publishing, 2007, p. 37.
5) Ibid., pp. 38-39.
6) Ibid., p. 39.

7) A. Walther, op. cit., 2007, p. 103. なお，人間の動機を外因的なものと考える理論の例として，ローゼンバウムのシグナリング理論がある。J. E. Rosenbaum, "High schools' Role in college and workforce preparation: do callege-for-all policies make high school irrelevant?", in Stull, W. J. and Sanders N. M. (eds.) *The school-to-work movement: origins and destinations*. Westport: Praeger Publishers, 2003.
8) A. Walther, op. cit., 2007, pp. 103-104.
9) Ibid., p. 111.
10) Ibid., p. 111.
11) この「発達的解釈」に関連して，宮崎がセンとヌスバウムのケイパビリティ論を踏まえて提示した「発達的ケイパビリティ」概念も有益である。宮崎隆志「ソーシャル・キャピタルとケイパビリティ──移行過程支援との関連で」『社会教育研究』第27号，2009，p. 26。
12) S. Kobacheva and A. Pohl, op. cit., 2007, p. 37.
13) A. Walther, op. cit., 2007, p. 111. また「参加型シティズンシップ」について論じた次の拙稿も参照されたい。横井敏郎「若者自立支援政策から普遍的シティズンシップへ──ポストフォーディズムにおける若者の進路と支援実践の展望」『教育学研究』第73巻第4号，2006。
14) H. Colley, "European policies on social inclusion and youth: continuity, change and challenge", in Colley, H., Boetzelen, P., Hoskins, B. and Parveva, T. (eds.) *Social inclusion and young people: breaking down the barriers*. Strasbourg: Council of Europe Publishing, 2007, p. 81.
15) 乾彰夫『日本の教育と企業社会──一元的能力主義と現代の教育＝社会構造』大月書店，1990。
16) 苅谷剛彦・菅山真次・石田浩編『学校・職安と労働市場──戦後新規学卒市場の制度化過程』東京大学出版会，2000。
17) 苅谷剛彦『学校・職業・選抜の社会学──高卒就職の日本的メカニズム』東京大学出版会，1991。
18) 「若者自立・挑戦プラン」の内容と推進方法の特徴，その地域的展開のケースについては，前掲横井敏郎「若者自立支援政策から普遍的シティズンシップへ」を参照されたい。
19) 厚生労働省ホームページ「社会保障審議会第14回福祉部会」(2005年2月19日)，http://www.mhlw.go.jp/shingi/2005/02/s0209-4.html，2010年2月28日アクセス。
20) 宮本太郎「就労・福祉・ワークフェア」塩野谷祐一・鈴村興太郎・後藤玲子編『福祉の公共哲学』東京大学出版会，2004。
21) 太田弘子『経済財政諮問会議の戦い』東洋経済新報社，2006。
22) 佐々木憲昭『変貌する財界──日本経団連の分析』新日本出版社，2007。
23) 日本の社会保障制度改革についても，ワークフェアと言えるほどの体系はなく，「ワークオンリー」と捉える見解がある。布川日佐史「ドイツにおけるワークフェア

の展開——稼働能力活用要件の検討を中心に」『海外社会保障研究』第 147 号，2004，pp. 42-43。
24) 田中夏子『イタリア社会的経済の地域展開』日本経済評論社，2004；宮本太郎「社会的包摂と非営利組織」白石克孝編『分権社会の到来と新フレームワーク』日本評論社，2004。
25) 首相官邸ホームページ「再チャレンジ推進会議」，http://www.kantei.go.jp/jp/singi/saityarenzi/index.html, 2010 年 2 月 28 日アクセス。
26) なお，次の文献は基本法群の特徴を概観している。市川昭午『教育基本法を考える——心を法律で律すべきか』教育開発研究所，2003 年，pp. 12-15。
27) 「子ども・若者育成支援推進法」・「子ども・若者育成支援推進法概念図」，内閣府ホームページ「青少年行政」，http://www8.cao.go.jp/youth/suisin/pdf/s_gaiyo.pdf, 2010 年 2 月 28 日アクセス。
28) 前注「子ども・若者育成支援推進法概念図」。
29) 横井敏郎前掲「若者自立支援政策から普遍的シティズンシップへ」。また若者自立塾については，安宅仁人「『若者自立塾』の実践が提起するもの——若者自立支援政策の批判的検討と支援実践の展望」『北海道大学大学院教育学研究院紀要』第 103 号，2007，の整理が有用である。
30) なお，2009 年 7 月，政府は「若年雇用対策プロジェクトチーム」を設置している。これは，「経済財政改革の基本方針 2009」を踏まえ，「次世代の日本を担う若年層に対する重点的雇用対策に取り組み，職業能力向上と再挑戦の機会拡大を図る」ことを目的として，内閣府特命担当大臣（経済財政政策）の下，府省連携によって設置されたものである（「若年雇用対策プロジェクトチームの設置について」(関係省庁申合せ) 2009 年 7 月 31 日）。同チームは，同年 8 月 26 日に「若年層に対する重点雇用対策（案）」を取りまとめている。「若年雇用対策の基本的考え方」として，①若者の「意識」の問題だけでなく，「構造的な問題」を有しているという基本認識をもつこと，②「雇用政策・文教施策・産業政策の統合的運用」を目指すこと，が示されている。「具体的な対策」としては，①新卒緊急支援チームによる新卒雇用支援，②ワンストップ＋マンツーマン＋シームレスの雇用支援の推進，③成長分野における若者雇用促進，④「若年雇用推進会議(仮称)」の中央・地方における開催，が挙げられている。プロジェクトチームは 4 回の会議を開催して，「若年雇用推進会議」設置のほか，新卒未就職者を雇用した企業に助成金を給付，ジョブ・カード制度の一層の推進などを盛り込んだ予算案を取りまとめている(374 億円，対前年度 175 億円増)。若年雇用問題を「構造的な問題」と捉えた点が新しく，かつ重要であるが，その具体策は従前の若者自立支援政策の域を超えていないように思われる。内閣府ホームページ「『若年雇用対策プロジェクトチーム』について」，http://www5.cao.go.jp/keizai1/2009/0203jakunenkoyou.html, 2010 年 2 月 28 日アクセス。
31) S. Kobacheva and A. Pohl, op. cit., 2007, p. 35.
32) 齋藤純一「社会的連帯の理由をめぐって——自由を支えるセキュリティ」斉藤純一

編『福祉国家／社会的連帯の理由』ミネルヴァ書房，2004，pp. 278，284-285，302。
33)「社会関係資本」(social capital)と「社会的つながり」(social tie)の概念的差異を論じる平塚も参照。平塚眞樹「おとなへの〝わたり〟の個人化——英国における若者支援政策をめぐって」豊泉周治・佐藤和夫・高山智樹編著『哲学から未来をひらく第2巻　生きる意味と生活を問い直す——非暴力を生きる哲学』青木書店，2009。

第8章　韓国における地域間教育格差と政策的対応

イム・ヨンギ
(訳：ソン・ミラン)

　最近，経済界で始まった両極化[1]の論議が教育界にまで広がり，教育格差の解消を通した社会統合と国家競争力確保の問題に，大きな関心が集まっている。教育格差の深化，固定化は，社会の両極化の問題をより深刻化させる重要な要因になるなど，問題は深刻である。
　韓国では階層間，地域間教育格差の問題が焦点化されている。階層間，地域間教育格差の問題は相互重複的な性格が強いけれども，両者の問題を分けて取り扱うことができるほど，それぞれの問題の実態が明確である。
　地域間教育格差は，教育需要者の居住地域性に起因した教育的不利益として，江南8学群[2]問題のような都市内地域間格差と，都市と農村(以下，都農とする)間の教育格差問題として区分することができる。
　都市内地域間教育格差は，大都市を中心に，新興富裕層居住地が形成されることによって発生しており，新しい懸案として浮上し始めている。都市と農村間教育格差は歴史的に根が深く，全国にわたる広範な問題である。農村教育の沈滞は農村の荒廃化と相互に影響し合いながら，痼疾な問題として位置づけられてきた。
　本章では，地域間教育格差の意味を究明し，関連先行研究を検討しながら地域間教育格差の類型と特徴を把握することにする。とりわけ，都市内の脆弱階層[3]支援と農村教育育成のために，韓国ではどういう政策的対応をしているのかを考察し，今後の課題を提示する。

第1節　地域間教育格差の意味

1　教育格差の意味

　地域間教育格差の意味を究明するために教育格差の意味を把握する必要がある。教育格差とは，まず集団間の差異を前提とする。個人と個人，個人と集団間の差異を格差と言うのではなく，特定の集団間の差異を格差と言う。この特定集団というのは，恣意的な構成によって，一時的に形成された集団を意味するのではなく，ある社会的な特性をもっている一貫した性向をもつ社会集団を意味する。代表的な例として，階層と地域を挙げられる。

　教育格差とは，社会集団別の教育の機会，教育の過程，教育の結果において，意味のある差異を指す。教育体制の投入，教育プロセス，教育産出，教育環境といった，あらゆる部分において生じるその差異は，教育格差の分析の対象となる。韓国では，教育格差に関する議論のほとんどは，学力の格差がその議論の中心である。学力の格差問題はそれ自体の議論にとどまるのではなく，個々人の雇用と進路，ひいては生き方の質と深い関連性をもっているために，つねに議論の争点化になる。すなわち，教育格差において，その争点は学力の格差の問題とともに，教育と雇用，教育と福祉との関連性を含んだ議論にまで広がっている。

　社会集団別に，教育の単純な差異があるという主張から，一歩踏み込んだ，特定集団の一貫した教育的不利益，排除問題においても関心が広まっている。

　経済界で始まった両極化の議論が教育界へ移行され，教育格差の深化，固着化現象を自称する教育両極化という概念が出現している。キム・ソンシク(2007；30-31)は，類似概念として，教育格差，教育不平等など，教育の両極化の意味を位置づけている。教育格差は，社会集団間教育機会，学業成就などの差異を記述的に表現することであり，教育不平等は価値判断の意味を内包しながら，単純な差異や格差があるということのみならず，公平性の問題が提起される際に出てくるものであり，教育の両極化は，階層間や集団間の教育格差が深化したり，ある特定の状態が変化する動態的概念が含まれて

いる問題を指すと述べている。

2　地域間教育格差の意味

地域間教育格差とは地域間の教育格差として，教育機会，教育過程，教育結果において意味のある差異を指す。地域間教育格差の争点は，第1に，地域間学力水準，教育機会，教育条件の差異。第2に，居住地域性に起因する教育的不利益，排除。第3に，階層間教育格差と相互重複性。第4に，教育格差の固着化，深化，再生産。第5に，社会的，国家的レベルでの逆機能性などである。

地域間教育格差の類型としては，都市内地域間教育格差，首都圏と地方との教育格差，人口規模別地域間教育格差，自治体別（市道別）教育格差，都市と農村間の教育格差などを挙げられる。

①都市内地域間教育格差

同一都市内に，所得水準によって富裕層居住地域と貧困層居住地域が画然と区分されながら，地域間教育格差が形成されている。韓国ソウルの江南8学群は，都市内地域間教育格差の代表として挙げられる。

②首都圏対地方間教育格差

首都圏は行政区域上，ソウル，仁川，京畿道などのソウルの一帯を言う。首都圏は全国土面積の11.8%を占めるが，全国人口の46.6%が居住している。首都圏と地方間の経済，文化，雇用機会等の格差が教育格差につながっている。

③人口規模別地域間教育格差

韓国では行政区域を簡便に区分しているが，一部の国では人口規模別に区分している。PISAでは，人口3千人未満，3千人～1万5千人，1万5千人～10万人を小都市，10万人～100万人を中小都市，100万人以上を大都市として区分している。

④自治体別（市・道別）教育格差

全国の15の広域自治団体別，教育格差を検討する。従来は，自治体別教

育条件の格差が注目されてきたが，最近は情報公開制[4]の導入とともに，全国一斉学力テストの結果に基づく，学力テスト水準の差異による格差問題が注目されている。

⑤都市と農村間の教育格差

都市と農村間の教育格差は持続的に注目されている。農村を行政区域上，邑地域と面地域を含み，農村と規定している。農村は都市と対比されたすべての地域を包括し，農漁村，あるいは農山漁村として表現されることもある。一部の地域では農村の代わりに田舎という名称を使う場合もある。

第2節　地域間教育格差の実態事例分析

1　都市内教育格差の事例

大都市の新興高級住居地域の形成により，地域間教育格差が争点化されている。ソウル江南(カンナム)，京畿道，城南(ソンナム)市盆唐(ブンダン)，大邱市壽城(シュソン)区，大田(テジョン)市，屯山(デュンサン)地区，釜山市海雲台(ヘウンデ)などがその代表である。地域間経済格差に起因する，教育の不平等が争点化されている。

ハ・ボンウン(2005)は，ソウル市の地域間教育格差の実態について明らかにしている。まず，背景変因として，①地域の経済力，②財政自立度，③財政力の諸指標を，投入要因としては，①教育条件，②自治体教育経費補助金，③児童・生徒の教育費(私教育費)を，産出変因としては，①学歴，②教育満足度などの，諸指標を用いて，ソウル市の地域間教育格差の実態を明らかにしている。

リム・ソンヒ，キム・ギョンヒ(2006)は，大田市の東と西地域の教育格差の実態を明らかにしている。具体的には，生活実態(教育水準，経済水準，家族解体)，教育実態(基礎学習不振，大学進学率，中途脱落率)，教育支援現状(給食支援，放課後活動など)を取り上げ，その実態を明らかにしている。

チェ・ウンヨン(2004)は，都市内においても，ある特定の地域には高所

得・高学歴者が集住し，ある特定地域には貧困層が集住しており，同じ地域内でも，学校間の階層の分化がみられていることを指摘している。例えば，ソウル市の行政区域別の高学歴集団の比率をみると，江南区は50％強，衿川区（クムチョン）は10％弱である。

事実，低所得層の児童・生徒の比率だけをみても行政区域別，あるいは同一の行政区域の中でも，その差は深刻である。低所得層の児童・生徒の比率とともに基礎学力不振の児童・生徒の比率，あるいは学力優秀な児童・生徒の比率の格差が地域別に顕著に現れている。地域間階層の分化現象が著しく進行していることの証拠である。

2　地方自治体（市・道）別の教育格差

地方自治体別，教育条件の教育格差の問題が顕著であることを指摘している。

キム・フンジュ（2006）は，市・道別，教育条件の格差の実態を明らかにしている。教育機会条件（幼稚園就園率，特殊教育機関の需要率，特殊目的高校の需要率，大学当たりの人口数，私設塾当たり人口数），人的条件（教員当たりの生徒数，事務職員当たり，生徒数），物的条件（学級当たり生徒数，生徒当たり校地面積など），財政条件（基礎自治体，教育経費補助金学校発展基金，私教育費），その他の条件（学校当たり学校周辺の有害施設数，生徒の死亡率）などの格差問題について明らかにしている。

3　地域規模別の教育格差

地域規模の区分については，ソウル市，広域市，中・小都市，邑・面と区分されている。

ユ・バンナン（2006）による，地域規模別の教育格差を明らかにした研究では，教育達成（学力達成，非認知的達成，上級学校進学），家庭の教育支援（父母の教育支援，課外活動参加，家庭教師），学校経験（生徒の学習態度，学習に対する参加度と授業の集中度，教師の態度〈熱意，学習支援〉，学校文化〈達成の圧力と授業の雰囲気〉，背景変因〈生徒の性別，家庭の社会・経済

表 8-1　PISA 科目別成就度　国家別・地域別比較凡例

Category		
	1	Village (less 3000)
	2	Smalltown (3000 to 15000)
	3	Town (15000 to 100000)
	4	City (100000 to 1000000)
	5	Large city (more 1000000)
	8	Missing

出所）http://pisacountry.acer.edu.au/ の 2006 年のものから筆者再作成。

表 8-2　PISA 科目別成就度　国家別・地域別比較凡例

Country	Category	%	Reading Mean	Reading SD	Mathematics Mean	Mathematics SD	Science Mean	Science SD	Problem Solving Mean	Problem Solving SD
Japan	1	a	a	a	a	a	a	a	a	a
	2	5.04	456	29.38	499	28.63	508	30.9	511	29.76
	3	29.6	485	9.08	521	9.04	536	9.24	533	9.04
	4	48.53	514	7.17	549	7.87	563	8.07	562	7.4
	5	16.15	489	14.22	525	15.02	537	14.83	540	15.09
	8	0.68	495	4.65	530	3.24	540	9.12	555	5.01
Korea	1	1.28	454	10.99	447	5.93	439	10.07	469	5.85
	2	4.76	509	12.22	491	10.53	492	13.47	505	11.06
	3	10.28	511	14.77	512	16.8	510	18.13	523	15.51
	4	35.06	538	4.4	545	4.77	542	5.17	554	4.27
	5	48.03	542	4.32	556	4.72	551	5.03	562	4.38
	8	0.58	410	6.2	426	2.92	406	9.99	442	3.83
OECD Average	1	10.67	473	1.96	477	1.96	474	1.8	474	2.03
	2	22.23	488	1.56	496	1.6	493	1.54	495	1.67
	3	34.08	492	1.13	498	1.2	498	1.19	497	1.22
	4	21.14	508	1.58	514	1.7	516	1.68	515	1.68
	5	11.1	508	2.67	509	2.8	512	2.68	512	2.85
	8	0.78	497	11.03	502	12.16	500	11.69	502	11.97

出所）表 8-1 に同じ。

的水準，学校所在地域〉）の差異に注目し，その実態を明らかにしている。

　PISA（「OECD 生徒の学習到達度調査」2003 および 2006）調査の，学力の国際比較の結果によると，韓国の学力水準は，日本，OECD 加入国の平均に比べて，大都市地域では高い水準であるけれども，小規模地域では低い水準であることが明らかになっている。つまり，人口 100 万人以上と 3 千人～1 万 5 千人規模における数学の学力（2006）を比較すると，韓国 554 点，日本 533 点，OECD 平均 507 点であり，人口 3 千人～1 万 5 千人では，韓国

482点，日本510点，OECD平均488点になっている(表8-1，表8-2参照)。韓国における地域間学力の格差が大きいことがみてとれる。

4　首都圏と地方間教育格差

首都圏と地方間の教育格差は，大学の教育で関心が高まっている。首都圏―地方間の経済・文化的格差，大学序列化，財政自立度，および雇用機会の格差が深化する中で，優秀な人材，良質の働き場が首都圏に深刻なほどに集中していることである。

5　都市・農村間の教育格差

地域間教育格差の議論の中心は，都市と農村間の教育格差の問題に注目している。全国を都市と邑・面で区分するとき，両者の教育格差は顕著なほど，その問題は深刻である。

イム・ヨンギ，クォン・ドンテク(2007)は，216の関連先行研究を総合的に検討し，都市と農村間の教育格差のメタ分析を試みた。その結果，都市と農村間の教育格差の効果の大きさは(.48740)に示されていることが分かった。農村地域の平均点数を50パーセンタイル(%ile)に設定した場合，都市地域の平均点は68.79%ileで，18.79%ileぐらい，その有意差がみられている。

メタ分析の結果をみると，都市と農村の教育格差の要因は，家庭要因が一番高く，次いで学校要因，生徒要因の順であることが明らかになった。家庭要因の中では，家庭の社会・経済的要因，家庭環境要因，家庭心理過程要因順であり，学校要因の中では心理的要因，物理的要因，授業の要因，教師の要因の順である。生徒要因では，認知的要因，情意的要因(personality factors)，学習関連の要因の順で現れている。

科目別の学力差では，全体的に英語・外国語領域で一番高く，次いで，数学・数理領域，国語・言語領域，科学領域，社会領域の順に高く示されている。都市と農村の学校別の教育格差は上級学校に行くほど高いという。

最近，イム・ヨンギ，ミン・ビョンソンほか(2006)の研究では，とりわけ，農村地域の中でも邑・面の地域間格差が深刻であると問題提起している。農

差＝18.79

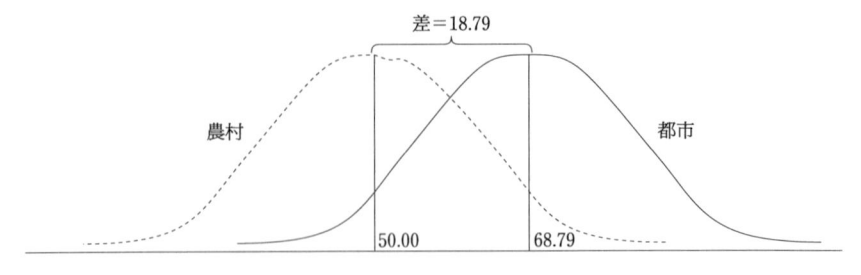

農村　　　　　　　　　都市

50.00　　68.79

図8-1　都市と農村の教育格差平均効果の大きさ
出所）イム・ヨンギ，クォン・ドンテク(2007)。

村教育の育成のために，面レベルでの地域教育の発展努力を促している。

第3節　都市内の地域間教育格差に対する政策的対応
　　　——都市における低所得層の子女のための教育格差の解消事業

1　低所得層子女の幼児教育支援

　政府は乳幼児保育法に依拠し，1991年から0〜5歳の子女保育料を支援し，さらに，乳幼児教育振興法に依拠して1999年9月から5歳児に無償教育を支援している。

2　教育投資優先地域の支援事業

　韓国における教育投資優先地域の支援事業は，都市貧困層の教育支援事業として出発した。
　地域単位別に，地域教育庁，学校，自治体など各種関連機関などが参加し，事業を推進している。2003年から2004年には人口100万以上の大都市で師範実施しており，2005年には，人口50万人以上の広域市に拡大され，支援期間は3年に延長されている。2006年から人口25万人以上の中小都市に拡大され，支援期間は5年に延長されている。
　この制度は公募制によって事業対象地域を選定している。審査は3段階の

審査を経て選定される。第1次候補地域選定は，地域指標として，地域内の国民基礎生活保障受給者の比率，1人当たりの財産税と総合土地税付加額である。学校指標としては，小・中学校の給食支援対象の児童・生徒，欠損家庭の児童・生徒の比率である。第2段階では事業計画書の審査を通して1.5倍を選定している。第3段階では現地の調査を通して最終的に確定される。

予算の規模は，2003年から2004年までは8地域に238億ウォンの国庫支援をし，2005年は15地域に国庫110億ウォン，対応投資50億ウォン，総160億ウォンを支援しており，2006年では30地域に国庫209億ウォン，対応投資59億ウォン，総268億ウォンである。

主要事業領域は，①学習領域に，学習支援プログラム，②文化体験領域として文化体験プログラム，③心理，情緒領域として精神健康をはかるプログラム，④福祉領域として健康な身体発達支援および保護プログラム，⑤支援領域として，事業運営支援プログラムに区分・支援している。

主要成果は，①児童・生徒のレベルでは，学業，情緒，日常生活部門で管理できていることである。②学業部門は，学業準備度，学業参与度，学業満足度，情緒部門は情緒安定，自我尊重感，③日常生活は，健康，生活福祉，態度などの変化に重点を置いている。④教育活動は，専門性，与件，役割である。⑤学校組織は，協力体制の変化に焦点を合わせている。⑥地域ネットワークレベルでは学校の位相，構築事例，役割，影響およびその結果に重点を置いてある。

第4節　都・農間の教育格差に対する政策的対応
——農山漁村の教育条件の改善事業

農山漁村の教育条件改善事業は，農林漁業者の生き方の質の向上および農山漁村の地域開発促進に関する特別法(2004.3.5公布，6.6施行)を根拠とし推進している。第1次農林漁業者の生き方の質の向上および農山漁村の地域開発5ヵ年計画(2005〜2009)の基本計画によって，毎年年次別計画を樹立・推進して，その結果を点検評価している。部署別に分散支援している。多様

な農山漁村の支援事業を農山漁村の特殊性を考慮し，1つの計画に総合化し，福祉基盤拡充，教育条件改善，地域開発促進，基礎生活の与件改善など4部門で構成し推進している。主要施行計画(農林水産食品部，2008)を教育条件およびプログラムの改善，学校教育費軽減と教員処遇改善として区分し説明することができる。

1　教育条件およびプログラム改善事業
　　郡単位の農山漁村優秀校86校育成。
　　農山漁村地域の寄宿型高校の育成。
　　農山漁村の年中ケア学校事業支援(農産魚村多機能教育支援，新規事業)
　　農山漁村の放課後の教育活動の活性化支援。
　　学校図書館および蔵書の拡充支援。
　　農山漁村における特殊教育支援センター，巡回教育費などの運営費支援。
2　児童・生徒の教育費の軽減および教員処遇の改善事業
　　農山漁村の地域幼稚園の乳幼児教育費の支援。
　　農林漁業者の子女(高校生)の学資金の支援：該当学校入学金，授業料全額支援。
　　農山漁村出身の大学生授業料，全額無利子の融資支援。
　　農水産系列大学2年生以上の学生の中で卒業後，営農漁に従事希望者および農漁業者の大学生子女の中で成績優秀，低所得層子女に奨学金支援。
　　農山漁村の学校の児童・生徒の給食費支援
　　農山漁村の学校教員巡回教育手当および複式授業手当の支援
　　農山漁村の私立幼稚園の教員処遇改善(学校担任手当支援)

第5節　地域間教育格差の解消のための今後の課題

　地域間の教育格差の解消のための政策課題を提示すると次のようである。
　第1に，地域間教育格差の実像と原因などを把握するための基礎研究が定期的に行われなければならない。とりわけ，教育格差を招来する要因を確認し，教育格差を解消，または緩和させるための体系的な努力をしなければならない。
　第2に，地域間の教育格差を解消させるための逆差別的な財政支援事業を持続的に推進しなければならない。関連事業の安定的推進と財源の確保のための法的根拠を備える必要がある。例えば，仮称，教育福祉法，あるいは農山漁村教育育成の特別法などの制定が必要である。
　第3に，政府の地域間教育格差の解消のための各種支援事業の推進体制を成立し，実践する人材を拡充しなければならない。地域間教育格差を解消，または緩和させるためには教育機関だけではなく，関連機関の広範な参加と協力が必要である。したがって，法的レベルでの事業推進体制を構築されなければならない。それと同時に地域間教育格差の解消させる関連各種の財政支援事業を効率的に推進するための実践専門家の確保も重要である。そのために，仮称，教育福祉士制度の導入・運営が必要である。
　第4に，政府と地域間の適切な役割分担が必要である。中央と地方政府が主導し，地域間教育格差の解消のための制度的基盤を調整しなければならない。そして該当地域と学校が主体になって自らもっている潜在的な力量を結集し，自求的な努力をはからなければならない。
　第5に，学校，家庭，地域社会の統合的な努力を誘導しなければならない。家庭の子女教育の機能を補完し，地域社会の教育的環境を調整する必要がある。学校，家庭，地域社会の緊密な協力体制が構築されなければならない。
　第6に，児童・生徒の学力のみならず，基本生活，身体的，情緒的な健康，社会的能力など，多面的レベルで力量強化を推進しなければならない。同時に生涯段階別に分化された支援体制の確立を構築し，不利益地域の児童・生

徒に複合的なサービスを提供するようにしなければならない。

注

1) 韓国では，社会におけるあらゆる場面で「両極化(bipolarization)」という言葉が用いられるようになっている。とりわけ，1997年のアジア通貨危機後，雇用状況が悪化し，給与水準の低い非正規雇用の労働者が増加して，いわゆる賃金格差の拡大と中産層の貧困層への転落しており，その格差がますます広がっている。また，塾などの教育出費が多い家庭とそうでない家庭の格差が広がり，それによって，子どもの進学を左右する教育の両極化が深刻である。したがって，日本の「格差」「二元化」「二極化」の言葉に相当するのがいわば「両極化」である。韓国教育開発院『家庭背景と学校教育の影響力の分析』研究報告書，2006, pp. 13-16。

2) 韓国ソウルでは11学群のうち，第8学群を別名で江南8学群という。ソウルの真ん中に流れる川の南側に当たる江南学群では1974年から小学区制が導入され，高校までの学校間格差をつくらないようにできたものである。

　江南はソウルだけではなく韓国全国における最高の学群として急浮上している。子どもの大学入試を控えているソウルの上流階層の人々が江南エリアへ移転し，そのために江南エリアには社会的地位が高い指導層が多く住むエリアへと変貌している。

　現在，ソウル市教育庁は，現在11地域の教育庁別に仕分けられている11の学群を見直し，調整することにしたと明らかにしている。そこで，江南と江北地域の教育格差を解消する方案の中の1つで，学群を多様な方法で改善する方案に対して検討している。

3) 社会的に不利な立場の人々のことを言うが，一般的には幼児および妊産婦，児童・青少年，低所得層や障害者，高齢層などの生活的に基盤の弱い脆弱階層(社会的不利益階層)を言う。脆弱階層(社会的不利益階層)は国民の約20％を占めると言われている。

　脆弱階層に関する論文および政策報告書については，韓国教育開発院『教育政策フォーラム』2005；韓国教育開発院『国家均衡発展のための地方教育活性化方案』2007，を参照。

4) 情報公開制度は，学校の主な情報を学校長が自ら公開して，教育の需要者である国民の知る権利を最大限保障する制度である。グローバル時代にふさわしい人材養成を目標に自国の教育競争力を高めるための戦略の1つとして，学校と関連した情報公開を目指している制度である。

　学校情報公開制施行により，教育科学技術部が個別学校または地域(市道)教育庁別に，児童・生徒の学業成就度評価結果を公開することになり，ともすれば学校間，地域間成績差による序列化をもたらす可能性があるという。これにより初，中，高校および大学も公開することが義務づけられる。偽りの報告の場合は，処罰されることになっている。あくまでも学校単位で個人および教師の情報の公開に関しては公開でき

ないことになっている。

　詳しくは，イム・フナム『教育情報公示(開)制の推進現況および発展課題』韓国教育開発院，2008a，と，イム・フナム『教育情報公示(開)制の発展体制構築方案』韓国教育開発院，2008b，を参照。

参考文献
キム・ソンシク『経済・社会不平等と教育格差』韓国教育開発院，2007，pp. 30-31。
キム・ジョンウォンほか『教育福祉投資優先地域支援事業運営モデル開発研究』韓国教育開発院，2007。
キム・フンジュ「教育条件格差の解消対策『教育両極化の診断と対策』」韓国教育行政学会・韓国教育社会学会編，2006，pp. 185-209。
農林水産食品部「2008年度農林業業者の生き方の質の向上と農山漁村地域の開発施行計画」2008。
ユ・バンナン『教育格差──家庭背景と学校教育の影響力分析』韓国教育開発院，2006。
PISA ホームページ　http://pisacountry.acer.edu.au/参照。
リム・ソンヒ，キム・ギョンヒ「大田東・西における教育格差の実態と解消方案」『教育両極化の診断と対策』韓国教育行政学会・韓国教育社会学会編，2006，pp. 215-231。
イム・ヨンギ，ミン・ビョンソン『農漁村中学生の特性分析』公州大学校教育研究所，2006。
イム・ヨンギ，クォン・ドンテク『都農間の教育格差の分析研究』公州大学校教育研究所，2007。
チェ・ウンヨン「ソウルの居住地の分離深化と教育環境の差別化」ソウル大学大学院博士論文，2004。
ハ・ボンウン「地方分権化時代の地域間教育格差の実態と改善案の研究」『教育行政学究』Vol.23, No 3, 2005, pp. 167-193。

第9章 韓国における地域教育共同体運動の展開
―― 忠南教育研究所における農村教育共同体の実践を中心に

ヤン・ビョンチャン
（訳：山下直子）

第1節 課題

　韓国・アメリカ牛肉協商に対する最近の社会的葛藤は，グローバル経済の転換という，国民全体が深く実感できる重要な学習過程であったと言える。このようなグローバリゼーションは，韓国における農村の経済的基盤を悪化させ，これによる急激な離農現象と廃校を引き起こしている。また，これによりさらなる地域の過疎化が進んでいる。農村における廃校は，経済的貧困による離農の結果であると同時に，離農を煽動する重要な原因となっている。このような農村における教育の悪循環は，政府による小規模学校の統廃合政策によるものであった[1]。(ヤン・ビョンチャン，2008) 地域住民の意思とは無関係に推進される教育部の農村における学校政策により，農村地域の問題はいっそう深刻となり，これにより，地域次元での組織的な対策がより強く求められ始めた。その代表的な事例が，1993年から京畿道加平郡トゥミルリの住民たちによる「トゥミル分校を生かす運動」であるが，この運動後，小規模学校の統廃合政策は社会的問題となった。

　その後，多くの地域で一部の親と進歩的な教師を中心として，農村における小さな学校づくり運動が展開された。また，急激な過疎化が進んでいる基礎自治団体においても，人口の減少と経済力の低下という危機意識の中で，奨学財団の設立並びに教育の諸条件を改正する政策を推進している。一方，民主労働団が発議した「農漁村教育特別法(案)」に対し，全国教員労働組合の法制定の運動も展開されている。農村における学校の問題は，教育の問題

としてだけみることはできず，これは農村社会における構造的問題と関連している。(ヤン・ビョンウほか) さらに，既存の農村における学校政策の観点では解決が不可能であり，現在のように学校と地域間の疎通をはかることが不足している現実を克服しなければならない。そこで，本研究では，農村における教育の自生的な解決法を探るために，地域住民と学校の協同的構造がつくられている持続可能な農村における教育共同体運動に注目する。

本章では，現在韓国において，農村の解体とマウル学校の廃校という時代的な危機状況の中で生み出された，農村における教育運動の主体が，どのようにして外部の政策に対応しているのか，地域住民とどのように連携し，地域の協力的な教育共同体をつくっていくことができるのかという可能性を探ることとする。

第2節　農村における教育力の回復と地域共同体の再生

現在，農村における教育問題の根底は，経済的生産性の不足と地域共同体の解体により始まった。近代化，都市化が急激に進行し，農村の経済的基盤が弱化したが，これは都市への人口流出という社会問題に関連するものであった。このような農村の社会的変化は，地域内の共同体性を喪失させた。この副産物としての農村における学校の過疎化が急激に進行し，地域の教育問題が大きく注目され始めた。よって，農村における教育の解決法は，地域共同体の崩壊という社会的現象から出発しなければならない。

1つの生態系としての農村の「マウル」[2]は，生活の場として住民の基本的要求(経済的欲求だけでなく，教育・文化・福祉的要求等)を充足させる空間である。また，伝統的に地域には，学校教育以前から，地域共同体を基盤とする1つの教育的な力が存在していた。地域固有の社会規範(郷約)をはじめとし，生活体験，地域集団などがその地域の教育力を形成していたのである。さらに，地域という生活世界は固有の教育力をもっており，これに対する責任も地域の構成員が背負っている。しかし，産業化以後，大部分の地域が急激に過密化，過疎化し，地域の共同体性が崩壊していき，これにより地域の

教育力も低下していった。これは，都市や農村に限らず，社会全般に生じる危機だと言える。

　このような共同体的危機状況において，農村におけるマウルづくりは，地域の教育力を回復，再建する努力と緊密な関係がある。マウルづくりは，地域を住民の生涯発達を保障するための場としてつくるものだと言えるからである。人が地域社会で成長，発達するという観点からすると，人間の成長と地域づくりは互いを規定し合っている。結果として住民は，地域の中で成長し，地域は住民によって発達する。ここでは，地域の教育力は，児童，青少年教育だけに限らず成人教育と高齢者教育まで含めたもので，地域の学習風土である学習の価値観，学習経験，学習意欲などと，地域がもっている人的，物的教育条件を指す。

　農村における教育は，究極的には地域の共同体が復元される状態を目指さなければならない。農村地域におけるすべての部門間に，地域のパートナーシップを効果的に開発することができるよう，個人と組織，団体，企業，行政などが学習に参画することができるよう支援し，動機を誘発しなければならない。ここで，本研究は，地域の教育体制が単純に地域の経済的生産性と競争力を高めることを目的としているのではなく，衰退していく地域の復興のために，自生的な地域共同体をつくっていかなければならないことを前提としている。具体的には，農村における学校が学齢期児童と青少年の教育の場所として認識されるだけではなく，地域社会とともに生きる地域の共同体形成のための中核機関として変化し，大人と子ども，青少年と高齢者がともにつくる教育共同体を形成する場，基盤とならなければならない。今こそ農村地域は教育力を復元させなければならないときである。住民の力で地域の教育力を回復し，住民が地域づくりの主体となって参画し，地域再生を遂げながら，農村の循環的な成長構造をつくらなければならない。

第3節　農村の教育政策に対する地域的対応

　小規模学校に対する統廃合措置をとった教育部は，地域住民にとって地域

の学校がもつ意味というものを過小評価している。これに対し農村の構成員は，農村における教育の矛盾を解決するために，問題意識をもち，その解決法を模索している。このような動きは，大きく分けて3つの方向を持つ。1つ目は，学校の教師が中心となって行う，小さな学校を生かす運動である。2つ目は，農村の地方政府が中心となって行う，教育の諸条件を改正するプロジェクトである。3つ目は，学校と地域がともにつくっていく地域共同体運動と言える。

1　進歩的な教師が中心の小さな学校を生かす運動

前に指摘したトゥミル分校の廃校後，次第に国の小規模学校の統廃合政策に問題を提起する該当地域の住民の声が高まっていき，多くの地域で，住民と生徒たち，教師たちが農村の小さな学校を生かす運動を組織化していった[3]。各地域ごとに農村における教育に対する改革的動きがある。特に，学校の教師と地域の住民を中心とする農村の学校を生かす運動が連鎖的につながっていった。トゥミル分校の廃校反対運動を契機に，1995年に「小さな学校を守る運動」という市民団体が誕生した。これを契機にして，各地域では小さな学校を生かす運動が展開され，この中で京畿道城南市のナムハンサン初等学校と忠清南道の牙山市コサン初等学校，全羅北道完州郡のサム初等学校が代表的な事例である。

生徒が減り，廃校危機にある都市近郊の農村の学校であったナムハンサン初等学校とコサン初等学校は，近隣市内にいる生徒を転校させ，学校を生かす運動を展開した。このような事例は，都市外郭にある農村の学校に都市の生徒たちの転入学を誘導し，教育環境を改善することで，公教育体系内での代案的な農村の学校の方向性を模索している[4]。ここで特記するに値することは，この運動を支持する教師が志願して発令を受けて集まり，地域市民団体の実験的な環境教育プログラム支援[5]を通し，新たな学校モデルを模索し始めた。全羅北道完州郡のサム初等学校の場合は，廃校対象であった2校（コサンソ初等学校とサムギ初等学校）の統廃合に反対した地域住民と一部の教師が，学校の維持のために努力する過程で誕生した学校である。これらの

学校は,「田園の小さな学校」モデルを農村の学校を生かす運動の代案として提示した。これは,教育部が小規模学校の統廃合論理として主張した「小さくて非教育的」というイメージを克服しなければならないという小さな学校を生かす運動の戦略であったとみることができる。

この小さな学校を生かす運動は,学生,親,同窓生が,登山大会,森の学校,週末農場,忘年会など,学校—家庭の共同体活動に参画し,地域の学校再建に対する論議から始まった。多くの地域における一部の教師と住民を中心に展開された小さなマウル学校を生かす運動は,都市の巨大な学校の入試指向的な文化に対し,代案的な実験を展開している。このような学校は,地域の教育課程化,学校農場を通した労作教育,森の学校,週末農場,忘年会など,学校—家庭の共同体活動,都市と農村の交流学習,学校の自治的な意思決定,コミュニティへ参画する学校のリモデリング設計などを推進し,地域の学校の新たな代案的体系を整えようと努力している。

2 地方自治団体主導による教育の諸条件改正プロジェクト

地方政府の中には,地域人口が激減した原因は,地域の学校における競争力の低下だと判断し,教育の諸条件の改正政策を推進することを始めた。このプロジェクトは,学力伸張を通して地域の学校の威信を回復し,これを通して学生の都市離脱を防止しようとする目的で推進している地方自治団体主導モデルである。地方教育自治法により,地方の教育および学芸に関する事項は教育庁(教育委員会)所管業務であるため,伝統的な韓国の地方自治団体(市,郡,区庁)は教育に関与してこなかった。しかし,過疎化が激しくなる地方自治団体は,「教育経費支援条例」の制定と地域における教育財団の設立など,地域の学校を支援する政策を推進中である。

特に,1993年に設立された全羅北道淳昌郡における寄宿型の公立学院の事例が,最も代表的なものであり,10数カ所の自治団体が類似した形態の教育的支援を行っている。玉川(淳昌の昔の地名)人才塾は,寄宿型の公立学院で,地域の中・高生300余名を選抜し,放課後,全員寮生活をし,近隣の大都市の有名な学院の講師から講義を受けるなどの集中指導を受け,名門大

合格者を多く輩出することを始めた[6]。

また谷城郡は，地域の小さな学校を統廃合し，中心となる学校をつくり，集中的な支援を行うことを始めた。これまでの政府による農漁村における優秀校事業と，最近の新政府が重点事業として推進中である地方の寄宿型の公立高のモデルとなっている事例である。羅州市は，1993年「羅州教育振興財団」を設立し，基金を集め，教育の諸条件の改正事業を推進している。このプロジェクトは，公募方式で地域の学校に教育経費の支援を行い，高校の優秀な新入生に対し奨学金を支給し，自治体次元での英語補助教師の採用など，公教育を支援する方式をとっている。しかし，このような地方自治団体の努力は，特定の学校や学生たちを選別し支援を行うことで，地域内でのまた別の差別を生み出すことになり，このような支援システムを通じて究極的に農村地域の周辺化を克服することが可能であろうかという疑問が抱かれる。

3　学校と地域がともに行う地域の教育共同体運動

韓国の農村コミュニティの崩壊と重なり合う農村における教育の問題は，学校の力だけでは解決できない。地域全体が主体となって協力的教育共同体の形成を通し，解決の糸口を探していかなければならない。すでに，農村における教育の問題を複合的に経験してきた多くの地域では多様な共同体の実践活動が展開されている。住民と教師たちによる農村学校を生かす運動の事例は以下のようなものである。忠南ホンソン郡のプルム地域は，古い伝統をもち，学校と地域の協同が活発になされていることでよく知られている。(ホン・スンミョン，1998；キム・ジョニョン，1998；ヤン・ビョンチャン，2008)

また，全羅北道地域には，全教組の教師と全国農民会の全羅北道盟が連帯し，結成された農村教育研究会[7]は，地域別の支部形態として，益山地域（益山農村教育研究会）や鎮安地域（鎮安教育発展研究会）など，各地域の教育連帯の集まりを設立し，地域調査と道農交流プログラム，青少年文化体験プログラム，教育環境改善事業などを展開している。特に益山の場合は，地域農民会とマウルに居住する教師が中心となって活動を展開していた。また，

最近動き始めた清原郡の希望教育ネットワークや横城郡の平等機会学びの場協同組合などのような地域の教育共同体運動が全国的に拡大する動きをみせている。各地で，主体的な住民たちの参画と教師たちの努力が1つにまとまり，農村地域と教育を再生させるための教育共同体運動が展開されている。ここでは住民と地域の内発的力量の強化がカギとなっている。

第4節　農村における教育共同体の実践運動の展開
―――公州ポンヒョン地域の忠南教育研究所

本章では，農村における廃校を中心に，農村における学校問題に関心を，教師，教授とマウルの住民が協力した事例である忠南教育研究所の経験を通して，農村地域の教育共同体の形成の可能性を模索する。

1　忠南教育研究所の出発

忠清南道公州市ウソン面の廃校であるポンヒョン初等学校に位置した忠南教育研究所は，2000年9月に創立した民間の教育研究の実践団体である。研究所は，農村地域および農村における教育の再生について論議を行った教師・教授たちが合意し，地域運動の力量を育て，地域における未解決の問題に対し，代案を提示する目的で組織された。これらは「教育および教育の主体の本来の姿を再確立し，研究実践の力量を組織することおよび永続的活動の形を準備し，地域単位での研究実践センターの機能を遂行し，教育運動の連帯を強化させること」を創立の趣旨として設定した。

会員は，農村の学校で勤務する公立学校の教師が主軸を成しており，ほかにも公州大学をはじめとする地方大学の教授[8]，そして一部の住民を含み，総計130名が参画して創立された。現在，会員300名以上の規模の研究所に成長し，事務局長1名，正規職員(放課後学校教師)7名を中心に活動が行われている。研究所が目指す教育は「人生の教育，相生(五行)の教育」，そして「地域に根づいた教育」である。農村の伝統的な価値の発見，マウルにある多様な資源の協力的ネットワークを通した教育支援，地域社会とともにつ

くっていくマウルの教育力の強化を目指している。これを基盤として「子どもたちの人生に必要な自発性と創意性を基礎として，多様性を尊重する共存と相生の教育」を実践するために，「地域を愛し，地域共同体に貢献する実践的教育研究」を重要な事業の方向として設定し，事業を推進している。

　以上から，提示した教育の目指す方向をもとに，研究所の事業はマウルの児童・青少年のための学校教育と地域住民のための社会教育を並行して行っていることが特徴である。当初は分化されていなかった教育活動は，次第に拡大され，児童・青少年と地域住民のための教育活動が多様化・連帯化していった。また研究所は，地域住民がマウルづくりに主体的，実際的な計画に参画することができるよう専門的支援事業も行っている。

2　廃校を再び地域の教育センターとして

(1)　農村における教育研究からの始まり

　忠南教育研究所の基本事業は，研究，研修，情報提供，連帯の4つの事業に区分される。この中でも最も核心的な事業は，農村における教育に対する研究事業である。それは，農村における教育研究は，地域の懸案への問題提起および解決過程としての意味をもつためである。農村における教育研究は，研究のための準備作業から始まった。創立当時の会員たちは，2001年から研究力を養成するための準備段階として，東洋哲学，企画力，教育課程，学力観などの自発的な学習活動を主に展開した。

　2004年，研究所は「農漁村における普通科高等学校教育課程改善方案の研究」をはじめとして，農漁村における教育政策の国際比較，農漁村における学校教育の実情分析，農村の青少年のための進路指導，文化芸術教育プログラム開発の研究などを遂行した。その後，研究所の事業は，公州大学との連携を通して段階的に拡大され，2005年，公州大師範大学農村教育特性化事業団(NURI，地方大学の集中育成プロジェクト)とともに，農村における教育の共同研究を遂行している。特に公州大の教育学科と共同事業チームを構成し，農村における教育，平生教育，青少年文化教育，代案教育プログラムなどに関する共同研究開発活動を協力して遂行している。

(2) 地域における児童と住民のための「マウル学校」

　研究所創立以後，廃校を研究所が借り，そこを中心に教育支援事業を実施した。忠南教育研究所がポンヒョンマウルのために推進している実践は2つに区分される。マウルの児童，青少年の教育支援事業と，マウル住民のための住民による教育事業がそれである。廃校は，農村コミュニティの崩壊の象徴である。創立当時のメンバーは，このような状況で「この疎外の象徴である廃校をもう一度農村における教育文化の中心地として立て直そう，閉ざされた空間をもう一度地域住民たちに返そう」と同意した。(チョ・ソンヒ) このようにして，マウルの中心としてマウル学校が住民たちに再び認識され始めた。ポンヒョンマウル学校の事業は，創立初期である2000年，当時の初代所長であったクォン・ジャンアン(公州大韓文教育科)教授が，週2回にわたりマウルの子どもたちのために「マウル書堂」を運営したことから始まった。これを基盤にマウルの子どもたちのために，放課後コンブパン(勉強部屋)の形態で運営し，ポンヒョンマウルだけでなく，近隣マウルの小・中学生の90％以上がマウル学校を利用するようになった。

　これが土台となり，2006年からは青少年文化学校「ケヤキ（ヌティナム）」を運営し，事業の内容を週末学校，季節学校，農村文化体験学校などと拡大していった。このような活動は，農村地域の児童，青少年，そして都市地域から農村活動に参加した児童に，農村の伝統的な価値と労働(汗)の価値，そして自然の大切さを直接感じてもらう体験をすることができるという意味をもつ。ケヤキ学校の最も大きな特徴は，学校の内と外が通じており，共生する構造ができあがっていることである。研究所の会員の大多数を占める現職の小・中・高校の教師たちがケヤキの週末学校，季節学校プログラム企画をともに行い，反対に，ケヤキの教師や地域の住民たちは，地域学校の特別活動，現場体験学習，キャンプ(都市と農村の交流および国際交流)などに協力している。このように学校の内外を行き来するネットワーク活動を通し，地域の児童・青少年の保護と学びの場を提供し，地域の教育力を強化している。

　マウルの児童・青少年を対象にした教育事業は，自然と彼らの親である地域住民の教育活動につながっていった。マウル学校を中心にマウルの住民た

ちとの意思疎通が自然とつながり始め，特にコンブパンの児童の大多数が祖孫家庭の子どもで，マウルの大人たちとの関係が緊密になってきた。これが契機となり，具体的にマウル住民の教育事業を推進し始めたが，それがまさに住民のための「住民教室」と，住民が教える「農耕文化継承教室」である。住民教室は，マウル書堂がマウル学校として拡大・運営されたときから，地域住民のコンピューター教育の要求により始まった。以後，プンムル[9]（サムルノリ）教室，文解情報化教育などを運営している。

一方，2003年の文化観光部の公募事業に，忠南教育研究所はポンヒョンマウルの藁の工芸，労働謡など，農耕文化を受け継ぐ後継者の養成の伝統文化の学習の場を申請し，これが選定され，農耕文化継承教室が運営された。地域住民が教える農耕文化継承教室プログラムの実施以後，他の部署の支援事業に選定され，「ポンヒョンノンベミ（田の一区切り）文化教室」と「私たちがいるときに学べ」（大人がもっている伝統技術を伝承するプログラムの名称）などの伝統継承の文化教育プログラムなどが活発に運営されている。ポンヒョンマウル学校は，このように児童・青少年，そして地域住民のために開かれた学校として機能している。マウル学校は，農村マウルの児童・青少年のための学校教育だけでなく，住民のための社会教育を並行して行い，マウル全体を1つの教育共同体として捉えることができる。

(3) マウルが一丸となるイチョウの木マウル祭り

小さな農村マウルにおける学校は，近隣地域との連帯意識をもてる重要な中心施設である。しかし，廃校になり，連携の輪がなくなるように，地域間の連帯意識が希薄になっているのが現実である。研究所は，このような問題を克服するために，ポンヒョンマウルの近隣の3つのマウルでともに行う「イチョウの木祭り」を毎年実施してきている。マウル祭りは，2002年，忠南教育研究所の運動場にあるイチョウの木から取ったギンナンを売って出た収益金をマウルの住民たちに分配するため，祭りという形態を活用しながら始まり，名称もイチョウの木祭りとなった。祭りの重要なプログラムとして，1年の農産物でマウルの平安と豊年を願うマウル安寧祈願祭，伝統文化体験

広場，伝統飲食広場，伝統遊び広場，講演広場，展示広場などが運営される。
　イチョウの木祭りは，農村文化の発展可能性と価値を再確認する場として，マウルの伝統文化を媒介に，1つの農村マウルの教育・文化共同体を形成し，マウル住民の自尊心も高めることができるという点で意味をもつ。また，児童・青少年，そして地域住民のために構成された地域教育活動の結晶体として1つの地域づくりをみせる点で意味をもつ。このように研究所が，マウルを1つの共同体としてくくっていく媒介者としての役割を担っている。これは，その間ポンヒョン書堂，マウル学校，青少年文化学校ヌティナム，住民教室など，一連の活動を経ながら，マウル内で地域住民と一定の関係を形成し，地域の教育問題解決に対する成功的な経験を蓄積していき，信頼感を築いていくためである。

3　地域とともに実践する教育共同体の可能性

(1)　マウルと外部をつなぐ媒介

　研究所は，その活動範囲をポンヒョンマウル内で限定するのではなく，忠南地域の学校や小さな農村マウルで拡張する活動が展開されている。研究所の青少年文化学校ヌティナムの常勤所員が近隣地域の学校の放課後プログラム講師として出張したり，忠南地域の小規模学校を対象に「模索する教育活動」を進める方式である。また，研究所の人材プールにより，体験，キャンプ，活動を企画し，該当する学校と連携・運営することもある。このように研究所は地域と外部をつなぐ媒介として機能している。

　農村における教育の問題を支援するための政府部署，自治体，民間財団の努力は，比較的多様な方である。しかし，大部分の農村は外部の適切な資源を適宜に習得することができず，企画力が多少不足し，機会を逃す場合が多いというのが実情である。このような問題を研究所がマウルの支援事業の形態として推進しながら，適切に解消していくことができた。実際に，農村マウルで最も情報獲得の困難な家庭を支援し，各財団や企業の支援プログラムをマウルにおける困難な児童・青少年に実施している。2003年，文化観光部が公募した歴史文化マウルづくり事業の選定，2007年，公州市5都2村

のマウル指定，2007年サムソン平等機会奨学財団の奨学生の選定などがそれである。

(2) 忠南農村教育希望探しネットワークの広がり

最近の研究所の実践活動が，徐々に外部に拡張されるという1つの転換点が生まれた。2008年，研究所は民間奨学財団(サムソン平等機会奨学財団)の地域教育ネットワーク事業の支援を受け，地域の機関・団体と協力し，「忠南農村教育希望探しネットワーク」を発足した。地域のコミュニティの協力を通して，教育共同体を構築しようという目的で推進される奨学事業に忠南農村教育の協力事例をつくろうということがその趣旨である。このネットワークには，公州大学校の教育研究所，大田忠南WISE(女性科学人教育)センター，大田忠南民族芸術人総連合会，春秋書堂など，さまざまな機関・団体が賛同し参加している。

このようにさまざまな機関・団体が合意したことに対し，事務局長は「地域の教育問題を解決するためには，地域内の多様な教育関連団体が頭を突き合わせて互いの長所を生かし，短所を補完していく「相生の教育」を模索していき，実施することが最先であることを知っているため」だと明らかにしている。特に，ネットワーク構成を通し，その間事業内容の中心となり協力してきた地域の機関・団体との連携が，より組織的な次元で構成されるようになった。このようなネットワークの成長は，研究所と学校，地域住民間の協力を通した地域教育共同体の形成の段階別発展過程を示してくれる点で，今後の韓国の農村における学校，農村社会で，教育共同体の創造に意味をもつ示唆点を与えるものとして期待できる。

第5節 結 語
――農村の希望教育ネットワークを目指して

現在，農村における教育は，過疎化している農村を再生させるため，最も早急に解決しなければならない課題として提起されている。このような状況

から，農村地域の再生は，地域の多様な主体による自発的で協力的なネットワーク形成を通して，解決しなければならない。忠南教育研究所の事例は，地域社会と学校が互いの境界を行き来し，地域の教育力を強化させるために，協力的に活動する姿を具体的に示している。すなわち，農村地域の教育問題に悩む地域の教師と教授たちが共通の問題意識に合意し，これを改善するために民間団体を創立し，事業を実践していきながら問題解決がより具体化されていった。特に，農村地域に居住し，農村教育の問題を実感してきた農村の教師たちは，参画しながら主体的で多様な活動を展開することが可能となり，大学教授とともに行いながら大学の研究力量との結合が可能となった点も肯定的に作用した。

マウル住民が参画する過程をよくみると，外部の専門家である研究所の構成員は，住民の必要に基づき自然と協力することができるよう，段階的疎通を始動した。研究所が農村教育の問題を解決しようとするよい趣向をもっていても，マウルの立場からは，異邦人と言えた。さらに，研究所ははじめから無理にマウルの問題に直接的に介入せず，マウルの子どもたちの教育問題を補完する形で事業を展開した。この過程から，自然に子どもたちの親である地域住民との連携の輪ができ始め，彼らが必要とする教育活動を展開しつつ，信頼を形成していった。すなわち，マウル学校は，マウルの子どもたちだけではなく，大人もともに寄り添うことのできる生活空間としての場を確保し，この過程からマウル住民と研究所間には，教育共同体運動の真正性に対する深い信頼が生まれた。

忠南教育研究所が示している成果は，地域における児童・青少年と地域住民のための機関の役割を定立し，地域社会と疎通をはかり，連携と協力の成果をつくり出した結果だと言える。現在，農村が直面している教育的矛盾は，大部分が共通して生じている。こうした地域の教育共同体形成の事例が，また1つのマウルを持続可能な共同体として再生することができるモデルとしての役割を担うことができると期待する。

(監訳者補注)韓国では，四年制大学を大学校，学部を大学と言う。例，公州大学校師範

大学は公州大学教育学部のことを意味する。

注

1) 1982年から始まったこの政策の結果として，2005年までに3,265校の学校が廃校となり，1,793校の学校が分校として改編された。政府は2006年，再び「農山漁村における小規模学校統廃合と適正規模の学校育成計画」を樹立し，2009年までに676ヵ所の小規模校を統廃合することを目標としている。このような教育人的資源部の統廃合政策の潜在対象である小規模学校(学生数100人未満，6学級未満)は，現在全国で2,420校が運営されており，そのうち大部分は農村地域の学校である。農村地域の小規模学校統廃合措置は，地域住民にマウル学校がもつ意味を過小評価したものである。

2) 農村の一般的な居住形態を，韓国ではマウル(里)と言う。ここでのマウルの意味は，小さな地理的生活空間という意味もあるが，伝統的な住民の共同体の意味をもっており，韓国人には心の故郷のような情緒的な意味も含まれている。

3) 教育人的資源部の政策公文は，農村学校を「小規模学校」と命名しているが，住民運動ではこれと差別化し，「小さな」学校と呼ぶ。この運動では，農村の小さな学校がもつ相対的長所を浮き彫りにしている。

4) これに関連して，「農村の小さな学校を生かす運動の現状と課題」(チャン・ホスン，季刊農政研究2003)のpp.178-186と「小さな学校づくり運動を通した公教育の活性化」(忠南教育研究2003)のpp.32-42，「廃校の危機を越え，学校教育の希望として」と「山での学校づくり」(農漁村小さな学校を生かす全国討論会資料集2004)のpp.40-79を参考。

5) 天安牙山環境運動連合が，環境部からの公募事業として，支援を受け環境教育模範学校プログラムを運営し，講師を支援した。また，ごみの埋立場，飲食物資源化施設所，きのこ工場，くり農場，有機農家，養蜂事業，韓国エネルギー施設研究所，地質博物館など，地域の資源を教育課程にし，環境教育体制を構築した。

6) 最近の国家人権委員会は，淳昌郡の「玉川人才塾」に対し「成績を基準に院生を選別するのは本法の平等権を侵害するだけでなく，非入社生の大多数の学生に剥奪感を与える要因がある」と，寄宿型の公立学院の運営方式を改善するよう勧告した。しかし，公立学院を運営中であったり，準備している自治体は，「人権上，学習与件が劣悪した農村地域の現実を無視した理想主義に陥る勧告」だとし，農村教育の唯一の希望である公立学院を人材養成と人口増加などの地域経済回生の次元で推進すると立ち向かっている。

7) 1994年，2つの組織が連帯し農村教育の発展のために住民運動を開始し，1999年「全北農村学校を生かす運動本部」を発足し，全北地域の農村教育の現実を直視し，農村教育の環境改善および農漁村教育特別法制定などを主張した。「農村教育の発展に関する教育運動研究」(イ・ミヨン2004)

8) 参画した大学の教員は，社会的責任制を強調する「民主化のための全国教授協議

会」(民教協)の会員が大部分であった。大学の地域社会貢献に関心をもっていた彼らは、農村教育の問題を糸口にして、現場の教師と会う経験を始めた。教授個々人が社会的責務をもち活動に参画することであり、大学の組織的参画はない状況であった。
9) かね(ケンガリ)、どら(ジン)、チャング(鼓の一種)、太鼓(ブク)を用いて行う農楽のことをいう。

参考文献

教育革新委員会『農漁村・小さな学校教育をいかす全国シンポジウム資料集』2004。
キム・ジョニョン『地域が学校で、学校が地域だ──プルム学校と地域社会共同体』ソウル：ネイルヨヌンチェク(＝明日を開く本), 1998。
ミン・ビョンソン「プルムの教育と農村地域社会の再生」公州大学校教育学科『地域再生と疎外階層のための学習支援ネットワークの構築』2006年北海道大学教育学部招請学術シンポジウム資料集, 2006。
ソル・フィスン「地域教師間ネットワークを通した地域化教育課程開発及び放課後学校運営」忠南教育研究所・公州大教育研究所・大田忠南民主教授協議会『農山漁村地域社会と学校教育』第8回共同学術フォーラム資料集, 2006。
ヤン・ビョンウ, ヤン・ビョンチャン, ソン・ビョンジュ, イ・ミヨン, ソン・スンヨン, チャ・ドンウック, ペク・スンウ, イ・ソヨン『農山漁村教育をいかす方案研究』全北大学校農業科学技術研究所, 2005。
ヤン・ビョンチャンほか「健康な地域教育共同体造成のための地域社会学校運営方案に対する研究」公州大学校教育研究所, 2003。
ヤン・ビョンチャン「地域住民の力量強化のための実践的学習体制の構築」農政研究センター『農政研究』通巻12号, 2004。
ヤン・ビョンチャン「農村教育と地域の協力を通じた地域教育共同体の形成──忠南ホンドン地域〝プルム教育共同体〟の事例を中心に」韓国平生教育学会, 平生教育学研究第14巻, 2008, pp.129-151。
イ・ドンピルほか『都市と農村間の所得及び発展格差の実態と原因分析』韓国農村経済研究院, 2004。
イ・ミヨン「農村教育発展に関する教育運動研究」ウソク大学校修士学位論文, 2004。
イム・ヨンギほか『都市と農村間の教育格差分析研究』公州大学校教育研究所, 2007。
チャン・ホスン「農村の小さな学校をいかす運動の現況と課題」農政研究センター『農政研究』通巻7号, 2003。
チョン・ギファンほか『農村人口過疎地域の類型別特性と対策』韓国農村経済研究院, 1999。
チョン・ジウンほか『農漁村教育発展方案研究』農漁村教育発展委員会, 2002。
チョ・ヨンオクほか『農漁村教育活性化のための短期課題及び特別法制定方案研究』大統領諮問教育革新委員会, 2004。
チェ・ジュンリョル「欧米の農村学校育成政策」農政研究センター『農政研究』通巻7

号，2003。
韓国 YMCA 連盟『マウル全体が学びの場だ：学習共同体のための多様な実験』，2001。
ホ・ジャン，ジョン・ギファン『農村のリーダーシップ構造と役割に関する研究』ソウル：韓国農村経済研究院，2002。
ホン・スンミョン『ともに生きる平民を育てるプルム学校の話』ソウル：ネイルヨヌンチェク，1998。
ファン・ジョンゴン「社会開発と教育の課題：地域社会統合の問題を中心に」『社会教育の理念と実際』ソウル：チョンミン社，1994，pp. 317-330。

第10章　社会的排除問題に取り組むイギリス社会的企業

大 高 研 道

第1節　可視化される貧困と社会的排除

　今，「自己責任」という名の下に，社会生活で直面するあらゆる困難を自力で乗り越えることを強いられる現実が広がっている。不安定で過酷な雇用環境が改善されないままワーキング・プアや日雇い派遣問題は深刻化し，生活保護を受けられず，医療保険未加入のため医者にもかかれない社会は，最低限の生活どころか生命の存続さえも保障してくれない。生きている現実が無視される中で，自殺者は1998年以来連続で年間3万人を超え，その多くが社会的・経済的な困難を抱えていたことが指摘されている。

　格差が拡大する社会とは，端的に言えば中間層がやせ細る社会である。その結果としての食べていけない貧困層の肥大化は，事態が単なる個の努力不足（自己責任）では説明のつかない状態にあることを明確に示している。最近では，最低限の生活が担保された環境を前提に「格差」を論じる一部の格差肯定論の論理的矛盾も社会的に認識され，問題の本質が，格差の拡大以上に，それによって生み出される膨大な数の貧困の現実にあることが理解されつつある。加えて，中流社会の崩壊は，既存の生活水準の実際的変化以上に，国民の「中流意識」を喪失させたという意味で大きな変化をもたらした。それは，中流＝安定が実感できない社会に住んでいることへの危機感を反映していることに鑑みれば，不安社会と言い換えることができる。

　他方で，このような不安定雇用を中心とした社会情勢の急激な変化を背景として，「みえない貧困」／「隠された貧困」の実態も少しずつ可視化される

ようになってきた。事態の悪化が「貧困の可視化」をもたらしたという意味では必ずしも喜ぶべきことではないが[1]，この間の反貧困に向けたさまざまな取り組みの展開は，増大する失業や労働環境の悪化が対岸の火事ではないことを，遅まきながらもわれわれに気づかせるに至っている。それゆえ，現実に起きている社会問題を自らに関わるものとして捉える課題化認識が醸成され，事態の打破に向けた共通の基盤が形成されつつあるとみることもできる。

また，貧困問題は単に経済的な困窮だけではなく，健康，教育，犯罪など，さまざまな社会問題と相互に関連しながら発生していることへの理解が一般化しつつあることも，重要な変化と言えよう。この社会的問題群が相互に絡まりながら個人や家庭，そして地域の中で発生している現実は，ヨーロッパでは1990年代以降，「社会的排除 social exclusion」として明確に意識されてきた。例えば，イギリスの社会的排除対策室(1997年設立)は，社会的排除を「人々や地域が，失業，低熟練技能，低所得，劣悪な住宅環境，高い犯罪率，不健康，家族崩壊といった相互に関連する諸問題に複合的に苦しんでいる場合に起こりうる状態を簡潔に表す用語」[2]であるとした上で，社会的排除との闘いを最重要課題の1つに打ち出している。それは，排除からの回復のためには，単に表象する問題の解決だけでは不十分であり，特に就業に特化した狭義の「職業的自立」を達成すれば完了というわけにはいかないことを示している。

本章では，この回復のプロセスを，近年の社会政策上のキーワードとなっている自立支援という文脈から検討し，具体的には，社会的排除克服に取り組む社会的協同実践の1つとして注目されている社会的企業を取り上げて，その実践が提起するものについて検討してみたい[3]。

第2節　自立支援と社会的企業

「自発的市民精神 active citizenship」を標語とした福祉国家再編が進む1990年代以降，先進資本主義諸国に共通してみられる特徴は「新たな福祉

社会」の担い手としての市民(組織)への注目である。わが国においても，市民の積極的活用を試みる NPM(ニュー・パブリック・マネージメント＝新しい公共経営)の観点から，特定非営利活動促進法(NPO 法，1998 年)，民間資金等の活用による公共施設等の整備等の促進に関する法律(プライベート・ファイナンス・イニシアティブ PFI，1999 年)，介護保険制度(2000 年)，指定管理者制度(2003 年)等の制定を通じた制度的枠組みの整備が進められている。

　また，近年では「ホームレス自立支援法」(2002 年)，「若者自立・挑戦プラン」(2003 年)，「障害者自立支援法」(2005 年)等にみられるように，個人レベルでの「自立」を求める動きも本格化し，まさに「自立支援ブーム」といった様相を呈している。つまり，20 世紀末から進められてきた市民の自立性・自律性を強調する福祉社会は，21 世紀以降，「自立(支援)政策」を 1 つの到達点として，その全体像を具象化しようとしていると言えるだろう。そのことは，構造的な労働市場再編を基盤として深刻化する社会問題解決の担い手育成という意味では積極的な意義を有しているが，他方で，自立を可能とする支援体制整備が不十分なまま進められており，結果として個の責任や役割が過度に強調され，自立よりは自己責任に帰されることへの危惧が指摘されている。また，自立支援の 1 つの軸となる職業訓練・教育をめぐっては，職業観の形成や就労意識・意欲の醸成といった心理面への傾斜[4]，学校と分断された職業教育や省庁縦割りの弊害[5]，さらには制度的な枠組みから取りこぼされる多くの層が実質的にできることは，自助努力による技能訓練や職業資格取得に限定されている実態などが問題点として指摘されている[6]。

　これらの一連の議論では，「そもそも自立とは何か」といった問題意識が共有されており，とりわけ，自立の意味がキャリア形成・人間発達といった課題を内包するものとして認識されていることが特徴的である。その意味では，市民の自主性とともに協同性を発展させる学びの保障という観点から，その現代化がつねに問題とされてきた社会教育研究の領域においても，これらの「自立支援」に関わる諸実践の検討は，重要なテーマの 1 つになるものと考えられる。

そこで本章では，この課題へのアプローチとして社会的企業を題材に取り上げ，検討を試みるわけであるが，その理由は大要，以下の2点にある。1つは，実践共同体への参加の過程を通した学び，あるいはその過程そのものを学びの内実として理解してきた戦後社会教育研究の蓄積と関わる。周知の通り，わが国の社会教育研究では，理論・実践の両面において社会的な(協同)活動を通した学びが重視され，その実践分析が多面的な角度からなされてきた。その過程は，市民や地域住民が自らの人生を主体的に捉え直し，力量を形成していくものとして理解されている。NPO活動を通した学びや教育力に関わる研究の展開はその典型であるが，そこでは社会教育・生涯学習と社会参加の関わりが論じられてきた[7]。また，実践領域においては，「自立性」の強調とともに企業性を重視した非営利協同活動に関心が集まっており，わが国ではNPOの事業化(事業型NPO)として新たな展開をみせている。これらは，ヨーロッパでは主に「社会的企業」と呼ばれ，それは単なる新自由主義の補完物としての位置づけを超えた存在となることが期待されている。それゆえ，現代的協同実践の代表例としての社会的企業は，実践共同体との関わりで社会教育を論じる際にも，重要な活動領域になるものと考えられる。2つは，職業教育・訓練との接点を拡大しつつある現代成人教育の動向と深く結びついている。グローバル化時代の競争への生き残りをかけた先進資本主義諸国の重点政策の1つは，資格取得やスキルの向上とそれを支える教育訓練の充実である。その最大の特徴は，成人継続教育の枠組みにおける職業的な自立支援を重視する点にある。特に，イギリスを含むヨーロッパでは，伝統的な成人継続教育の再編過程において，「積極的労働政策と結合された生涯学習」[8]が推進され，この文脈において，職業教育訓練と生涯学習の接点が明確に意識されている。このような観点からみれば，職業訓練を1つの核とした自立支援を展開する社会的企業の動向の検討は重要であろう。

このような問題意識を踏まえ，以下では，自立社会の担い手として注目されている社会的企業の提起するものを，とりわけ社会的に排除された人々やグループへの支援と包括的なキャリア形成という観点から明らかにしたい。

まず，ヨーロッパを中心とした社会的企業論の動向を整理し，その上で，イギリス・ロンドンの社会的企業「アカウント3女性コンサルタンシィ・サービス Account 3 Women's Consultancy Services」(以下，アカウント3)の事例分析を試みる[9]。

第3節　ヨーロッパにおける社会的企業論の動向と特徴

　社会的企業は，1990年代中葉以降，ヨーロッパを中心に急速に普及し，その振興は，理論・実践にとどまらず，政策レベルでも重要な課題として取り上げられている。イギリスでは，貿易産業省内への社会的企業局の設置(2001年)および翌年に刊行されたレポート「社会的企業：成功のための戦略」[10]以後，その保護育成が重点課題となり，2005年にはコミュニティ利益会社(Community Interest Company：CIC)法が制定された。また，わが国においても，主にNPOの事業化という観点から，その可能性に関する検討が進められている。このように，社会的企業は，とりわけ福祉国家の転換点に立つ先進資本主義諸国では，21世紀の福祉社会を展望する上で欠かすことのできない存在とみなされている。

　その一方で，その概念規定をめぐっては，必ずしも明確なコンセンサスが形成されているわけではない。その理由の1つは，国によって異なる法形態にあるが，一国内においても単一の枠組みがない場合が多く，同様の混乱がみられる。例えば，イギリスでは社会的企業のタイプとして，従業員所有企業，クレジットユニオン，協同組合，開発トラスト，コミュニティビジネス，ソーシャルファーム，媒介的労働市場，チャリティーの事業部門などが挙げられ，法人格に関しても，産業・共済組合，有限保障責任会社，株式会社，コミュニティ利益会社など，多様である[11]。

　こうした概念理解をめぐる課題を踏まえた上で，その特徴をみると，最大の共通点は「社会性と企業性を包摂する組織」ということになろう。代表的な定義は，EMES(L'Émergence des Enterprises Sociales en Europe)グループによって提起された経済的・企業家的な側面にかかる4つの基準と社

会的側面にかかる5つの基準であるが[12]，実践者の間でも「民間営利セクターの起業家的スキルと社会的経済全体に特徴的な強い社会的使命を結合させたビジネス」[13]といった理解が定着している。

　もちろん，経済的機能と社会的機能を結合させた企業への注目は，必ずしも新しい現象とは言えない。すでに1970年代にはフランスを中心に「社会的経済 social economy/économie sociale」という用語が登場し，1990年代以降は，EU諸国全域において，公的セクターおよび私的セクターと並ぶ，経済システムの新しい構成要素としての社会的経済セクターの飛躍的な成長がみられる[14]。実際に，社会的企業という言葉の使用は，それが普及する1990年代中葉以前にもみられた。例えば，EMESグループの中心メンバーであるドゥフルニが1990年代初頭に編んだ著書『社会的経済』[15]にも「社会的企業」という用語が登場しており，むしろ個別の社会的企業を論じることの方が，社会的経済を論じるよりも現実的であると述べている。にもかかわらず，この時期の論争の焦点が社会的経済にあったのは，国民経済・生活における社会的経済セクターの位置と役割を明確にすると同時に，資本主義制度(市場)に完全に取って代わるものと捉える古典的な社会的経済セクター理解からの脱却に比重が置かれていたからであろう。

　翻って，近年の社会的企業への注目の背景には，第1に，社会的経済セクターの地位が一定程度確立した現段階において，協働社会の担い手としての具体的なヴィジョンが求められていることがある。第2に，社会的経済が実践的な枠組みの構築を試みる過程で，セクター論を超えたハイブリッド性が注目されるようになってきたこと[16]，そして第3に，高度な企業性を伴う具体的な事業を通した社会的目的の達成が要請されるようになったことである。この企業性の重視は，福祉国家再編下の国々に支配的な傾向であり，特にボランティア組織やNPO組織の(経営的)自立性が，行政コスト削減という至上命題と連動して推進されている点が特徴的である。また，同時に，NPOなどの市民社会組織の側からも，行政からの補助や契約の制約に顕著にみられる資金調達環境への不安から，自立的な経営基盤の確立を求める動きがみられ，一般市場からの事業収入比率の拡大や多元的な収入構造の確立を重要

な組織課題に据えるようになってきている。社会的企業への関心は，このような脈略において急速に高まっていった。

　ただし，実際には多くの社会的企業がなんらかの形で補助金を受給しており，特に社会的排除問題に取り組む社会的企業は，設立時のインフラ整備を補助金に依存している場合が多い。加えて，補助金以外にもパートナーシップ契約という形で行政との結びつきは強く，その実践過程には，つねに行政組織や市場経済に取り込まれ近似化していく制度的同型化(isomorphism)の問題が付きまとう[17]。「諸個人が参加して取り組む，社会的・公共的目的をもった協同実践には必ず学習活動が伴う」[18]という認識の下，21世紀の代表的な協同実践として社会的企業を位置づける鈴木も，その未来の展開を考える際に焦点となる課題は商品化・資本化および官僚化・国家機関化という2つの「同型化」傾向であると指摘する。それは，これまでも社会的企業の代表的な形態である協同組合が，社会的使命を喪失する過程において問題とされてきた営利資本への転化傾向(資本主義的企業化)として論じられており，また，1990年代以降，社会的経済組織が福祉の担い手として制度的な枠組みに組み込まれる(国家的組織化)過程におけるアイデンティティ弱化の問題として語られてきた[19]。とりわけ，後者の国家的組織化傾向は，社会的企業の現代的特徴を考える際，重要な論点として(再)浮上してくることは間違いないであろう。なぜならば，今日の社会的企業の台頭は，福祉国家再編と新しい混合型福祉の成立過程と深く結びついているからである。EU 15カ国の主要なタイプの社会的企業を分析したEMESグループの調査によると，多くの国において社会的企業は2つの活動領域で機能していることが明らかにされている[20]。1つは，社会サービスの提供，2つは社会的排除克服に関わる活動で，いずれもこれまでは主に公共セクターによって提供されるサービスとして理解されてきた。こうした背景をもとに，今日では行政機関と社会的企業は，事業サービスから社会的問題の克服に至る多様な領域においてパートナーとしての関係を強めているが，それゆえ社会政策の動向にも影響を受けやすい。実際に，社会的排除政策が若者の雇用問題に焦点化(限定)した社会的包摂に特化し，さらには就業を軸としたキャリア形成への志向が強

くみられる中で，社会的企業も単なる補完的機能を担う存在にとどまる可能性も否定できない[21]。

　他方で，にもかかわらず，その実践に内在する諸矛盾を明らかにする過程は，現代福祉社会の文脈に生きる実践共同体の発展の可能性を考察する契機をも与えてくれる。特に，社会問題に取り組む事業体としての社会的企業が対象とすべき課題を社会的排除との関連で捉える視点は重要であり，この社会的排除対策を核とした社会的企業論の展開がアメリカ型の社会的企業論と比較したヨーロッパ的特徴であると考えられている[22]。ただし，（個の社会的起業家を軸とした）アメリカ的な社会的企業論との違いは明らかになったとしても，依然として，社会的排除に取り組む社会的企業の実践的意義と示唆するところは，必ずしも明らかにされているとは言えない。とりわけ社会的排除克服の手法が「保護」から「支援」へと移行しつつある現段階において，その具体的な協同実践の分析は不可欠であろう。本章が，社会的企業による就業・自立支援に注目するのは，まさに，社会的企業が取り組む社会的排除克服の具体的・今日的活動の中核部分に自立支援が位置づけられており，これらの雇用への再統合や社会生活を取り戻す過程での支援の中に，包括的なキャリア形成に向けた1つのモデルが示されていると考えるからである。よって，次節では，社会的企業が提供する職業訓練および自立支援の実践分析を通して，その現状と提起するものについて検討してみたい。

第4節　社会的企業アカウント3による就業・自立支援

1　組織概要

　アカウント3は，ロンドン東部に位置する特別区の1つであるタワー・ハムレッツ自治区を拠点として，主に女性を対象とした職業訓練と起業支援を行う社会的企業である。同地区は，バングラデシュやパキスタンを中心としたアジア系やアフリカ・カリブ海系の移民が多く，ロンドンでも貧困層が集中している地域である。この地域の住民は，言語や文化・慣習，信条・信仰

の違いのため，多面的な不利益を被っており，特に女性は，問題を共有化し，ともに克服するための基盤となる交流の場や行動範囲が非常に限られている。アカウント3は，まさにこのような，言葉や文化的バリアーに直面している女性，失業や貧困に苦しんでいる女性，そして，それゆえ社会的・経済的環境に適応できずに孤立している女性に対する自立支援を目的として1991年に設立された[23]。この活動のユニークな点は，利用者も職員も女性に限定していることであり[24]，その目指す方向は，以下の6つの目標に明確に示されている。

① 貧困から救済し，情報・支援・アドバイスや諸資源へのアクセスの提供を通して，女性の経済的自立のための機会増進に努めること。
② 訓練と職業的・実務的な技能開発の機会の提供を通した教育開発を進めること。
③ 求職女性と彼女たちを支援する諸機関とのつなぎ役となること。
④ 情報提供や助言を通して自助・自立を促進すること。
⑤ 女性たちの出会いの場や彼女らが抱えている共通の課題を明らかにし，その克服の方法についてグループ等で話し合う機会の創出を通して，協同関係の構築に努めること。
⑥ 不平等の克服に向けた戦略開発と諸活動に取り組むグループおよび個人を支援すること。

このように，女性の経済的・社会的自立支援を目的として設立されたアカウント3であるが，その後，その努力と期待される役割の大きさに比例して，15人の専従職員と10人のパート職員を抱え，年間1,200人を超える女性への支援を展開する組織にまで成長している。また，地域内にある20の女性グループとともに「コミュニティ組織フォーラム」を組織するなど，女性グループの中でも中核的な役割を果たしている。

活動資金は，全体の85％がEU(EU社会的基金，ヨーロッパ地域開発基金)，タワー・ハムレッツ自治区，イギリス中央政府などの公的機関からの

補助金・契約で占められており，残りの15％が賃貸料やビジネスサポートなどアカウント3が提供しているサービスによる収入である。

2　アカウント3による自立支援

アカウント3の活動を一言で表現すると，「多面的な不利益を被っている女性が経済的に自立できる能力を獲得するための支援」ということになる。その活動の主なものをみると，①自らの権利，アイデンティティの確立に関わる自己分析能力・自己決定能力の形成に向けたアドバイスや就業支援を行う「ジョブ・サーチ・プロジェクト Job Search Project」[25]，②社会的ネットワークや情報・知識の欠如により，各種の公的支援を受ける権利を有していながら受給していない人々に対する援助や，多重債務に陥っている人々の借金返済計画作成や関連機関との接触を行う「福祉リンクプロジェクト Welfare Link Project」，③起業を目指す女性たちに設立資金を貸し付ける「マイクロ・クレジット・プロジェクト Micro Credit Project」，④「職業訓練プロジェクト Vocational Training Project」，⑤起業家を目指す女性に対して事業計画，市場調査，財政などの設立支援を展開する「女性企業プロジェクト Women's Enterprise Project」等がある[26]。中でも，職業訓練プロジェクトと女性企業プロジェクトは，アカウント3の核となるプロジェクトであるため，以下においてその活動を概観してみたい。

3　職業訓練プロジェクトと女性企業プロジェクト

職業訓練プロジェクトは，就業経験が浅く十分な資格を有していない女性に対する職業訓練の提供が主たる内容となる。2006年度に実施している訓練は11コース(①英語，②読み書き能力，③数的推理・計算，④コンピューター，⑤保育，⑥救急手当て，⑦食品衛生，⑧荷物取り扱い，⑨自動車運転理論，⑩自動車教習指導員，⑪整髪・化粧)で，基本的にどのコースもNVQ(職業国家資格)などの公認資格に直結している。

受講者の85％は，未就業経験者や職場復帰を目指す地域住民で，なおかつ，あらゆる経済活動への参加・復帰のための職業訓練機会から見放されつ

つある移民女性である。年齢層は，行政機関や他の私企業の職業訓練プログラムの多くが，主に若年層(16～19歳)を対象にしているのに対し，20代半ばから40代が圧倒的に多い。子育てなどの理由でキャリア形成の機会が閉ざされている女性が多数いる地域の現実がプログラムに反映していることが分かる。資金提供者(主に行政機関)のニーズだけでなく，より地域(住民)のニーズに基づいた訓練機会を提供していることが特徴的である。

　訓練コースでは，基本的な生活を送るために最低限必要な知識の習得と能力向上を第一義的に追求している。それは，日常生活を不自由なく送るために重要であると同時に，社会参加・復帰に不可欠な要素となる。「読み・書き・計算」はその最たるものであるが，整髪・化粧コース[27]なども，技能習得というよりは，社会生活を営む上での障害を取り除き，自信回復に向けた準備段階における支援であり，社会との接点が希薄な人々に対する細やかな配慮と工夫がなされている。コースの年間参加者数は約500人で，そのうちの90％がコース修了・資格修得を達成しており，その後さらなる資格を目指す受講者も多い。他の職業訓練機関との連携を通して多様な選択肢の開発に取り組んでいることも，継続的な学びの環境醸成という観点から注目される。

　また，職業訓練コースが女性の起業支援へと直結していることもアカウント3の活動の独自性と言える。2004～2005年度で年間70人ほどの利用者があった女性企業プロジェクトは，起業を目指す女性に対する支援プロジェクトである。事業計画，市場調査，資金繰りなど多岐にわたって行われる支援・助言は，アカウント3内の専門家チームによって事業アイディアが生まれた段階から設立に至るまで続けられる。図10-1は，「着想段階」から「準備段階」，「事業開始段階」を経て「事業維持・発展段階」に至るまでの一連の過程で提供される支援を示したものであるが，その内容は教育訓練，助言・相談，情報・資源活用，事業開発一般，そして資金やネットワーク活動など広範囲に及び，さらには必要に応じて職業訓練コースと有機的に結びつけながら進められている。

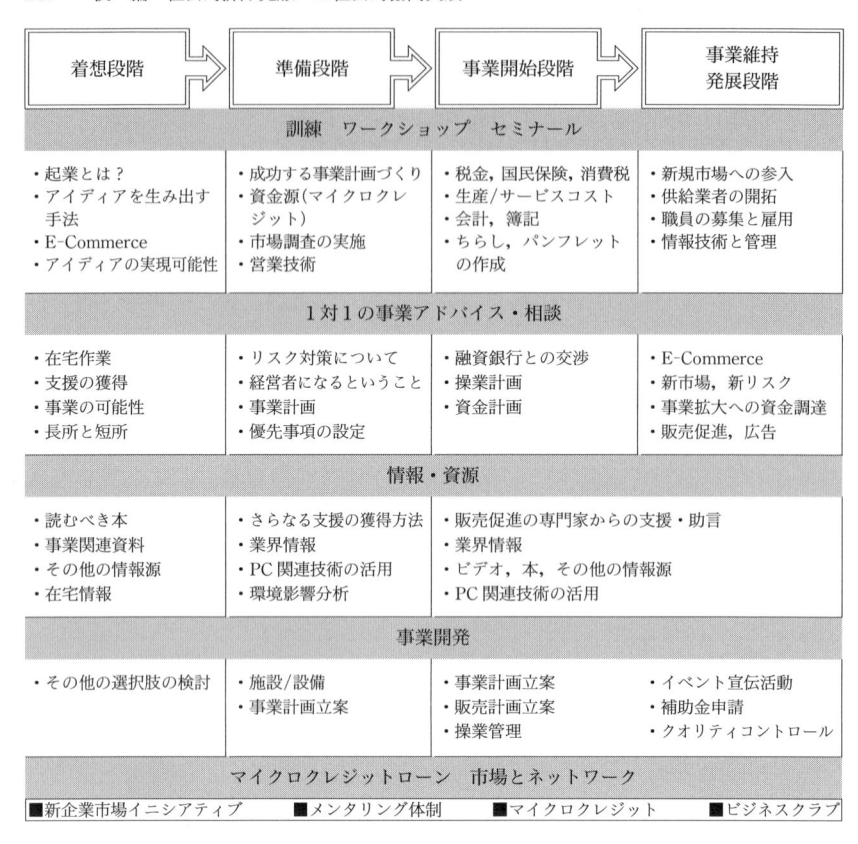

212　後　編　社会的排除克服への社会的協同実践

着想段階	準備段階	事業開始段階	事業維持発展段階
訓練　ワークショップ　セミナール			
・起業とは？ ・アイディアを生み出す手法 ・E-Commerce ・アイディアの実現可能性	・成功する事業計画づくり ・資金源（マイクロクレジット） ・市場調査の実施 ・営業技術	・税金，国民保険，消費税 ・生産/サービスコスト ・会計，簿記 ・ちらし，パンフレットの作成	・新規市場への参入 ・供給業者の開拓 ・職員の募集と雇用 ・情報技術と管理
1対1の事業アドバイス・相談			
・在宅作業 ・支援の獲得 ・事業の可能性 ・長所と短所	・リスク対策について ・経営者になるということ ・事業計画 ・優先事項の設定	・融資銀行との交渉 ・操業計画 ・資金計画	・E-Commerce ・新市場，新リスク ・事業拡大への資金調達 ・販売促進，広告
情報・資源			
・読むべき本 ・事業関連資料 ・その他の情報源 ・在宅情報	・さらなる支援の獲得方法 ・業界情報 ・PC関連技術の活用 ・環境影響分析	・販売促進の専門家からの支援・助言 ・業界情報 ・ビデオ，本，その他の情報源 ・PC関連技術の活用	
事業開発			
・その他の選択肢の検討	・施設/設備 ・事業計画立案	・事業計画立案 ・販売計画立案 ・操業管理	・イベント宣伝活動 ・補助金申請 ・クオリティコントロール
マイクロクレジットローン　市場とネットワーク			
■新企業市場イニシアティブ　　■メンタリング体制　　■マイクロクレジット　　■ビジネスクラブ			

図10-1　アカウント3「女性企業プロジェクト」のサービス供給体制
出所）アカウント3内部資料および聞き取り調査(2006年8月31日)をもとに作成。

4　地域を基盤とした女性の自立支援システム

アカウント3は，キャリア形成の第一歩となる学びの機会の創造や社会的ネットワークの形成に大きく貢献しているが，中でも，地域社会を基盤とした活動の展開が最大の特徴と言える。

アカウント3は，地域との接点を構築する際に，単に事務所のドアを開放し人々が訪れるのを待っているだけでは不十分であると考え，地域内の世帯

への個別訪問などを通して活動への参加を呼びかけている(「アウトリーチ・最前線サービス Outreach and Front Line Service」)。ロンドンのような大都市では，人々は孤立し，問題を1人で抱え込む傾向にある。アカウント3が提供する職業訓練コースは，これらの孤立し家に閉じこもっている人々にとって，社会へつながる最初の(そして多くの場合，唯一の)窓となっているのである。また，その活動が地域に根ざしているため，そこで形成された交友関係は，居住区(生活圏)における助け合いの関係に発展しており，それゆえ強固で安定した生活基盤の構築にも貢献している。

その際，重要な役割を担っているのがアウトリーチワーカー(専従1人，ボランティア6人)である。彼女たちは，社会的に孤立している(であろう)人々を発見し，積極的に社会にアクセスできるような支援を行っており，具体的には，地域内の住宅団地を訪問し，限られたエリアから出ようとしない(出られない)人々を励まし，話し相手になることに労働時間の多くを費やしている。

また，アウトリーチワーカーが見聞きした情報(地域ニーズ)は，アカウント3の活動の重要な情報源にもなっている。職業訓練開発を専門的に取り扱う業者が増える中で，あくまでも受講者や地域からのフィードバックが成功のカギを握るという認識が組織内で共有されていることが特徴的である。なお，地域や受講者のニーズに対応するための施設整備(子育て中の母親に対する保育室など)や利用者の大部分を占める移民に対応するために，スタッフのほとんどが複数の言語を話せるなど，可能な限りニーズを読み取るための体制づくりにも力を注いでいる。また，職員の異動・離職が少ないことは，コースへの継続的参加や諸支援を希望する受講生に安心感を与え，信頼関係構築にも役立っている。

アカウント3の代表者であるメレデュー氏は，アカウント3の教育的意義として，「他者や地域とのふれあいとコミュニケーション」，「自己発見(潜在能力開発)」，「問題の共有化」，「一人ではないことの気づき」などの側面を強調する。特に地域社会に対するアカウント3の役割は，地域に住む個人(孤人)が社会的ネットワークを形成する空間を提供することにあると言うの

である。職業教育訓練や就業・起業支援は，（地域）社会と個人をつなぎ，協同的価値の形成に向けた継続的な学びの場を提供し，さらには，「学ぶ」ということが特定の人々のためだけではなく，万人に平等に与えられた「終わりなき過程」であることへの気づきのきっかけを与えてくれることが，アカウント3の最大の貢献であるように思われる。ある職業訓練プログラム修了生は，このようなアカウント3の活動を以下のように評している。

> 「私たちがアカウント3を適切な学びの場所であると感じる理由は，私たち自身とアカウント3の双方が，学習は過程であり，終わりのないものであると信じているからです。私たちは皆，人生において決して完結することのない終わりなき道を歩んでいます。終わりがないのですから，私たちは常に何かを成し遂げようと試みますが，結局それはいつまでも続きます。（中略）アカウント3に来る女性たちは，資格は必要であり成果を証明するために有益であることを理解しています。しかし，私たちは同時に，（アカウント3に関わることを通して：筆者注）資格がないことが新しいことや技術を学ぶ際の障害にはならないということにも気づきました。アカウント3は，学ぶことは人生の一部であり，生涯続くことであることを教えてくれたのです。その意味では，アカウント3は不可抗力的に社会の後方に追いやられた女性たちにとって人生の重要な一部分となっていると言えます。アカウント3は，ロンドンの雑踏で道に迷った女性たちの道標となってくれているのです」[28]。

第5節　アカウント3による自立支援の特徴

　以上，アカウント3の事例に即して社会的企業による自立支援の考察を試みたが，その実践からは以下のような特徴を見出すことができる。
　第1に，地域住民のニーズに基づいた支援を展開している点である。それは長期失業者や移民など，地域に住む住民の特色に即した活動の展開にみる

ことができる。それゆえ，政策的な動向を反映して主に若年層を対象としている既存のコースと比べ，中高年を含む広範な年齢層の参加がみられることやリピーターが多いことなどが特徴として挙げられる。

　この点と関連して，第2に，既存の教育・訓練は依然として「成功(＝就職)」や資格取得などのプラグマティックな成果を重視し，社会生活全般にわたる自立支援やそれらに関わる教育・訓練は後回しにされがちであるのに対し，単なる知識や技能習得にとどまらない多様な支援に取り組んでいる点である。それは，多様な支援を地域のニーズに照らし合わせながら展開しようする試みの反映でもある。また，職業教育・訓練活動への参加に至るまでの過程に多大な労力を費やしている点も注目される。長らく社会との接点がない長期失業者にとっては，社会的企業が提供しているプログラムへの参加自体が社会復帰そのものであり，その過程が，働くことの意味を再発見し，自信やプライドを取り戻す契機ともなっているのである。なお，この文脈における動機づけや就労意識の形成には，個人をベースとした心理的アプローチのみならず，社会的な活動への参加や協同的な営みを通した自信の回復，働く気持ちをもたせることやコミュニケーション機会の提供など，社会的アプローチの視点が含まれている。

　第3に，学びの達成率の高さと継続性・連続性である。職業訓練参加者の9割以上がコースを修了しており，その後も，多くの受講者がさらなる資格修得や就業・起業支援を通してアカウント3と継続的な関係をもっている。また，他の職業訓練機関とのネットワークを通して，キャリア形成に向けた多様な選択肢を提供している点は，継続的な成人教育の1つの可能性を示しているものと思われる。

　第4に，社会的ネットワークおよび協同的価値の形成である。社会的企業への参加は，個の技術・知識の習得と同時に，協同的価値やネットワーク(ソーシャルキャピタル)の構築につながる重要なルートとなる。特に事例分析からは，社会的企業の活動や職業訓練プログラムを通して地域(との結びつき)を意識する契機となっていることが明らかにされたが，個の成長と(地域)社会の発展の連続性を認識していく過程は，長年，社会教育が実践的に

提起してきた「社会に参加的に関わりながら学ぶ」[29]ことの価値をあらためて示しているものと言える。

そして，第5に，中間支援者，コーディネーターの役割である。上記の諸側面の実現を可能とする上で，カギとなるのが中間支援者としての職員の存在であるが，地域ニーズの発見，参加の促進，そして協同ネットワークの形成のいずれをとっても，その実現に重要な役割を担っているのがアウトリーチワーカーであり，これらの職員なしにはその成功と未来への展望を語ることはできない。地方財政再建過程において，社会教育主事に代表される，地域社会の接着剤としての役割を担ってきた職員の削減，非専門化が進むわが国にとっても，地域の協同的営みの扇の要に位置する地域専門職員の多元的な展開の経験からは学ぶべき点が多い。

第6節　社会的排除克服に取り組む社会的企業が提起するもの

本章では労働市場を軸とした測定可能な成果に限定されない，多面的な角度からの社会的企業の役割に注目し，職業教育訓練および就労支援を通した包括的な自立支援とキャリア形成の可能性について検討した。

総じて，アカウント3の実践に共通してみられる傾向は，成人職業教育訓練へのアクセスと社会参加の機会を継続的に保障する体制を構築している点にある。社会的に排除された人々に寄り添い，自立を支えるこれらの取り組みは，排除の連鎖(悪循環)からの脱出のきっかけづくりに大きく貢献していることが事例分析からも明らかにされている。

その一方で，福祉の利用者から納税者への移行支援を意図した積極的労働市場政策は，今後とも，ますます仕事を前提とした公的扶助の性格を強めることが予想される。この脈絡では，事実上，「社会的包摂」は「労働市場への包摂」へと矮小化され，さらには，これと連動した自立支援も，自助努力を基調とした「職業的自立」支援に限定される可能性が高い。このような状況下にあって，社会的企業も単なる経費削減策の補完物としてだけでなく，

徹底的に個の能力育成を優先した就業支援プログラム強化の手段として利用される危険性も否定できない。それゆえ，これらの内在的矛盾に対して，社会的企業がどのような対抗戦略を提起しうるかが問われている。

たしかに，アカウント3の自立支援事業の核は職業訓練である。しかしながら，事例分析を通して，その支援は単なる職業的な自立に限定されない，生活全体を支える重層的な支援であることが明らかにされた。加えて，個人と地域がつながるきっかけとして自らの実践を捉える姿勢は，社会の中でのあらゆる関係性を通して達成される「自立」という視点の重要性を提起しているものと考えられる。

このようにしてみると，個人主義的な学びを軸とした個別的対応から地域的・協同的対応への転換こそが，社会的企業の経験が提起しているものであり，そのことは，自立とキャリア形成を促進する支援システムをどのように地域的に構築するかという課題を，あらためてわれわれに投げかけているものと思われる。個の学びの意義を尊重しつつも，学びの継続性と相互性という観点から，地域社会全体の発展（地域づくり）を目指す試みの中に，キャリア形成に関わる実践をいかに統合的に組み込んでいくかが問われていると言えよう。

そのことは，換言すると，地域でのさまざまな活動に参加することを通して形成された（協同・共有）関係が個の成長を促進するという視点[30]とともに，個の成長・変化が地域の発展・変化にどのように反映しているかという視点[31]から，実証的に実践を評価する作業の必要性を示唆している。両者の相互発展的キャリア形成の論理を読み解く作業は，残された課題である。

注
1） 貧困の可視化とは，単に貧困に直面している人々の存在を認識することだけを意味するものではない。それらがつくり出される社会の構造や矛盾をみるということでもある。よって，日常的にメディアで貧困が取り上げられるようになった今日的状況を「可視化」と短絡的に理解するわけにはいかないことについての留意が必要であろう。
2） Social Exclusion Unit, 2001, Preventing Social Exclusion.
3） 以下，本章は大高研道「イギリス社会的企業による就業・自立支援の地域的展開」

『日本社会教育学会紀要』No. 44, 2008 年に加筆・修正したものがベースとなっている。
4) 乾彰夫編著『不安定を生きる若者たち』大月書店, 2006。
5) 児美川孝一郎「日本におけるキャリア教育政策の展開と課題」佐藤一子編著『成人継続教育におけるキャリア形成と地域的支援システムの構築に関する総合的研究』(H 17・18 年度科研調査報告書), 2007。
6) 佐藤一子「成人継続教育におけるキャリア形成と職業・教育訓練」佐藤一子編著『成人継続教育におけるキャリア形成と地域的支援システムの構築に関する総合的研究』(H 17・18 年度科研調査報告書), 2007。
7) 佐藤一子は, NPO 法制定以前から社会教育関連団体としての非営利活動団体(NPO)の役割に注目しており, その後, NPO の教育力の検討を深めている。佐藤一子『生涯学習と社会参加』東京大学出版会, 1998；同編著『NPO と参画型社会の学び』エイデル研究所, 2001；同編著『NPO の教育力』東京大学出版会, 2004 など。併せて, 日本社会教育学会編『NPO と社会教育』東洋館出版, 2007 も参照のこと。
8) 佐藤(2007)前出, 13 頁。
9) 事例分析は, 主に 2006 年 8 月にディレクターと企業経営オフィサーに対して実施した聞き取り調査および収集資料をもとにしている。アカウント 3 の実践については, 中川雄一郎『社会的企業とコミュニティの再生』大月書店, 2005, 第 7 章も併せて参照のこと。なお, 中川氏からは, 本調査の際に全面的な協力・助言をいただいている。
10) Department of Trade and Industry, 2002, Social Enterprise: Strategy for Success.
11) 社会的企業が取りうる法人格については, 山口浩平「社会的企業」塚本一郎ほか編著『イギリス非営利セクターの挑戦』ミネルヴァ書房, 2007 を参照のこと。
12) ボルザガ／ドゥフルニ『社会的企業』内山哲朗ほか訳, 日本経済評論社, 2004(原著 2001)。EMES グループが提起する経済的・企業的な側面に関わる 4 つの基準(①財・サービスの生産・供給の継続的活動, ②高度の自律性, ③経済的リスクの高さ, ④一定程度の有償労働)および社会的側面(①コミュニティへの貢献という明確な目的, ②市民グループが設立する組織, ③資本所有に基づかない意思決定, ④活動によって影響を受ける人びとによる参加, ⑤利潤分配の制限)。
13) Social Enterprise London『社会的企業とは何か』(生協総研レポート No. 48), 2005(原著 2001), 4 頁。
14) 社会的経済概念登場の背景および特徴については, 大高研道「社会的排除と社会的経済」『北海学園大学経営学部経営論集』第 2 巻第 4 号, 2005 を参照のこと。
15) ドゥフルニ／モンソン編著『社会的経済：近未来の社会経済システム』富沢賢治ほか訳, 日本経済評論社, 1995(原著 1992)。
16) エバース／ラヴィル「社会的企業による社会サービスの供給」エバース／ラヴィル編著『欧州サードセクター』内山哲朗・柳沢敏勝訳, 日本経済評論社, 2007(原著 2004), 12 章。

17) ボルザガ／ドゥフルニ(2004)前出，および藤井敦史「ボランタリー・セクターの再編成過程と「社会的企業」」『社会政策研究』7，2007。
18) 鈴木敏正『教育の公共化と社会的協同』北樹出版，2006，p. 118。
19) 社会的協同組織が社会的使命への意識を低下していく過程については，大高研道(2005)前出を参照のこと。
20) ボルザガ／ドゥフルニ(2004)前出，「緒論」。
21) 政策的概念としての社会的排除をめぐる課題については，大高研道「政策的概念としての社会的排除をめぐる今日的課題」日本社会教育学会編『社会的排除と社会教育』東洋館出版社，2006を参照のこと。
22) このような議論は，とりわけヨーロッパを中心とする社会的経済論・連帯経済論を基盤とした社会的企業論に顕著に見られる。藤井敦史「「社会的企業」とは何か――2つの理論的潮流をめぐって」原田晃樹・藤井敦史・松井真理子編著『NPO再構築への道』勁草書房，2010。
23) 法人格は産業共済組合法に基づいて設立された協同組合。組織名は，設立時の中心メンバーが3人の女性会計士であったことに由来している。
24) ただし，青少年を対象としたサッカークラブのコーチの給料を助成しているように，性別を問わず地域活動への支援を積極的に行っている。なお，2009年以降，男性を対象とした職業訓練等のサービスも提供している。近年の動向については，アントワネット・メレデュー「アカウント3とソーシャル・インクルージョン」『協同の発見』第215号，2010を参照のこと。
25) このプロジェクトは，2004年度にアカウント3の支援を受けて設立された姉妹社会的企業 E-mploy Agency Ltd. に引き継がれている。
26) その他に，国際女性デー，夏期大学，研修旅行，各種イベントが毎年企画・実施されている。詳細については，Account 3 Annual Report(2004-2005 および 2005-2006)。
27) 整髪・化粧コースは，理容師育成に向けたコースではなく，個人生活レベルの身だしなみに関わるものが主な内容になる。
28) Account 3, *Annual Report 2005-2006*, pp. 6-7.
29) 佐藤一子『現代社会教育学』東洋館出版社，2006，201頁。
30) 佐藤洋作・平塚眞樹編著『ニート・フリーターと学力』明石書店，2005，および佐藤一子(2006)前出。
31) 宮崎はこの点を「集団の知」の問題として論じている。宮崎隆志「モデルなき時代の社会教育」日本社会教育学会編『社会的排除と社会教育』東洋館出版社，2006。

第11章　釧路市の地域再生とNPOの役割
―― 生活当事者発信のまちづくり実践

日 置 真 世

第1節　「NPO法人地域生活支援ネットワークサロン」

1　マザーグースの会からネットワークサロンへ

　地域生活支援ネットワークサロン（以下，ネットワークサロンと言う）は，釧路で2000年に「障がい児の親の会」を前身として誕生した，地域生活支援を総合的にマネジメントすることを目的にした団体である。同年12月にNPO法人化し，2001年の小規模作業所運営を皮切りに，地域のニーズに即応しながら，障がいの種別，年齢，有無にかかわらず地域生活支援事業を年々，増殖してきた。2011年1月時点で障がい福祉分野を中心に市内に20以上の拠点，職員約150名を抱える大所帯に発展。年間予算規模は4億を超える会社になっていた。意識して考えると，わずか10年で新規雇用と地域経済活動（障がい者，家族など社会的排除の人たちの社会参加機会など）を創出する形になっている。道内でも最大規模の事業型のNPOとして注目されることも多いが，設立・運営に当たって事業体としての発展は意図されていなかった。

　ネットワークサロンの前身は1993年に発足した「マザーグースの会」という障がい児の親たちが始めた会である。モットーは「親も元気なら，子も元気」。子どものために親が頑張るのでなく，まずは親が自分らしく元気に生活することが健全な子育てのために大事という発想をベースに活動してきた。最初から組織として成立したのではなく，単なるインフォーマルなお

しゃべり会から始まり，やがて緩やかなルールや組織ができていき，定期的な例会，リトミック，定期通信の発行などを行っていった。特徴としては，発足のきっかけは障がい児の親たちだったものの構成員に限定がなかったことである。保健師や一般のお母さんなど多様な参画が当初からみられた。

このマザーグースの会に2つの転機が訪れる。1つは1998年の「みんなのゴキゲン子育て」という子育てガイドブックの発行，もう1つは翌年の地域の人と情報のたまり場「療育サロン」を開設したことである。ガイドブックの編集は障がい児の親として「当事者である私たちの視点」という発想で，企画し，周囲の関係者を巻き込む形で進められた。自分たちがこれまで障がい児を育てながら感じてきた悩み，それによって蓄積した知恵や情報をまとめて，これから子育てをする後輩の母親たちを応援したい，また周囲の支援者に当事者の視点や思いを知ってほしいなど，当事者ならではの情報発信だった。イラストを多用し，コラムや経験談などを入れ，読みやすい工夫をして約1年をかけて完成させた。初版で印刷した約3000冊は4カ月ほどで完売し，増刷を重ねて約5000冊が普及し，6年後には改訂版も出版するほど大きな反響を呼んだ。

ガイドブックは初めての助成金の活用経験となり，本格的な事業への取り組みになったが，反響や達成感を得て，大きな手応えを感じることになった。そこで，次なる事業を行う意欲が生じ，助成金申請の企画に当たり「療育サロン」を発案し，実施するに至った。「療育サロン」はガイドブック作成でできたネットワークを地域の中で生かしていくための地域のたまり場である。障がい児の親をはじめとしていろんな人たちが立ち寄ったり，出会ったり，学びの場になったり，地域マネジメントや簡易的なケアの拠点をして活用されるようになった。

この2年の取り組みから，私たちは4つのことを学んだ。1つはお金があれば自分たちの可能性が広がる。2つ目は人とつながり，協働することで可能性が広がる。そして3つ目は，障がい児の親である自分たちでもできることがある，自分たちだからこそできることがある。そして，4つ目は生きづらさを抱えているのは障がい児の親だけではなく，普通の子育ても，障がい

をもつ大人の人たちなど，年齢や立場に関係なくいて，そうしたあらゆる人たちが生き生きと生活できるような地域づくりが今，必要だということである。つまり，これまでは障がい児をもつ親として社会のケアを受けてきた立場だった自分たちが資金，ネットワーク，協働を活用することでエンパワーメントされることを知り，地域づくりの担い手としての役割があることに気づいたのである。

こうした背景で翌年の2000年に本格的な地域生活支援を展開する事業体として独立し，地域生活支援ネットワークサロンが誕生した。

2 釧路の親の会から派生したネットワーク

ネットワークサロンはマザーグースの会に端を発してできた福祉分野の生活支援機関であるが，釧路には，ネットワークサロンだけではなくマザーグースの会の活動から派生して地域に支援機関のネットワークが構築されている。マザーグースの会の代表の堀口貞子氏は小児科医であり，広汎性発達障がいの娘の子育てをきっかけに一時子育てに専念した後，老人保健施設で復職したが，活動の中で蓄積してきた障がい児の専門医療の必要性によって，2002年に発達外来をもつクリニックを開業した。クリニックには釧路近郊の発達障がいの子どもたちの多くがかかり，診断から集団や個別のセラピーなどの支援を行っている。幼稚園や保育園，学校などとも連携し，医療分野における発達支援機関として重要な役割を果たしている。それ以外にも2002年以降，マザーグースの会の親たちがさらに目的を特化した団体や組織を関係者(大学や小・中・高・養護学校の教員など)とともにつくっている。また，釧路市周辺の町村でも次々に親の会が発足し，当事者主体の学習機会やネットワークが広がった。この約10年間で生活支援，発達支援，学習機会のネットワークが互いに関連しながら，緩やかなネットワークを形成してトータルな形で発展しているのが，釧路における障がい児者支援の特徴と言える。

3 ネットワークサロン事業増殖の様子

　ネットワークサロンは発足当初，積極的に事業展開する予定はなかった。主な目的は地域生活について総合的にマネジメントすることであり，地域にある思いや願いが集まるように集いの場や情報発信，学習機会や関係機関との連携やコーディネートなどを行おうと，障がい児の親2人の活動員で療育サロンの延長程度でスタートした。ところが，釧路には障がい児者のケアサービスが極端に少なかったため，思いが集まり，明らかになるだけでは，生活の質は向上せず，だからといって待っていても誰かが必要に応じて事業をしてくれることにもつながらず，もどかしさが募った。そこで，自分たちで工夫してできることから少しずつやってみようということで，ニーズに基づいて解決のための必要なサービス提供を始めたところ，ニーズの掘り起こしにつながり，次々に事業展開することになった。2003年の支援費制度，2006年の自立支援法など制度改正は，それまで自主事業でやりくりしていた事業の制度活用が可能になり，事業の拡大と安定化を大きく後押しすることになった。

　もともと，事業を行うために誕生したNPOとは異なり，地域生活の総合マネジメントを目的にしたネットワークサロンは，地域ニーズの実現を後押しすることが使命となるために，1人でも必要とする人がいて，ほかでは対応できないニーズがあるのならば，それを放置することはできない。よって，意図せず無理をしながら事業化を続けることになった。その大きな理由は，これまでのように生活者のニーズをこれ以上潜在化させてはいけないという反省であった。親の会の活動から，地域生活に困難を抱えた当事者があまりにも多くのことをあきらめていることを痛感していた。「障がい児がいるから，母親が働けないのは仕方ない」「重い障がいがあるから，遠くの施設で暮らすのはしょうがない」本当は，地域で自分の望む生活を思い描いていたのが，希望してもそれがかなわず，施設の建設運動は何年もかかるのが普通で，要望した人のニーズに応えることにはならなかった。そうした中では人は希望を抱くだけ辛くなり，希望をもつことを放棄する。これこそ当事者が

あきらめることで家庭内にニーズが潜在化する負の連鎖である。
　ネットワークサロンが事業増殖した背景には，その連鎖を断つことへの使命と意志がある。

第2節　生活当事者の発想による地域づくり実践のポイント

1　「エンパワーメント・協働のポイント①　生みの親発のサービスづくり」

(1)　生みの親発サービスづくり
　ネットワークサロンの事業展開はNPOの成功例としての評価を受け，「どうして，こんなに大きくできたのか？」「成功の秘訣は何か？」と聞かれることが多くある。しかし，前述の通り，事業拡大は組織の意志ではなく地域のニーズなのである。何ひとつ私たち(事業体)が主導権を握って「これをやろう」と思ったことはない。主導権や意志は地域の中にあり，それをうまく活用して，マネジメントを行うのがネットワークサロンの役割なのである。そのマネジメントをする上で重要なのは，「エンパワーメントの思想と協働の取り組み」であるが，それにはいくつかのポイントがあることが分かってきた。
　1つ目が地域ケアサービスのつくり方である。ケアサービスをつくるに当たっては1つの基本スタイルがある。それが「生みの親発サービスづくり」と名づけた方法である。特徴は，あくまでも，「必要だからやる」のであって「やりたいからやる」のではない。また，「1人の必要性」を大事にし，たくさんの人たちと一緒につくること，必要なことは，まずやってしまうことである。
　まず，私たちがマネジメントとして取り組むのは，地域に「たまり場」をつくることである。これは，必ずしも「場所」を意味している限定的なものではない。「地域のニーズがたまる機能・仕掛け」をつくることを意味する。

1998年に発効したガイドブックもたまり場機能の具体例であり，療育サロンはまさにたまり場の具体例である。たまり場をつくると，そこには自然に悩みや漠然とした思いやつぶやきが集まり，同時にひらめきや知恵，希望も集まる。まさに地域のニーズや解決のためのヒントのるつぼの状態になる。まだ，明確なプランがある状態ではなく，プランに向けてのパーツがばらばらにある状態と言える。すると，あるとき，具体的な困りごとを抱えた〇〇さんが現れる。生活上でまさに困っている当事者である。そのとき，その人が現れることでパーツが初めて具体的なプランとしてできあがり，そのために具体的な事業がその人のために展開される。そのときに，〇〇さんがこの事業の「生みの親」となる。

具体的な事業は必要なときにリアルタイムで実現しなくてはならない。困りごとは待たされるとあきらめにつながり，家庭内に埋もれてしまい，あたかもニーズがなかったかのようになる。まずは生みの親の困りごとが解決できるだけの最低限の試行的な小さな取り組みでもよい。しかし，ほとんどの場合には，1人から始まったニーズの後ろにはたくさんのニーズが控えており，制度につながっていくことが多くみられるのである。それを整備していく上では，地域の関係者との連携が不可欠となる。

(2) 個別支援事業の展開過程

ネットワークサロンのすべての事業には「生みの親」がいる。例えば，2000年に誕生した個別支援(1対1の付添サービス・代表的なのはヘルパーによる支援)について述べる。これはガイドブックを作り，療育サロンを始めたころのことなので，それらが「たまり場」として機能している。「障がい児を預かってくれるところがない」「特に土曜日や日曜日，長期休暇は大変だ」「とりわけ母親に負担がかかる」という課題が明らかになってきた。さらに，他の地域では付添サービスを提供しているところがあるらしいという情報も入ってきた。そんなときに具体的な困りごとをもち込んだのが，ある自閉症の男の子と母親である。その子は散歩が大好きで，毎日養護学校のスクールバスから降りてから夕方まで散歩をするのが日課で，母親が付き添

う生活を送っていた。そこで，母親は自分の代わりに息子の散歩相手をしてくれる人をなんとか見つけることができないかと考えた。最初は市内の大学に張り紙をして有償ボランティアを募集することも考えたが，たまり場機能が発揮されて，母親はほかにもそうした手助けが必要な家族もあるかもしれないと思い，ネットワークサロンにケアサービスとしてつくることができないものかと相談をもち込んだ。そこで，一緒に考えてつくったのが「ゆうゆうクラブ」という登録学生の有償ボランティア派遣事業である。市内の大学，短大，専門学校に呼びかけをしてサポーターを募集し，手助けが必要な人たちに，必要に応じて柔軟にサポーターを派遣するシステムである。当時は常勤職員を雇用できる体力はなく，ヘルパー制度もなかったことから，発想されたシステムだったが，結果としてそれまで地域の家庭内に眠っていたニーズを掘り起こすことになった。2003年には支援費制度の導入によりプロのヘルパーで配置して実施できるようになり，急激に需要は伸び，今ではネットワークサロンの事業所だけでも100名以上の人たちがサービスを利用している。

(3) 障がい児の放課後支援事業の展開過程

また，「ゆうゆうクラブ」は放課後支援(障がいをもつ子どもたちの放課後の活動を提供すると同時に介護者の負担を軽減するケアサービス)を発想させるためのたまり場機能をもつことにつながった。「障がい児がいると働けないよ」(放課後に預かってくれるところはなく，通常の子どもたちが利用している児童館では障がい児の受け入れはきわめて困難だった)，特に，「母子家庭は困る」(母子家庭はお母さんが働くことで生活が成り立つので大きな問題であった)などのニーズが「ゆうゆうクラブ」の実施によって明確になり，「就学以前の保育サービスでは夕方まで預かってくれてよかったのに」という声も集まった。そんなときに現れたのが自閉症のB君親子である。まさに母子家庭のお母さんが保育園に預けて働いていたのが，就学を間近に放課後の預かり先を探したところ，児童館に受け入れを断られて途方に暮れていた。そこで，実施したのが「障害児等学童クラブ」である。2002年のこと

であった。このとき，B君親子が生みの親となり，制度はなかったためにやりくりの自主事業からスタートしたが，翌年の支援費制度により事業展開が可能になった。たった1人のB君から始まったケアサービスはすぐに市内の5カ所の事業所に拡大し，今では130名ほどの子どもたちが利用するような地域ケアサービスとなった。

同様にして，障がいをもつ人たちの通所事業(デイサービスや就労支援など)や共同居住支援(グループホームやケアホーム，間貸しなど)など，他の事業に関してももれなく「生みの親」の存在があり，初めて事業が具体化するという一貫としたスタイルに基づいている。

2 「エンパワーメント・協働のポイント②　多様な「たまり場」をつくり出す」

(1) 「たまり場」機能のつくり方

ポイントの1のシステムを機能させるためには，地域に「たまり場機能」をいかにつくり出すかが重要になる。たまり場機能は地域の多様な人たちの共有の場や機会をつくることである。できるだけ多様な形で多様な場や機会や仕掛けをつくることが大切になる。これまでの経験から大きく3通りあると考えている。

① 自分たちが主体的につくる：ガイドブックづくりやサロン活動，そしてみんなで話し合う場(ワークショップ)を企画・運営する方法など
② 会議体を活用する：行政機関など公式な会議の機会をうまく利用する方法
③ ネットワーク組織をつくる：地域の人たちと共同経営の組織体を新たに生み出してしまう方法

(2) 自らの活動・事業による「たまり場」

①の具体例としてネットワークサロンが2000年から1年ほどかけて地域のいろんな人たちと一緒に実施した公開ワークショップがある。発足したば

かりのNPOの自主事業としてまずは，いろいろな人たちが集まり思いを共有しようと企画し，実行した。当時は親が中心になって立ち上がったNPOを応援しようという温かいまなざしで，養護学校の校長先生，児童相談所長，市役所社会福祉課長などの公的機関の関係者や障がい当事者や家族，企業や事業所の人など，多様な人たちが立場を超えて参画してくれた。「釧路にどんなものがあったら，どんな障がいがある人たちも安心して暮らせるだろうか？」というテーマの下に対等な議論をした結果，「地域生活総合支援センター構想」が完成した。多様なニーズにきめ細かく対応できるようにフォーマル・インフォーマルを問わず基本的な支援サービスがそろい，さらにそれらが連携するようなプランだった。当時の釧路には障がい者の地域ケアサービスがほとんどなかったので，それはまさに夢のような姿だった。しかし，この絵を描いた数年後にネットワークサロンを中心として，このほとんどすべてが実現されることになったが，この絵をみんなで描いたプロセスがあったからこそ実現できたと思っている。また，できた事業がNPOだけのものとしてではなく，地域みんなのものとして認識してもらうことにもつながっている。こうした共有意識は事業が地域に根ざし，継続する上で非常に重要なのである。

(3) 公的な会議体を活用する「たまり場」

②は公的な会議や委員会をうまく機能させるスタイルである。少し前から市民と行政の連携・協働などという掛け声の下に，地域では「会議」「協議会」「委員会」といった会議が増えている。ところが，その会議体が本当の意味で集まったメンバーの相互理解を生み出したり，協働的な活動のきっかけになったりすることは少ない。たいていは，形式的に集まり，行政説明ののちにメンバーが個人的な意見をひと通り言う程度で，中には一言も声を発することのない集まりもある。また，小さな自治体ではあらゆる会議に似たようなメンバーが集まることも少なくない。したがって公的な会議体が有効に機能する実態は少ないが，実施者の意識や実施手法や参画者の主体性などちょっとした工夫によって「たまり場機能」を発揮することになる。

釧路支庁が主催で2000年から2002年まで3年間で取り組んだ「さぽーとねっと21」という事業がある。障がい児者関連の福祉施設が主な構成員となり，上部の会議体と3つのテーマ別の研究会で構成されていた。私はファミリーサポート研究会の一員として関わったが，この研究会は委嘱などの公式なものではなく，いわゆる手弁当の任意の集まりで，地域生活を送る障がい児者を介護する家族へのサポート体制を推進するための研究を目的に活動する，非常にフレキシブルなものであった。若干の予算がついていたので，研究会で企画した事業の実行も可能になっていた。メンバーは私たちのような障がい児者の家族の立場の者や福祉施設関係者などが中心で，テーマである「ファミリーサポート」ついて検討し，事業も実践することになった。初年度はいろいろな角度から地域事情や支援の必要性について整理し，2年目はその整理に基づいて地域のいろいろな関係者を対象にしたフォーラムを釧路市内で実施した。先進地の実践者を呼んで学び合い，多様な立場のメンバーで構成されたグループをつくり企画を出し合うコンペも行い意識啓発を促した。3年目にはより体制整備が遅れている周辺の町村へ出向き，地元の関係者も巻き込みながら「親の休日事業」というモデル事業に取り組んだ。この事業は1日日程でサポーターたちが障がい児者が楽しめるイベントを企画し，参加してもらうことで，家族を介護から一時的に解放しようとするものである。この事業は障がい児者とその家族に支援のイメージをもってもらうと同時に，関わる地元関係者の協力や理解やネットワークづくりも促すことになった。

　この取り組みは行政の呼びかけた研究会としてスタートしたが，大きな成果をもたらした。まずは行政や関係者と一緒に事業を企画し，準備し，実施することで，話し合いだけでは得ることのできない共有意識やお互いの理解が進んだことである。事業を成し遂げるにはメンバーがもてる知恵や特技をもち寄らなければ不可能だった。また，お互いにできないことは協力し合うことでネットワークや信頼関係も構築できた。まさしくこれこそ「協働」のリアル体験だったのである。

　また，3年目に3カ所で実施した「親の休日事業」は地域での種まきとな

り，それぞれの地域の地元参画者たちが主体的に継続する事業や動きをつくり出した。こうしたつながりも，行政と多様な関係者との協働で実施したからこそ可能だったと思っている。

それ以外にも，釧路においては社会教育施設の「こども遊学館」が教育委員会の呼びかけた市民組織が約3年の議論を経て，NPO法人こども遊学館市民ステージを設立し，指定管理者として運営を担うまでに至った例や，障がい福祉計画の策定市民委員がワーキンググループを組織して自主的な勉強会を実施し，条文作りまでになった例もある。このように，同じ目的の下に多様なメンバーが集まる機会を最大限生かすのは「たまり場機能」のつくり方としては非常に真っ当であると言えよう。

(4) 新しい組織創出による「たまり場」

③は目的を特化した新しい組織として「たまり場機能」創出する方法である。

2002年に子どもや子育ての支援に関わる人たちで設立したのが「北海道子どもの虐待防止協会釧根支部」である。児童相談所や保健所の保健師，市役所の保健師や子ども家庭関係の方たち，小児科医，療育や保育関係者や民間の支援団体などのメンバーで緩やかなネットワーク組織として細く長く活動を続けている。

また，2008年10月に設立した社会福祉法人アシリカと多機能通所施設「はばたき」(2009年4月オープン)も地域ぐるみで新たな組織をつくり出すことで「たまり場機能」を果たした例である。先に示したワークショップで描いた絵の中で最後まで実現できずにいたのが重症心身障がい児・者への支援であった。身体面，知的な面の両方に併せて重い障害がある人たちは医療的ケアを必要とする場合も多く，多くは家族の献身的な介護によって生活が支えられてきた。制度改正以降，地域にサービスが広がる中にあっても，重い障がいをもつ人が安心して利用できるものは少なく，本当は手助けを必要としていながらも，手厚さが必要な上に，人数的なニーズが多くないために，いつも後回しになっていたのが実態なのである。ネットワークサロンでもで

きる範囲で受け入れをしてきたが，ハード面や手厚い支援体制をつくるための基盤面で限界や課題がいつも付きまとった。そこで，2006年の春くらいから，釧路に重症心身障がい児者を総合的に継続的に支えていくための新しい受け皿（社会福祉法人）とその第一歩となる通所施設を実現しようと，親たちが中心となって活動を始めてできたのが社会福祉法人アシリカと多機能通所施設「はばたき」である。親たちが中心となってつくり出したため，社会福祉法人とは何か？から始まり，理事の依頼も困難を極めるなど紆余曲折があったが，市役所や釧路支庁など行政の応援もあり，なんとか創設にこぎ着けることができた。課題をもつ当事者（介護をする親）が中心となりながらも，地域のいろんな関係者がバックアップするスタイルで行っているのが特徴であり，代表（重症心身障がい者の母親）は「お願いすれば行政がやってくれると思っていた。受け皿があればできると言われれば，誰かが引き受けてくれると思っていた。でも，お願いしても人任せじゃ何も進まない。最初は，そんなことが自分たちの力でできるのか見当もつかなかったけど，自分たちでもできるんだという手応えを感じている」と話した。そして，この機会に役員を引き受けてくれた地元の小児科医，歯科医師，飲食店経営者，税理士，専門学校教員，元養護学校教諭など，非常に熱心に親たちを支え，それぞれの得意分野で協力をしてくれた。こうして，1つの生活課題を囲んでいろいろな立場の人たちが集まり，ともに実現へ動くための組織をつくっていくことは，地域にとって大きな財産になると考える。

3 「エンパワーメント・協働のポイント③ 課題解決のためのマネジメント手法を持つ」

(1) ニーズを実現化するための発想

3つ目のポイントは「課題解決のためのマネジメント手法をもつこと」である。地域の課題が明らかになっても，それを実現化する具体的な手法をもたなければ意味がない。よって事業を実際におこし，運営していくための工夫＝マネジメントの技をできるだけたくさん身につけなければならない。マネジメントについては従来，金，人，ものなど自分たちが保有する資源をで

きるだけ有効に活用し，団体の価値を高めることとされるが，私は地域づくりを理念に掲げる団体のマネジメントは，そうした従来的な発想では目的を果たしえないと考えている。

　NPOとしてのマネジメントのポイントはただ1つ。目の前にある条件（資金や人など）から「できること」を考えるのではなく，「やるべきこと」に条件をどう合わせるか？という発想である。だから，条件によって「できない」という判断をしてはマネジメントは不可能となる。必要性がそれほど高くない，他に代わるものがある，他の団体が担ってくれるなど理由があり「やらない」という判断はするが，必要とする人がいて，他にやる人がいないときには，まず「やる」がありきであり，それを達成するためにはあらゆる手段を駆使するしかない。これは見本やノウハウがあるわけではなく，そのつどそのつど目の前にある課題と目の前にある資源からひねり出すだけのことで，あえてポイントになるは「絶対にできる」と思い込むことくらいしかない。自分たちの力だけでやり遂げようとすれば困難なこともたくさんあるかもしれないが，地域にある資源を総動員してできないことはないのである。実現を阻むものは「できない」という気持ちがかなり大きいと考えている。

(2) ニーズに応じた制度活用

　例えば，「親子の家」という事業所は，発達に心配のある乳幼児のケアをする拠点で，療育的な支援と同時に養育困難な家庭の子どもたちへのケアができるようにと送迎サービスや柔軟な利用が可能な体制などをとっている。本来，こうした子どもたちの支援を行う機関として療育センターなど自治体が実施している機関がある。それらは利用するために障がい者サービスの手続きをとらなければならず，幼い子どもの発達に心配がある親にとっては抵抗感を強く抱くことにつながる。また，家庭によって，手続きをうまくできないような場合には，利用機会から排除されるリスクもある。また，週に1～2回程度の通園によって子育て方法を親に伝える教育的な支援が中心であるために，通常の力がある保護者は可能でも，脆弱性を抱えた保護者の場

合には手助けにならないことも多くみられる。そうした公的サービスから漏れる親子をケアするのが「親子の家」である。

　その事業をうまく機能させるために，本来は障がいを持つ大人の人たちを対象として柔軟に活動の場を提供する枠組みである「地域活動支援センター」という事業を，乳幼児対象に応用している。制度改正に伴って年齢制限がなくなったことに気づき，もともと作業所の補助事業だったものを乳幼児中心の支援拠点としてうまく利用した。自立支援法の改正の際に，従来の体制の継続や報酬単価などに振り回され，制度全体への反対ムードが高まった。たしかに賛成できない面は多くあるにしても，全体に事業メニューが増えたことや柔軟な運用が可能になった点は，ニーズに応じた多様な事業展開を可能にしたと考えている。制度は地域ニーズを実現するための1つの手段であるが，それがすべてではない。制度への賛否にエネルギーを費やすよりも，うまく活用しつつ，使い勝手について具体的な意見や提案をすることが重要である。

(3)　あるものをフル活用〜多機能性と柔軟性

　もう1つの例としては，全く公的な援助なしに10年も続けている子育て支援の事業「子育てカフェ　えぷろんおばさんの店」が挙げられる。今では民家を改造したカフェスタイルになっているが，これまで何度も方法や場所が変化した。それは，運営するために公的援助がなかったために，なんとか自主事業として継続するための工夫をした結果である。ここは子育て中の親子の居場所として，主に養育者がホッとできる空間を提供し，人とつながる機会をつくり出すことで，子育ての孤立を防ぎ，養育者のエンパワーメントをはかる地域拠点である。紆余曲折を経て，2006年より今のカフェのスタイルに落ち着いた。今の方法の利点は多くある。カフェ運営により子育て支援をしながら事業収入も生み出す。また，子育て中の親子だけではなく多様なお客さんも自然に利用できるため，支援が必要だからという前提が不要になり，飲食のために気軽に抵抗なく利用できる。不登校の子どもや障がい児の親がおしゃべりに来ることもできる。また，地域の支援機関が心配だと感

じた親子を「こんなカフェがあるよ」と気楽に紹介できるメリットもある。また，カフェのお手伝いとして生活保護受給者やハンディをもった若者などの自立支援の場としても活用できる。また，さらに事業収入を増やすために空き室を活用して，下宿をするなどの工夫もしている。結果として，多機能な地域拠点となり，多様な支援メニューと多様な人のつながりを生み出している興味深い姿となった。

　こうして，地域ニーズに基づいたマネジメントは制度や事業ありきではなく，望ましい姿に合わせる工夫と努力にかかっている。その積み重ねがノウハウや力量形成につながるだけではなく，制度設計や政策提言にも役立つと考える。

第3節　生活ニーズと地域資源を発掘・有効活用する

1　市民が担い手になるモデル事業の実施

　前述の3つのポイントに加えて，地域づくりを推進する上でカギを握る実践となるのが，モデル的な事業を先取りして地域の人たちと実施することである。過去においては，1998年の子育てガイドブックの編集であり，1999年の療育サロンの開設であり，2000年の有償ボランティアゆうゆうクラブの取り組みであった。いずれも，当時は公的な支援が必ずしも保証されておらず，不安定で不採算な事業であっても，地域のニーズから発想され，地域の課題がそのことによって解決し，そこで市民が担い手になることができ，そしてやがてスタンダードモデルになっているという共通性がある。

　そうした共通性の下に，2008年時点においてモデル的な最先端の事業が「コミュニティハウス　冬月荘」と「波動空間　爽」と言える。

2　コミュニティハウス　冬月荘

(1)　生活課題から地域主権を考えるプロジェクトへ

　「コミュニティハウス　冬月荘」は地域の多くの関係者とともに開発して，

モデル的に実現した万能型の地域福祉ツールである。このツールの開発の背景には地域主権の考え方がある。私は縁あって2005年に北海道庁地域主権局の事業「道州制推進道民会議」の委員となり，いろんな分野の方と道州制について議論をする機会を得た。すると，それはNPO活動の発想と重なる部分が多く，これからの地域福祉づくりには連動して考える意義を感じた。

これまで仕事上たくさんの福祉制度を活用してきたが，ほとんどは国が一律に決めた制度であって，地域の事情によっては不都合が当然生じる。また，公金を使うことから，対象者を厳格に規定することで公平性を担保するので，対象者は高齢者福祉，障害者福祉，児童福祉など，縦割りに区切られる。私はそうした枠組みの必要性は一定程度感じつつも，画一的な制度の枠組みが実際に地域生活で困難を抱えた人たちを支える上で，時には不都合や理不尽を生じさせる現実を味わっていた。

知的障がいを持つ夫婦が仲間2人と共同生活を始めたとき，グループホームの制度を活用しようとすると，夫婦の3人の子どもたちが「知的障がいをもつ18歳以上の者」ではないので支援できないとされたり，育てにくさをもつ幼児をまだお母さんの気持ちの整理がつかない時期に無理やり「障がい」を当てはめないとサービスが受けられなかったり，福祉制度のどの枠にも該当しないために支援を受けることができなかったり，逆に制度の枠に入ってしまうがために，選択肢がなくなったり，制度の壁や矛盾を感じる場面が多くあった。制度の恩恵で事業を継続できる側面がありながらも，地域の中で一人ひとりのニーズから出発するときに，制度が実現を阻むこともありうるのだ。その中で，いつも感じてきたことは，「もっと地域の事情や人々の生活に根ざした形の柔軟な制度ができないものなのか？」ということである。これまでの制度は国が一律につくってきたけれど，もっと実際の生活課題や生活実態に近い人たちがアイディアを出して，ローカルな制度をつくる仕組みも必要だと思っていた。実は，その考え方がまさに地域主権であり，道州制もそのための仕組みだということが，会議に参加して理解できた。しかしながら，会議の議論は専門家の財源や権限の移譲や制度論などの話題が多く，なかなか私たちの生活に身近で豊かさをもたらすような内容に近づ

かなかった。本来ならば身近なはずの地域主権の発想は，地域生活の場面においてはなんら理解も期待もされずにいるのが実態だった。身近な生活者の中にも，制度づくりに携わる人たちにも，ともに地域主権の考え方はたしかにあるのに，その両者が遠い存在であることが私にとって歯がゆく感じた。そこで，私は身近な地域に埋もれている「芽」の存在をみつけ出して，それらを地域の人たちで共有し，育んでいく取り組みとして「道州制の芽発見事業」を提案した。その「道州制の芽」のモデル第1号として検討されたのが「コミュニティハウス」だったのである。2007年春からプロジェクトを立ち上げ，制度設計の部署の方たちと地域の関係者とともに検討を始めて，2007年9月にモデル実践までこぎ着けることができた。

(2) コミュニティハウスの2つのコンセプトと実施内容

プロジェクトで確認されたコンセプトは2つある。1つは「福祉のユニバーサル化」である。縦割りになっている福祉制においては，排除されて地域ケアから漏れる人が出たり，無駄が生じたりなど，弊害が明確になっている。よりニーズに寄り添った地域ケアを，迅速かつ柔軟に提供するためには，そうしたばらばらの制度に規制されない新しい枠組みが必要だと考えている。コミュニティハウスは対象者を限定せず，必要な人は誰でも活用できる地域拠点として実施している。

もう1つは「循環型地域福祉システム」である。これは，これまで福祉制度においてはサービスの受け手と提供する側の区別が明確で，受け手はいつも一方的に助けられる状況をつくり，エンパワーメントを阻害する要因になっていたことに着目している。コミュニティハウスではそこに関わる人たちが対等な立場で，あるときには助ける側，あるときには助けられる側に立ち，お互いの力を循環させて成り立つような運営の方法をとろうと試みている。これは，もともと私の活動が「障がい児の親」という福祉を受ける立場からスタートしていることに起因する。子どもが幼いころから，障がいがあるということで多くの専門家の支援を受けてきたが，対象者として福祉を受ける側でいることの居心地の悪さや後ろめたさはぬぐい去ることができない。

逆に，親の会の活動は自分らしくいられる居場所として非常に重要であり，親の立場からガイドブックを発行したり，いろいろな活動をしたりすることなど，人の役に立つ経験は自分たちを元気にしてくれた。人は必要な手助けをしてもらうだけでは自分らしく生きていくことは困難で，役割や生きていく実感を獲得することが重要であることを身をもって感じていたのである。よって，コミュニティハウスでは誰もがもっている力を発揮することができる拠点として発想された。

　その上で，地域において求められているケア機能として「集い」「居住」「仕事づくり」の3つを備え，対象者を限定せずに臨機応変な支援を行っている。

　建物は閉鎖されていた北海道電力の社員寮を法人で買い取って再利用している。2階に6部屋の居室があり，1階の大部屋でいろいろな日中活動を行い，広い厨房を活用してランチ営業や給食づくりなどの仕事づくりも行っている。地域の関係者からもち込まれる課題に基づいて，協同的な事業展開をしながら，2007年度のモデル事業実施の7カ月間で延べ2000人以上の利用があった。

　2008年度からは法人の自主事業として引き続き，複合型の下宿として多様な人たちが暮らし，厨房を活用した「親子ランチ」では地域の子育てサークルの親子たちが集い，談笑する。また，集いの活動としては，2008年1月より釧路市生活福祉事務所からの委託事業をきっかけにスタートした生活保護家庭や母子家庭などの中学3年生を対象にした学習会が開催され，NHKスペシャルでも取り上げられるなど，地域におけるセーフティネット機能を高める取り組みとして注目されている。建物内の清掃や厨房の作業には，障がいをもつ若者などの就労の場としても活用される。そこでは，自然に中学生が親子ランチに来る幼児と遊んで，お母さんたちに喜ばれたり，勉強会を巣立った高校生が遊びに来て，知的障がいの若者と会話を交わしたりするなど，多様な人たちが自然な出会いを生み出し，人と人とのつながりをつくり出している。

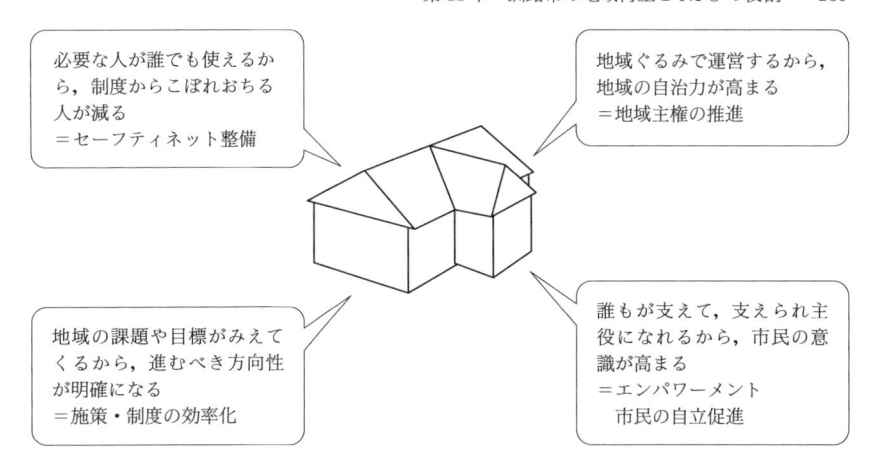

第 11 章　釧路市の地域再生と NPO の役割　239

必要な人が誰でも使えるから，制度からこぼれおちる人が減る
＝セーフティネット整備

地域ぐるみで運営するから，地域の自治力が高まる
＝地域主権の推進

地域の課題や目標がみえてくるから，進むべき方向性が明確になる
＝施策・制度の効率化

誰もが支えて，支えられ主役になれるから，市民の意識が高まる
＝エンパワーメント
　市民の自立促進

図 11-1　可能性いっぱいコミュニティハウス

(3)　可能性いっぱいコミュニティハウス

　この新型モデルは多くの可能性があり，今後の地域づくりには必ず必要な存在になると考えて，道州制特区の提案として北海道から国に制度化を求めて 2008 年の 10 月に答申を提案した。先日，閣議決定を経て正式な回答があり，今後類似事業として内閣府から例示のあった雇用対策事業の一例であるフレキシブル支援センター（「コミュニティハウス　冬月荘」がモデルとなって発案されているが，発想や理念面では反映されているとは言い難い事業）を推進し，啓発，検討するとの回答があった。この提案は従来の福祉制度を根底から揺るがす発想のため，きわめて慎重であいまいな回答ではあったが，地域の現場から制度へ発信する画期的な試みとして一石を投じる役割を果たせたと考えている。また，制度化だけではなく，こうした動きは全国的に異なる分野での実践として取り組んでいる例が多くあるとみられ，実践者もまた分野を超えたネットワークや情報発信が必要となるため，冬月荘から全国へ呼びかけて，現場からの議論を行うための全国ネットワークを立ち上げた。

3　コミュニティ岩盤浴　波動空間　爽

　ネットワークサロンでは，これまでの福祉事業一色から地域経済への貢献

を目指して2007年10月から新しく岩盤浴の経営に乗り出した。地域の経済活動をソーシャルビジネスの発想を取り入れて再生する取り組み事例である。もともと営利企業が運営していたものが，経営が立ち行かなくなり，引き取り手を探していた設備を買い取る形で，代わって運営に着手した。話をもち込んだのは地元の不動産業者で，それまでそこの仲介でグループホームなどの事業所拠点を次々と借りていたのをみて，ビジネスパートナーとして「岩盤浴をしないか」と声をかけたのである。私は，最初は全く考えもよらずに，すぐに断ったが，あまりにも熱心に営業することから半分冗談で，法人運営に携わるメンバーで「もし，自分たちが岩盤浴を経営するとしたら」と仮想の議論をしてみた。すると，私たちならではの工夫やネットワークで，それも可能性が広がるイメージができたので，思い切って取り組んでみることにした。そうした具体的なイメージとは別に，制度を使わない一般事業に本格的に着手することで，福祉事業へ依存することがない（しなくてもいい）ための経営ノウハウを磨くための機会となることへの意義，また地域の企業として関係者と連携する上で，この厳しい地域経済状況を肌で感じることが必要であると考えていた。

　通常の営利経営では立ち行かない店舗でも，私たちのこれまでのノウハウを駆使することで可能性を広げ，社会資源として継続している。例えば，就労支援の場としてハンディのある人たちが働いたり，法人でここ数年進めてきた無農薬野菜の販売場として可能性が広がった。地域の人材との協働ということで，ここの一部のスペースをスタジオとしてニットアーティストの方（実は，自閉症の息子をもつお母さん）に提供し，お互いのお客さんを呼び込み，店番を手伝ってもらうなど，相互利益を生み出し共存も可能になる。また，地域ケアを提供してきた私たちだからこそ，託児サービス付きのメニューを始めた。これまで利用することがなかった新たな客層を開発するとともに，子育て支援にもつながる。こうしてネットワークサロンらしさ，NPOらしさを発揮することでさまざまな工夫ができて，地域経済活動が多彩になり可能性を広げることができるのである。

　よく，この事例を紹介すると「儲かっていますか？」と質問される。残念

ながら，儲かる話にはならない。ただし，事業として継続させることは可能である。私はこうしたソーシャルビジネスは儲かるところまでは至らなくても，事業として誰かが働き，収入ややりがいを得る場となり，それを利用する人がいて地域の中で経済活動をして成り立っていくことに意味があると思っている。そうした発想に立つと，まだまだ生かすことができる地域資源はたくさんあると思っている。

第4節　地域再生につながる地域づくり

1　福祉的発想活用の地域づくり

これまで，いわゆる「福祉分野」において地域づくりの活動に関わっていて強く感じているのは，福祉の発想転換であり，発想転換した福祉のあり方が地域を変える原動力になる可能性があるということである。

これまでの福祉は，経済力の高いところから低いところへ，与える福祉，注ぎ込む福祉という発想であった。

この発想は社会全体の経済力がある程度維持できているときには問題はないが，現在のように市場社会が不況に陥ったときに，ダイレクトに影響を受けるリスクを負う。また，受ける側はいつでも最低限に甘んじることにつながり，上から注ぎ込むやり方は途中でこぼれ落ち，ロスが生じる可能性がある。

これからは「化学反応を起こす」必要があると考えている。

そのためには高いところから低いところへ注ぎ込むのではなく，下から支える，または阻害要因を取り除く，力を引き出すための工夫などが必要であり，それが自立支援であり，エンパワーメントの発想である。そうすることで，社会全体の経済力の総量はアップし，そこで循環が生じて活性化する。

これまで，社会保障費を単なる財源の消費にするのではなく，社会への投資的な役割を果たせる発想とシステム，そして地域実践が重要なテーマとなる。

242　後　編　社会的排除克服への社会的協同実践

①社会全体の経済力の低下

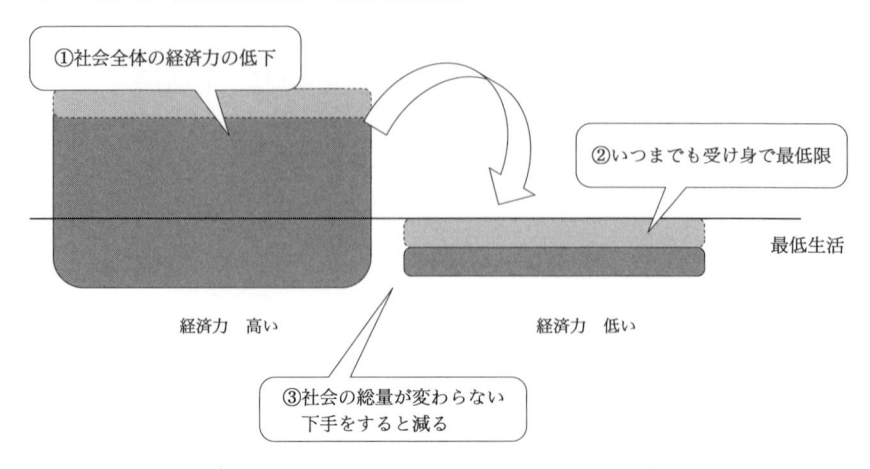

②いつまでも受け身で最低限

最低生活

経済力　高い　　　　　経済力　低い

③社会の総量が変わらない
　下手をすると減る

図11-2　これまでの福祉の発想（経済力を高→低へ最低限の分配）

社会全体の総量をアップ
地域に循環がおこる

エンパワーメント
自立

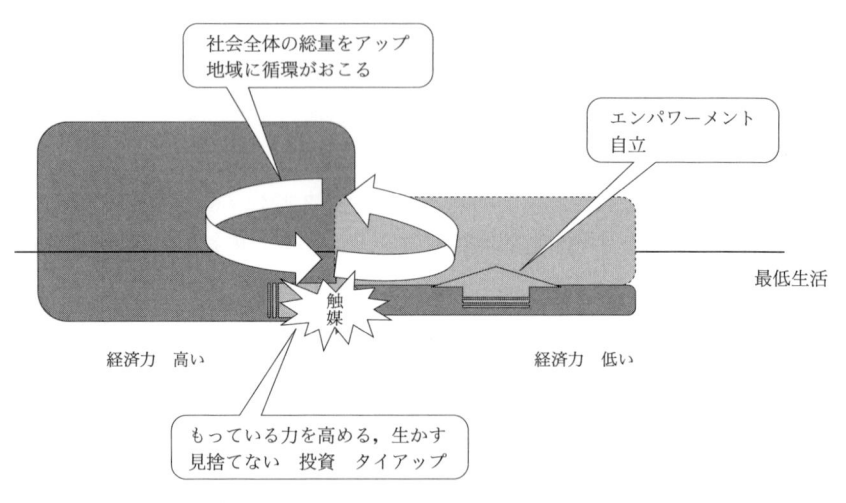

最低生活

触媒

経済力　高い　　　　　経済力　低い

もっている力を高める，生かす
見捨てない　投資　タイアップ

図11-3　これからの福祉の発想（経済力に化学反応をおこす　みんなで地域をつくる・まわす）

2 市民による地域づくりの意義

　最後に，これまでの実践報告と地域再生という視点を踏まえて，まとめを述べる。

　私は自ら困難を感じる立場(障がい児の親)であることから活動が出発したことを利点にして，地域づくりに携わったことは，たくさんの示唆をもたらした。地域再生を考えるときに，こうした生活当事者発のまちづくり実践の意義は2点挙げられる。

　1つは，支援実践が支援の対象者をつくり出す方向ではなく，担い手を育てる方向に向かっていくことの可能性である。被支援者の客体化は，これまでの公的な福祉システムの課題であり，同時に市場化することで利用者(市民)を「お客様」にしてしまうリスクでもあると考えている。私たちは自らが被支援者から担い手になった経験によって，その有効性と必要性を強く感じ，同時にそのノウハウとスタイルを蓄積してきた。それを地域全体の再生の取り組みに応用することは難しくない。

　そしてもう1つは，実際に使う側(生活当事者)から発想される支援ツールは無駄が少なく，役に立つという点である。支援策や制度のよしあしや有用性を一番知っているのは，使っている立場の生活者なのである。その利点を生かすことで，地域生活者が本当に使いやすく使い心地がよく役に立つ支援のあり方を発想し，支援体制を実現することが可能となる。まずは生活があっての地域ということで考えると，生活者が知恵を出し合い，どんな人でも暮らしやすい地域にする主体となる取り組みを抜きにして，経済の活性化は語れない。

　地域再生は政策や企業など一部の立場の人たちで取り組むのではなく，その地域で生活するあらゆる人たちが「自分の問題」として捉えることが重要である。さまざまな人たちが意識を共有し，違う立場の人たちと知恵を出し合いながら，実際に課題を協同的に解決する手応えを感じることでしか地域の再生はありえないと考えていると同時に，その可能性と力はどんな地域にもあると確信している。

参考文献

日置真世『日置真世のおいしい地域づくりのためのレシピ50』CLC，2009年。

日置真世「地域課題の解決を生活者が担う「ソーシャルビジネス」」『都市問題』第100巻第7号，2009年，pp. 48-57。

日置真世「人が育ち合う「場づくり実践」の可能性と必要性――コミュニティハウス冬月荘の学習会の検討」『教育学研究』第107号，2009年，pp. 107-124。

日置真世「困難を抱える子ども・若者とのその家族への地域生活支援の意義と課題の提言――支援実践を通しての分析と検討」，『子ども発達臨床研究』第3号，2009年，pp. 35-44。

日置真世「循環型地域福祉拠点「コミュニティハウス冬月荘」の誕生」『HGR高研協』第24号，2008年，pp. 8-11。

NPO法人地域生活支援ネットワークサロン編集／報告者：日置真世・高橋信也『平成19年度厚生労働省障害者保健福祉推進事業　循環型地域福祉支援体制開発事業――コミュニティハウス冬月荘の取り組み』2008年。

終　章　持続可能な包摂型社会へ

鈴 木 敏 正

　本書は，社会的排除問題を克服して「持続可能な包摂型社会 sustainable and inclusive society」を構築することが，21世紀最大の地球的課題であり，具体的に先発・中発・後発の先進国(英・日・韓3国)において，そうした方向に向けての社会構造の転換が始まりつつあると考え，それを現代生涯学習の「基礎構造」と把握して分析・検討してきた。

　序章では，各国の社会的排除問題と生涯学習を，政治的国家・市民社会・経済構造(世帯を含む)の全体にわたる「先進国モデル」によって構造的に捉えるための視点を提起した。これを前提として前編では，経済構造(自己疎外＝社会的陶冶)の視点から，失業・半失業に伴う社会的排除問題を分析した。後編では，市民社会の視点から，社会的排除問題に取り組む社会的協同活動の実際をみた。この終章では，以上を総括しつつ，今後の展望について提起する。本来，学習と教育の実践的な総括に基づく展望は，教育計画論的視点からなされるべきである。そのことを踏まえつつ，「基礎構造」分析に重点を置いた本書では，政策的・実践的課題に対応した理論的総括に収束するような形で述べておくことにする。

　まず第1節で，持続可能な社会に向けて社会的排除問題と環境問題の同時的解決の課題を考える。次いで第2節で，実践的方向として「持続可能な地域づくりのための教育(Education for Sustainable Community Development, ESCD)」を提示すると同時に，そのグローカルな実践としての意味を検討する。第3節では，継続中のわれわれの調査研究から，具体例として韓国農村における実践を紹介し，今後の課題を考える。そして第4節では，

持続可能な社会を目指す生涯学習の諸実践を「未来に向けて総括」する地域生涯教育計画のあり方を示し，それが「新しい総合科学＝『実践の学』としての教育学」を求めていることを指摘する。

第1節　社会的排除と環境問題の同時的解決

　持続可能な社会の構築については，資源・エネルギー問題を含む環境問題が議論の中心となってきた。もちろん，それらは独自の重要性をもっている。しかし，環境問題は，本書で考えてきた貧困問題を基盤とする社会的排除問題と同根の問題をもっている。特に近代以降，「自己調節的市場」(カール・ポランニー)が展開し，世界市場拡大を伴って資本蓄積が進展してからは，環境問題と貧困・社会的排除問題は並行して進んできたと言える。

　「自己調節的市場」の前提となる資本の本源的蓄積過程は，土地(自然)と労働力(人間)の分離過程である。それはそれまで自然環境保全の機能を果たしていた土地，特に森林や入会地などの共有資産(commons)が収奪されていく過程であると同時に，生産＝生活手段から切り離された労働者が資本主義的労働市場の労働力商品となり，一定部分がその不可欠の一環としての相対的過剰人口＝貧困層(失業・半失業者)となる。重要なことは，この本源的蓄積過程は，資本の拡大再生産過程においてとどまることなく，各国そして世界的規模で現在もなお進展しており，それが環境破壊と貧困問題を引き起こしていることである。特に，1990年代以降のグローバリゼーションの時代においては，地球的規模で展開された新自由主義的政策の下，野放図な資本展開が環境保全に必要な共有資産(土地や水，化石エネルギーといった自然資産に限らず，遺伝子情報など科学と知的資産までを含む)を資本蓄積の手段に変えると同時に，各国においても国際的にも格差社会を拡大していった。

　それゆえ，環境問題の取り組みは貧困問題への取り組みと不可分のものとして考えざるをえなくなってくる。「持続可能な発展」がキーワードとなった国連の地球サミット(1992年)以後，環境問題への取り組みがグローバル

化したと言える。その活動は貧困問題に取り組む社会開発あるいは人間的開発の課題(例えば「社会開発サミット」や「国連開発計画」の展開)と不可分に結びついている。そして，それらの推進のために教育活動が不可欠になっていることは，現在取り組まれている「持続可能な発展のための教育の10年」(DESD，2005-2014年)になると，ますます明白になってきている。

以上のような動向を踏まえるとき，環境問題と貧困・排除問題の個々の課題に応える理論と実践が求められているだけでなく，両者を統一的に捉える枠組みが必要になってきていると言える。アメリカではオバマ大統領が主導して「グリーンニューディール」政策を推進し，日本でもこれに追随する動きがあったが，グリーン・エコノミーとグリーン・ジョブの創造が焦点になってきている。それらは失業・半失業状態にある貧困層でこそ必要なものとされ，貧困地域からのグリーン化，「グリーン・フォー・オール」が求められている[1]。日本でも持続可能な社会を目指して環境問題と貧困・格差問題を結びつけて取り組むような提起がみられ，そうした中から環境と福祉と経済を統合する「定常型社会」の提起もなされている[2]。

それは教育の領域においても言えることである。ユネスコの21世紀教育国際委員会の報告(『学習：秘められた宝』，1996年)は21世紀に求められる学習として「生活全体を通した学習 learning throughout life」を提起し，その学習4本柱として，それまでの「知ることを学ぶ」と「なすことを学ぶ」だけでなく，特に「人間として生きることを学ぶ」と「ともに生きることを学ぶ」を加えた。この後二者こそ，人間と自然の関係を踏まえた人間のあり方を問い，排除型社会を克服していくために必要な学びとして理解されるものである。この提起を受けた国際成人教育会議のハンブルク宣言(1997年)は，基本的前提となる目標として，公正で民主的で参画型の社会を構築することを掲げた。DESDの展開は，まさにその具体化である。

それでは，環境問題と貧困・社会的排除問題を乗り越えようとする，いわば「21世紀型の学び」の内実はいかなるものであろうか。もとより，グローバルな環境問題も社会的排除問題も，特に20世紀最後の四半世紀に社会問題となったものであり，当然それに関わる学も最近のものである。両者

とも，それまでの専門分化した学問では対応できない問題であり，より総合的な視点を必要としている。しかし，旧来の諸科学を総合するだけでは十分ではなく，新しい質をもった知見を必要としている。そして，問題を捉え，解明する論理だけでなく，具体的に解決していく際の「実践論理」が求められている。それらは，近代以降の諸科学の前提となっている思想それ自体をも問うている。

　環境問題を引き起こしたのは，近代諸科学とそれに基づく技術だという批判は，すでにステレオタイプ化したものになっている。思想的には，それらを支える「合理主義的」＝「道具主義的」理性が問われ，それに対して現象学や解釈学が展開され，「コミュニケーション的理性」(J. ハーバマス) などが提起され，さらにより現実的・実践的な論理を展開することが課題となってきた。環境思想をめぐっても，「合理性」に対する真の意味での「理性」が提起され，そうした視点から「永続可能性」と「公正」が問われている[3]。さらに環境思想は人間学の革新をくぐって初めて，「共生共同」の理念に基づく「持続可能社会」を見通すことができるということも提起されている[4]。これら環境思想からの提起を，社会的排除問題に取り組む21世紀型社会科学の創造に結びつけていく必要がある。

　現代国家の基本構造は，序章の表0-1で示したように，「法治国家・福祉国家・企業国家・危機管理国家・グローバル国家」の統一として考えることができる。これら5つの国家形態は，対立・矛盾する側面を含みながら，それぞれ不可分のものとして統一されている。また，それぞれがそれぞれを必要とするものとして，連続した相互規定的な循環構造をもっている。どの側面が前面に出てくるかは，それぞれの時期の国際的・国内的社会経済条件によるが，21世紀の現局面では，「グローバル国家」としての側面が優先している。表0-1ではこうした基本構造をもつ現代国家の社会的統合政策として代表的なものを掲げ，各編でそれらの具体例をみてきたが，それらの総体としての国家的ヘゲモニーに対するカウンター・ヘゲモニーの展開は，個々の政策に対応するだけでは不十分で，実践的限界をまぬがれないのであり，総体として発展させる展望をもった対応が必要となってくる。その基本方向は

「自由主義→改良主義→革新主義→改革主義」であるが，重要なことは，それらのいずれか一部をとって主張することではなく，それらの相互規定的・相互豊穣的発展をはかるような「民主的スパイラル」を創造していくことである[5]。

　その際に重要なことは，まずは国民国家の枠を超えた動向を踏まえることであるが，同時に，市民社会・地域社会から，いわばボトムアップで立ち上がってくる実践と論理，それらに関わる「グローカルな知」の創造に着目することである。それは特に「グローバル国家」化の中で，現代的社会権を具体化し，カウンター・ヘゲモニーとしての社会的協同実践を展開する際に求められるものであり，社会的協同実践を通して創造されるものである。

　人間諸主体と社会的構造・システムを媒介するのは，社会的諸実践であり，それらに不可分な「知」である。グローバル化した社会問題を解決しようとして地域で社会的協同の諸実践を展開するためには，「グローカルな知」が求められる。ここで「グローカル」とは，地球的規模で考え地域で行動する，あるいは，地域のことを考え地球大で行動するという，地域から地球的問題群の諸課題に取り組む実践において主張されてきたトランスナショナルな視点のことである。そこでは，知の伝達・創造に関わってきた教育と研究のあり方が問われている。ここでは特に，グローカルな実践の研究的意味，新しい学問創造にとっての意味を考えてみよう。

第2節　グローカルな時代の「持続可能な地域づくりのための教育」へ

　「ローカルな知」は，近代主義的科学が主張してきた普遍的知に対置され，例えば経済学・社会学・政治学といった支配的社会科学というよりも，人類学や民俗学の知見を踏まえて提起されてきた。それは，しばしば普遍主義に対する「共同体主義」あるいは「文化的多元主義」の論拠とされ，最近では社会教育・生涯学習の領域でも重要なものとして取り上げられている[6]。しかし，それはすでに19世紀後半，自然科学的手法を人間とその社会に当

てはめることの限界が指摘され，法則定立的科学に対する個性記述的学問の独自性が主張されたときに始まったと言える。さらに，「ローカルな知」を普遍的なものを追い求める啓蒙主義的学問観への批判と考えるならば，それは近代が始まった時点で提起されていた。すなわち，個別・特殊・普遍を統一して捉えようとする弁証法的な知のあり方としてである。

　この場合の「ローカルな知」は，一般的に，普遍に対する特殊的ないし個別的な知と考えることができる。もちろん，それらは問題構成のあり方によって異なる。近代以降の論理としては，個人において固有な知が個別であり，科学的な法則として捉えられたものが普遍であるのに対して，それらを媒介する「特殊」の位置にあるのが「ローカルな知」であるが，それらは相対的なものである。何を普遍とし，何を個別とするかによって，何が特殊＝「ローカルな知」であるかは当然異なるからである。

　重要なことは，個別・特殊・普遍の弁証法的関係の理解である。ヘーゲルは個別や特殊から切り離された「抽象的普遍」を強く批判し，むしろ個別的なものでありながら特殊を媒介にして普遍に展開されていくような「具体的普遍」の重要性を主張した。教育学における「具体的普遍」は現実的な人間諸個人＝人格であり，諸人格が特殊的な世界を創造することを媒介にして，より普遍的な人間性を獲得していく過程が念頭に置かれなければならない。「ローカルな知」もその過程において位置づけられるのでなければ，いかようにでも理解される。しかし，個別と特殊の関係をあいまいにした「ローカルな知」や，普遍を抜きにした「ローカルな知」の主張がいかに多いことか。

　グローカルな運動として注目すべきは，世界各地で取り組まれている内発的発展，つまりローカルな自然・歴史・文化の中で個性的地域住民集団によって取り組まれている「地域社会発展 community development」の運動である[7]。日本では「地域づくり協同実践」の中に，そうした意味での内発的発展の動向をみることができる。内発的発展としての地域づくり運動は，まさにマクロとミクロをつなぐメゾレベル，すなわち全国・世界と個人を媒介する位置にある実践である。それは，第1に，人間と自然との複雑な相互関係にある地域をつくり変えようとする運動である。第2に，国家に対する

地域主権・住民自治を目指す運動である。第3に，それぞれに個性的で多元的な地域資源を生かした地域社会発展を互いに尊重する運動である。そして第4に，法則定立的認識や個性記述的認識を超えた「課題化認識」が求められる地域課題の理解と，その解決のために取り組まれている実践である。このようにみるならば，内発的発展としての地域づくり運動が，ウォーラーステインが提起する「新しい学」[8]を求めるものであることは明らかであろう。

　さらに触れておくべきは，第4の点に関わってウォーラーステインが，社会科学的な知の「客観性」を問題にしていることである。その際に前提にされていることは，知識社会学的知見に基づいて「誰の客観性か」を問い，「中立的」学者などいないとして，知が歴史的・社会的文脈の下でしか考えられないとする理解である。われわれにとってより重要なことは，客観性は「人間的学習の結果」であることを踏まえ，「より有効な知識は社会的に可能となる」として，間主観的判断の理想に訴えるだけではなく（おそらくハーバマスへの批判），「集団的努力の組織的支援」の必要性を指摘していることである[9]。これらが示しているのは，新しい学の創造に当たっては，多元的普遍主義へ向けた，「人間的学習」への「集団的努力」の「組織的支援」が必要であるということである。それは「科学者」にとっての問題だけでない普遍性をもっているであろう。

　ローカルとは，もともとラテン語の「場所」を語源とする。それはまず地質的・地理的空間であるが，それ以上に，それらに対する労働とそこにおける生活によって人間的に加工された自然を含む実体である「風土」としてある。世界に2つとない各々の場所で蓄積されてきた知は，そこでの生活と生産，そして地域的コミュニティを維持するために必要なものであった。それらの多くは，科学的知とは区別される「社会的実践知」である。もちろん，それらは機械的に分離されて理解されてはならず，実践知が整序されて科学的なものとして認知されたり，科学知が一定の技術や技能に媒介されて実践知となったりという相互規定関係は無視できない。しかし，実践知において重要なことは，それが文字や記号に書かれて体系化された，それゆえに抽象化された静的な知ではなく，実際の生活実践とともにある「生きた知」であ

り,「動態的・有機的な知」であるということである。

　それはローカルな「場」,つまり地域を維持し,つくり変えていくような「地域をつくる学び」の中にあり,その実践を通して明確化する。今日,「ローカルな知」は「地域をつくる学び」の前提としてあるというよりも,その実践を通して明確化され豊富化されるものだと言える。特に資本主義的経済発展や国家的地域開発政策の中で,旧来の地域社会が変質したり崩壊の危機に陥ったりしているところでは,「地域をつくる学び」によって生まれたり再評価されたりする「ローカルな知」の重要性が高まってきている。それらは,地域における自然的・歴史的・文化的資源を生かし,地域住民主体で進める「内発的発展」としての地域づくりを意識的に追求しようとするときに,特に求められるようになる。そして,グローバリゼーションの時代,地球的規模で地域格差が拡大し,日本国内でも都道府県・市町村のレベルでもそれが目立ってくるようになると,あらためて「ローカルな知」の重要性が認識され,それらを守り発展させるような「地域をつくる学び」,それを推進する「地域創造教育」が実践的課題となってきているのである。

　われわれはこれまで,地域創造教育展開の6つの領域を提起してきた[10]。①学習ネットワーキングに支えられた「公論の場」の形成(地域集会,セミナーなど),②地域調査学習・地域研究,③地域行動・社会行動(ボランティア・NPO活動など),④地域づくり協同実践,⑤地域社会発展計画づくり,⑥地域生涯学習の計画化,である。

　①は,地域における「多元的普遍性」を保障しつつ,ローカルな知を創造していく際の基本的な活動である。しかし,それをハーバマス的対話主義的な「間主観的判断の理想」に押し込めてしまうわけにはいかないし,実際にそこにとどまっていては,地域づくりは望めない。「ローカルな知」の創造のためには,地域的公共圏を必要とする。「公共圏」は実体的な「公共空間」を前提とし,関係論的に捉えられたもので,組織化の活動の総体である。そして,「公共化」(「再公共化」)の実践を不断に生み出すことによって生きたものとなるのである。

　その内実として,②から⑤にわたる「地域をつくる学び」の諸実践が必要

となる。②は，まさに「ローカルな知」の発見・創造に直接的に関わる実践であり，主観的・共感的に理解された知の客観性・現実性を問うものである。③で求められるのは，「知ること」を超えて自発的に「なすこと」を学ぶ実践であり，知の主体性・行動性を問う。④は，まさに「協同実践」を通して得られる協同性・自治性の形成の実践である。⑤ではさらに，公共性・計画性が求められる。全体として，②と③が「主観性と客観性の対立」を，④と⑤は「私的個別性と社会的・公共的普遍性の対立」を克服しようとする実践である。いずれも，国家と市民社会の分裂，私的個人と社会的個人の矛盾という近現代社会の基本的矛盾を基盤として生まれる，普遍主義と個別主義，集団主義と個人主義，さらには人間主義と自然主義，客観主義と主観主義といった二元論(二項対立)を超える知の形成を必要とするものである。

　「グローカルな知」は，グローバルなレベルにおける普遍的な知と個別人格的に特殊な，あるいは地域レベルにおける特殊的な知を媒介する知である。それは，一方において，普遍的なものとされている知，他方において，個別的なものとされている知を批判的に捉え直すという機能をもっている。今日においては，グローバリゼーションを進める知とプライバタイゼーション(私化)を進める知(それらは相互規定的な関係にあるが)の両者を批判しつつ，固有な知を主張する，というよりも「グローカルな知」を創造していくことによって，両者の相互依存関係から来る諸問題を克服する可能性をもったものである。

　「グローカルな知」は普遍的な知と個別的な知を実践的に媒介する位置にある。それはまず，グローバルないし全国的な課題と私的・個人的な課題をつなげる地域課題を学習内容とする。上原専禄は，すでに1960年代はじめに，歴史認識をもって地域の課題に実践的に取り組む際には，法則化認識と個性化認識を乗り越えた「課題化認識」が求められることを指摘していた[11]。これらのことを踏まえるならば，今日において「グローカルな知」を学ぶことは，必然的に「学習の構造化」を進めることになると言える。

　焦点となるのは，知識人＝教育専門家が組織化する「定型学習」と，学習者が組織化する「非定型学習」に対して，教育実践者と学習者の協同によっ

て推進する「不定型的 Non-Formal 学習」である。それこそ，地域課題に取り組み，「地域をつくる学び」を援助・組織化する教育実践にとって必要となる学習組織形態である。不定型的学習に媒介されることによって初めて，定型的な学習によって得られる知と，非定型的な学習によって獲得される知とが生きたものになるのである[12]。

もともと「不定型的教育 Non-Formal Education」は，第3世界の教育開発において，学校的形態によって西欧的な知と文化を普及する「定型的教育 Formal Education」に対置されるものとして，1960年代の後半に提起され普及してきたものである。それは地域の教育的資源を活用し，住民参加型学習を推進するものであった。本書では，主として後編でそのいくつかの事例をみてきた。それらはしばしば，社会的に不利益を受けている地域で，特に「内発的地域社会発展 endogenous community development」に重要な役割を果たすものとして理解されるようになる。そこで学ばれるのは，ローカルな自然・歴史・文化を大切にしながら，国際的な動向がもたらす諸問題に取り組んでいく際に必要な知と文化を創造・再創造するような，まさに「グローカルな知」である。

内発的地域社会発展に求められる学習と，それを援助・組織化する教育訓練の重要性は，1980年代から90年代以降のグローバリゼーションの時代，ますます重要なものとして意識されるようになった。そして，西欧先進国においても，周辺的な位置に置かれている地域と諸階層の学びにとっても，重要なものとして位置づけられるようになってきたのである。それは，21世紀，特に第1節で述べた「持続可能な発展のための教育の10年(DESD)」が展開されている2005年以降においては，「持続可能な地域づくりのための教育 Education for Sustainable Community Development(ESCD)」として発展させることが求められている。「持続可能な発展のための教育 (ESD)」を推進している国連の国際成人教育会議は，最新の共同宣言「ベレン行動枠組み」において，持続可能な人間的・社会的・経済的・文化的・環境的発展に青年・成人教育が重要な役割を果たしうるとしている[13]。

第3節　韓国農村における地域再生運動に学ぶ

　グローカルな運動としての「持続可能な地域づくり」の実践は，われわれが比較研究をした先進国周辺地域のいずれにおいてもみることができる。ここで，本書で後発先進国とした韓国の中でも周辺化されてきている農村地域における実践例をみてみることにしよう。韓国は急激な経済成長の中で拡大された深刻な地域格差が社会問題となってきており，本書でもみてきたように「社会的疎外層」対策が重要な政策課題になってきた。

　われわれは，2009年8月12日から14日に，韓国公州大学校で開催された国際シンポジウム「持続可能な発展のためのアジア教育的福祉の展望と課題」に参加した。日中韓共同で行われたこのシンポジウムは「第1部　アジアにおける特殊教育の比較的アプローチ」と「第2部　アジア農村教育発展への教育的福祉アプローチ Educational Welfare Approach to Develop Asian Rural Education」に分かれて実施されたが，われわれの協同研究チームが，関連する調査研究の成果をもって参加したのは後者である[14]。

　タイトルにあるように，持続可能な発展，アジア，教育的福祉の3つが今回のシンポジウムのキーワードである。持続可能な発展のためには，自然と人間の共生という視点だけでなく，人間社会自体の持続可能性を問題にしなければならない。そのためにはグローバリゼーションと「グローバル国家」志向によって急激に進展した地域的・家族的・個人的格差と社会的分裂，その結果としての社会的排除問題を克服する必要がある。それはより民主的・平和的で公平な社会，「新しい福祉社会」と「新しい福祉国家」を求めることになるであろう。農村教育への「教育的福祉アプローチ」を追求した今回のシンポジウム(第2部)では，日中韓の農村における社会的排除問題克服への実践のそれぞれに固有な価値を理解しながら，ともに「北東アジア型新福祉社会」を考えるという課題を浮き彫りにしたように思える。

　基調報告をしたのは，本書序章に特別寄稿をいただいているキム・シニル前教育長官・副総理であった。彼は，学校教育・生涯学習が普遍化した中で

起こっている地域格差に対応するためには，産業化で解体された過去の農村を再生・再創造するという農村中心的パラダイムだけでは限界があり，「教育福祉」概念が政策的に重視されてきていることを踏まえつつ，新しい時代，特に人々が農漁村と都市を行ったり来たり暮らしたりするような時代に対応して，「都市と農村間の教育的交流を通した相互補完と共存」が生まれるような教育(例えば「田園学校」)が必要であることを強調した。シンポジウムでは，農村教育政策・社会教育・学校教育の各セッションにわたって社会的排除問題，特に社会・経済的・文化的過疎問題，多文化家庭や障害者問題，小規模学校問題などと，それらの克服への取り組みが報告された。それらは，困難を抱えた子どもたちへの教育的支援，学校間の連携，教師の力量形成，住民の学校参加など，都市地域をも含んだ学校改革・教育改革への方向のみならず，資本主義的近代以降の根本問題としての「都市と農村の対立」，都市・農村問題解決への方向をも示唆するものである。

　ここでは，シンポジウムの直前，10日から12日にかけて，われわれが清原郡・清州市および益山郡・全州市で行った「平生教育現場調査」の中から，第2部のテーマに関わる清原群および益山群での農村調査で垣間見たことを紹介しよう。それぞれの中心的調査対象は，「清原郡教育文化連帯」および「益山農村教育研究会」の活動であったが，主に紹介するのはより平生教育＝社会教育的で実践的蓄積がある前者である。

　「清原郡教育文化連帯」(以下，清原連帯)は，地域二極化解消と共同体回復を目指して，2006年11月，郡内で教育文化活動をする9団体が参加して結成されたNGOである。その出発点は，1980年代末葉の市民運動・学生運動から発展した地域青年集会運動「働く人たち」(93年設立)に求められる。「働く人たち」は，映画集会，山登り集会，読書集会，環境教室など，生活に密着した小集会運動を中心にして，参加者の主体的力量形成と市民団体活動家の育成・支援を展開した。そうした活動を踏まえて，98年，さらに広く地域住民に働きかける「社会参加教育」としての社会教育を推進するための「社会教育センター・働く人たち」を創設した。

　同センターは，識字教育としてのハングル教室・学校をはじめとして，子

どもたちのための無料学習教室，無料給食や地域イベントなどを行った。住民参加を重視するその活動は「代案 alternative 教育」センター設置・運営，市民政治アカデミー・開かれた市民社会フォーラムなどを生み出すようになってきた。そうした方法は，市民活動の担い手の「循環的成長構造」を生み出している。そして，2001 年，廃校跡を借りて，①ともに生きていく共同体教育，②自然親和的環境教育，③討論を通した民主主義教育を目標とする「コブギ(亀)学校」を創設する。それは代案的教育共同体であると同時に，農場をも経営しながら，「スロー・ビレッジ」を形成しようとする生産・福祉共同体であるところに特徴がある。この社会教育センター，特に「コブギ学校」を中心として組織化されたネットワーク組織が「清原連帯」であり，参加者のほとんどが社会教育センターの会員となっている。

調査時点では，児童支援センター 4，多文化家庭指導組織 4，文化芸術団体 1，代案学校(alternative school) 1，「小さな図書館」1，青少年指導団体 1 名が参加している。その活動は，①地域新聞・教育活動資料集発行，②地域自然保護(ゴルフ場建設反対運動，鶴のいる村づくりなど)，③スローライフ振興(自転車文化振興，森の文化まつりなど)，④生活共同体づくり(地域祭づくり，「小さな図書館」支援など)，⑤協同農場づくり(食虫植物生産)，⑥社会的疎外層支援(貧困者，障害者，片親家庭，祖父母家庭，多文化家庭への教育プログラム開発・支援)，⑦担い手育成(住民教育事業，教師教育)，等に取り組んでいる。環境・生産・教育・文化・福祉を統一する活動を展開しようとする清原連帯の考え方の反映である。

職員は，清原連帯に所属する 4 名と各組織からの 5 名で構成されている。活動資金の 6 割は農場収入で，その他は，児童支援センターおよび失業者支援活動への政府補助，そして個人・企業からの寄附でまかなっている。その活動は地域に根ざしたものであり，地域住民や教師のボランティア的活動に支えられている。われわれが訪問した玉山地域児童センターは，住民自治委員会とともに農協施設内にあり，代案学校的児童・青少年教育を行うだけでなく，成人向けハングル講座や多文化家庭支援を行っている。「小さな図書館」は現館長宅を改造したもので，地域住民グループによって運営され(団

体からの資金援助あり），子どもに開放的であると同時に，母親のための講座・母子の遊び，移住女性への識字教育，高齢者のための歌の会，青少年のための映像教育，庭を利用した野外音楽会による地域祭り参加などが行われている。

　主要活動としての「コブギ学校」は，体験学習4，地域福祉4，農場15名の担当で運営されているが，郡内で最も貧困だとされているこの地域(ジョンアム里)の52世帯のうち約半数がこの活動に参加している。特に食虫植物農場と山菜園に貧困者・障害者が雇用され，共同作業していることが注目される。全体のネットワーク活動は「清原連帯」事務局長が担当してきた。これまで，都市・農村交流事業(体験学習，1日平均約30名参加，最大490名)を展開しつつ，「スロー・ビレッジ」=「スロー教育」を目指す活動をしてきたが，さらに生産・文化・教育・福祉を統一する共同体運動を展開するために，新センター館を建設・引越しようとしている。注目すべきことは，そのために必要な3億5千ウォンの資金を運動参加・支援者23名の協同出資でまかなおうとしているところである。教育文化領域での連帯に加えて，すでに医療生協(病院)が発足し，食べ物生協も近くつくられる予定で，「教育通貨」を含む地域通貨も構想されている。

　以上のような動向は，開かれた活動を展開しながら地域内循環を重視し，「社会参加教育」を進めつつ，自分たちのペースで経済的自律・自立をはかり，教育・文化・福祉(医療)・生産の相互豊穣的関係をつくろうとする「清原連帯」の志向性をよく示しているであろう。本書第9章の執筆者であるヤン・ビョンチャン氏は，この活動を①人的資源の発掘・専門的力量形成，②公共との連携・協力，③教育以外の領域との構造的なネットワークという3つの点で評価している。

　「清原連帯」が社会教育の側からの地域づくり教育の方向を示しているとするならば，益山農村教育研究会の活動は，学校教育の側からの地域づくり教育の方向を示していると言える。それは，2003年，「子どもの日」に社会的に排除されがちな農村の子どもたちのために何ができるかと，教師と農民会会員が相談したところから始まった。実際に行事や土曜教室，子どもたち

が歴史・文化体験を地域住民の前で報告するといった実践をくぐって，モデル学校をつくろうという方向に発展していった。

モデルとなった「聖堂(ソンダン)小学校」(児童81名)では，地域住民が農村教育問題に関する討論会を開催し，そこでの議論を教師が共有したことが出発点である。そこから，農村のデメリットをメリットに変えようとする「特色ある学校づくり」が目指されることになった。体験活動と地域施設を利用した共同体験が重視され，少人数のデメリットを克服するための学校間連携(特に体育・音楽の授業，週末サークル活動，運動会など)が展開された。休暇中の子どもに対しては，スケート教室やキャンプなどの10日間にわたる「虹教室」プログラムがある。多文化家庭(20戸)には対応教育プログラムを考えるが，分離教育はしない。母親には移住女性プログラムを提供し，参加人数増大に対しては「農村移住女性センター」で対応している。これらの活動の講師・ボランティアとして地域住民が参加している。

以上のような実践は，益山農村教育研究会が地域住民と教師の討論を経て，自治体予算獲得のために，「益山地域発展計画」(行政計画)に対する「対案計画」として提案したものに基づいている。実際にはその提案は採用されなかったが，サムソン均等機会財団の援助を得て実施されたものである。「地域社会発展計画」づくりに関わる実践から生まれた教育改革＝地域づくり教育の展開として注目しておきたい。研究会のイ・ジョンウォン事務局長は，上記のような実践を学校・住民団体・自治体の連携で発展させていくための課題として，①制度的には，農村教育振興のための地方自治体条例設置，②資金的には公共的基盤の確立，③組織的には，民間団体のネットワークと自治体との連携が必要だと述べていた。韓国では「小さな学校」の全国的連帯組織も生まれているが，その発展のためにはそれらの運動を公共性あるものとして社会的に認知し，法制度的・財政的に支援することが必要であることを示している。

当面それらを得ることができない状況で，益山農村教育研究会は，地域の資源を生かした多様な農村教育運動のネットワーク化を進めつつある。そして，地産地消運動と学校づくりを結びつけ，医療組合や教育生協をつくって，

地域住民の生活向上と財政的基盤確立をはかりつつ，持続的農村教育を展開していくことを展望している。ここで，社会参加教育から生まれた「清原連帯」のような地域づくり実践の展開が不可欠のものとなってくる。しかし，農村政策研究を中心にして，学んだことを地域住民と共有するという「研究会」の主旨と名称には存在意義も愛着もあり，当面変更する予定はないという。

以上の2つの実践例のように，農村の地域再生と教育再生とを結びつけていこうとする運動には，学習のネットワークづくりから始まり，「公論の場」の形成，地域研究，地域行動，地域づくり協同，地域社会発展計画づくりと展開する「地域づくり教育」の論理が生きていて，「清原連帯」はそうした実践を進めるための担い手形成をも意識的に追求しており，そこに地域生涯教育計画化への方向をみてとることができるのである。

もちろん，歴史的・文化的・制度的条件や地域社会構造の差異（例えば「多文化家庭」の比重の大きさ）や，個々の実践の重点の置き方の差異などを無視するわけにはいかない。しかし，ここまでみてくれば，韓国と日本の比較研究の重要性は明らかであろう。今回のシンポジウムは，そうした理解を踏まえ，中国中央民族大学からの参加も得て，さらに北東アジアにおける社会的排除問題克服に向けた諸実践の交流・相互理解の必要性を示すものであった。

第4節　地域生涯教育の計画化と「実践の学」としての教育学

以上でみたような実践は，教育，特に社会教育の視点から，地域に根ざして環境と福祉と文化を統一的に発展させようとするものであり，環境問題と社会的排除問題に同時的に取り組む「持続可能な地域づくりのための教育（ESCD）」と言うことができる。その展開は，環境問題と社会的排除問題が同根の問題であるとすれば必然的なことである。それは，自然―人間関係と人間―人間関係の対立を，地域づくり実践を通して克服しようとするもので

あり，教育学的に言えば環境教育と地域再生教育を，自己教育活動と社会教育実践の論理によって統一するものである[15]。

その際に求められる 21 世紀的な知のあり方からすれば，グローカルな時代における「理性」の形成が問われている。それは，①まわりの世界(環境)と自分の世界の関係を捉え直す「観察的＝環境的理性」，②なすことを通して，なすことを学ぶという実践論理を理解する「行為的理性」，③地域づくりのための協同的実践を通して発展する「協同的理性」，そして④地域社会発展の主体となるための「公共的理性」を創造する実践であると言える。これらの諸実践は相互に規定し合いながら発展していくものであり，つねに形成過程にあるものである。したがって，その実践過程を反省し，「未来に向けて総括」する固有の実践を通して発展するものである。その実践こそが，学習と教育の視点から公共的理性を形成することにつながる「地域生涯学習の計画化」，計画づくりの実践にほかならない。その実践はまた，固有の「グローカルな知」を求める。

1990 年代後半からの「グローバル国家」戦略(新自由主義と新保守主義を結びつける大国主義)の中で，教育改革が推進されてきた。それらは教育基本法改定(2006 年)に行き着いたが，新基本法で今後の教育のあり方を規定するものとして注目されるのは「教育振興基本計画」の動向である。グローバル国家を志向する政府のトップダウン的教育計画に対して，ボトムアップの地域教育計画を策定し，それに基づいた公共性ある教育を推進することが求められている。

持続可能な地域づくりの公共的表現は，自治体の総合計画＝地域社会発展計画とならなければならない。それは外来的開発計画とは異なる内発的発展計画であり，地域資源の保全に関わる「土地(水)利用計画」と地域住民の生活福祉と労働に関わる「人間的活動計画」を基本とし，それらを結びつけていく「地域環境計画」づくり，その具体化と発展のための ESCD を必要とすることになるであろう。それは，地域に即して，自然と人間との共生，そして地域住民どうしの共生共同のあり方を考えていくことを基本にした実践である。

そこでは「計画」化の論理が問われることを指摘しておくべきであろう。知識社会学の創始者の1人として考えられているK.マンハイムは，ポストモダンの思想家＝社会学者とも言われているが，「自由のための社会計画」を進めるためには，旧来の近代主義的な知を乗り越えた「計画的思惟」が求められることを指摘していた。それは，次の5つである。すなわち，①特定の社会形態の特定の性格を限定するような「媒介原理」，②それらを関係づける「構造的理解」，③発生状態において，実験的態度によって行う観察方法，④現実の再建のために，歴史的現実と同一平面上に置かれた目的・手段，⑤諸個人が計画水準に対応する新しい自己観察によって「状況の主人」になること，である[16]。

これらは，個別と普遍，主体と客体，マクロとミクロの二元論（二項対立）を乗り越えていく必要性を指摘したものであると言える。それらはまさに「グローカルな知」であると同時に，社会教育実践としての地域生涯教育計画づくりにおいて求められる方法でもある。それを，「普遍的」な知として国家が策定する「教育振興基本計画」を特殊としての地域の計画に具体化するといった手法で進めるならば，「ローカルな計画」の意味はないであろう。また，市民の「自由な意見」を事務局がまとめたような「私的計画」であって，地域で展開されている学習・教育実践の総括をし，それらを「構造化」し，「公共化」するという実践を伴ったものでなければ，地域計画としての現実的基盤がないものとなろう。

かくして形成される実践的時空間＝「地域生涯教育公共圏」の発展に果たす「グローカルな知」の役割は大きい。それは，「地域をつくる学び」に主導された「学習の構造化」を基盤としながら，計画化に固有な実践に不断に支えられて「公共化」されていく。その実践の中から「新しい教育学」を不可分な構成要素とする「新しい社会科学」が生まれてくるであろう。21世紀の社会問題への取り組みは，教育実践と教育学を革新しつつ，社会科学に不可欠なものとして位置づけることを求める。それは，特に社会格差・貧困問題が子ども・青年にまで広がってきているからでもあるが，それだけではない。学力形成だけでなくアイデンティティ形成，シティズンシップ形成，

そして社会参加・社会的実践としての学習が学校現場で求められている今日，旧来の学校教育における教育実践の全体を見直すことが必要となっているからでもある。

　人格権＝自己教育権としての教育の理解は，必然的にこれまでの子ども中心，あるいは学校中心の教育学のあり方を見直し，新たな教育学を提起する課題を浮かび上がらせる。今や子ども・学校教育学者も成人・社会教育学者も，互いの知見を開き，交換し合い，協同して新しい教育学を創造することが求められる時代になってきている。その核心は，関わる人々による協同的で相互的な自己教育主体形成である[17]。

　このように考えるならば，旧来の生涯学習論とは異なる意味で，子どもと成人の教育，学校教育と社会教育を統一するような「新しい教育学」の創造が求められていると言える[18]。それは教育学本来のあり方である「実践の学」として，教育実践者と当事者＝自己教育主体および研究者の協同によって創造されるものであり，調査研究の方法としては「多元的・協同的・組織的研究 multi-lateral, cooperative and organizational research」が求められる。21世紀の「新しい社会科学」は，このようにして創造される教育学を不可欠のものとするであろう[19]。本書はそうした方向に向けての，日英韓協同研究の第1歩である。

　「新しい教育学」＝「新しい社会科学」は旧来の教育学や社会科学の範囲を超えているであろう。それは，城戸幡太郎が提起した「総合科学としての人間学」や教育計画論を発展させる「実践の学」としての教育学を必要とする。19世紀が経済学の時代，20世紀が社会学の時代であったとすれば，21世紀はそうした意味での「教育学の時代」になるであろう。グローカルな時代の「持続可能な地域づくり」，それに不可欠な地域生涯教育計画づくりの実践が「新しい教育学」＝「新しい社会科学」を求めている。

注
1) V. ジョーンズ『グリーン・ニューディール——グリーンカラー・ジョブが環境と経済を救う』土方奈美訳，東洋経済新報社，2009（原著2008）。

2 ）広井良典『グローバル定常型社会——地球社会の理論のために』岩波書店，2009．
3 ）例えば，三浦永光『環境思想と社会——思想史的アプローチ』御茶の水書房，2006．
4 ）尾関周二『環境思想と人間学の革新』青木書店，2007．
5 ）鈴木敏正『教育の公共化と社会的協同——排除から学び合いへ』北樹出版，2006，特に第Ⅲ章を参照されたい。
6 ）例えば，C. ギアーツ『ローカル・ノレッジ』梶原景昭ほか訳，岩波書店，1999（原著1983）。生涯学習に関わっては，日本社会教育学会編『〈ローカルな知〉の可能性——もうひとつの生涯学習を求めて』東洋館出版社，2008．
7 ）鈴木敏正『地域づくり教育の誕生——北アイルランドの実践分析』北海道大学図書刊行会，1998，序章参照。
8 ）I. ウォーラーステイン『新しい学——21世紀の脱＝社会科学』山下範久訳，藤原書店，2001（原著1999）。
9 ）I. ウォーラーステイン『社会科学をひらく』山田鋭夫訳，藤原書店，1996（原著とも），pp. 165-171．
10）鈴木敏正『「地域をつくる学び」への道——転換期に聴くポリフォニー』北樹出版，2000，など。
11）上原専禄「日本における独立の問題」同著作集第14巻，評論社，初出1961．
12）鈴木敏正『生涯学習の構造化——地域創造教育総論』北樹出版，2001．
13）CONFINTEA VI, "*Harnessing the Power and Potential of Adult Learning and Education for a Viable Future: Belem Framework for Action*", UNESCO, 2009.
14）このシンポジウムについては，"*Prospects and Tasks on Asian Educational Welfare for Sustainable Development*", August 12-14, Kongju National University, Korea, 2009.
15）さしあたって，鈴木敏正・伊藤俊和編『環境保全から地域創造へ——霧多布湿原の町で』北樹出版，2001，鈴木敏正「イリッチ／フレイレの思想と環境教育——社会教育学の立場から」『環境教育』第19巻第3号，2010，を参照されたい。
16）山本健慈ほか編『自己教育の主体として——地域生涯学習計画論』北樹出版，1998，所収の鈴木敏正の論稿参照。
17）その展開については，鈴木敏正『新版　生涯学習の教育学——学習ネットワークから地域生涯教育計画へ』北樹出版，2008．
18）鈴木敏正『教育の公共化と社会的協同』前出，終章参照。
19）鈴木敏正『現代教育計画論への道程——城戸構想から「新しい教育学」へ』大月書店，2008，を参照されたい。

あ と が き

　本書は，北海道大学大学院教育学研究院と姉妹校である英国リーズ大学教育学・社会科学部および韓国公州大学校師範大学との国際的研究交流の成果の一部を取りまとめたものである。北海道大学大学院教育学研究院(当時教育学研究科)はリーズ大学とは2005年12月にリーズ大学において，公州大学校(以下，日本の制度にあわせて「公州大学」)とは翌年1月に北海道大学において交流協定を締結した。

　リーズ大学との協同研究は，それに先立つ2003年12月，北海道大学大学院教育学研究科(現教育学研究院)の協同調査チームがリーズ市およびその近郊の地域調査を行い，リーズ大学研究者との研究会を実施したときに始まる。04年には，両国の社会的不利益層対策の政策と実践を検討した，北海道大学での日英共同シンポジウム(「コミュニティ再生と不利益層への学習支援ネットワークの構築」)および札幌市の現地共同調査を行った。姉妹校となった後は，リーズ協同調査を2回実施し，その後補足的調査を続けてきた。2010年11月には，英国における政権交代後の動向を踏まえて，新たな研究展開をすべくリーズ地域での再調査と研究打ち合わせを行っている。

　公州大学を含む韓国との研究交流については，北海道大学高等教育機能開発総合センター(現高等教育推進機構)の生涯学習計画研究部を窓口として行われていた交流が前提となった。上記交流協定を結んでからは，北海道大学と公州大学において，毎年交代でシンポジウムとそれにあわせた現地研修・地域調査を実施してきている。終章で紹介した2009年度の公州大学での共同シンポジウムと地域調査はこうした研究交流の一環であったが，10年度は，韓国側からの研究者・実践者に参加いただいて，北海道釧路市での環境問題フォーラム(「湿地と野生動物の共存を考える」)と釧路湿原現地研修，隣

接する標茶町での現地研修と地域づくり教育フォーラム(「韓国農村の地域再生活動」および「標茶町の地域づくりとコミュニティネットワーク」)を実施した。

　以上のように継続している両大学との研究交流を中間的に総括すべく,2008年度には「持続可能な社会への生涯学習」という共通テーマでの連続国際シンポジウムを北海道大学で開催した。08年7月の日韓シンポジウム「持続可能な社会と生涯学習の可能性」,および09年2月の日英シンポジウム「持続可能な社会への生涯学習——社会的排除を克服する社会政策・高等教育・職業教育」である。本書は,この両シンポジウムおよび関連して開催された研究会での報告・討論と地域調査の成果を踏まえ,特に生涯学習の「基礎構造」理解に関わる部分を中心にして取りまとめたものである。序章にある前韓国教育長官・副総理キム・シニル氏の「特別寄稿」も,前者のシンポジウムでなされた「特別報告」をもとに原稿化していただいたものである。

　なお,両大学との研究交流と地域調査は,科学研究費基盤(A)「発達・学習支援ネットワークのデザインに関する総合的研究」(2003～2006年度,代表：鈴木敏正)および同「先進国周辺の地域再生と生涯教育計画モデルの構築」(2008～2011年度,代表：鈴木敏正)による研究プロジェクトの一環に位置づけており,本書は特に後者の成果に基づいている。

　しかし,編者が関わった調査研究からみれば,「先進国周辺」の比較研究という発想はさらに遡り,科学研究費・国際比較研究「日英周辺地域における地域社会発展と成人教育訓練の役割」(1997～1999年度,代表：鈴木敏正)に基づく英国北アイルランドの協同調査研究から始まっていると言える。当初は,日本の周辺地域である北海道とイギリス・ヨーロッパの周辺地域である北アイランドでの社会教育・成人教育には「不定型教育 Non-Formal Education」としての共通の論理があるという理解から始まった比較研究であった(拙著『学校型教育を超えて——エンパワーメントの不定型教育』北樹出版,1997)。特に北アイルランドにおける理論と実践との交流が必要だと考えたのは「地域社会発展教育(地域づくり教育)community development education」の領域であった(拙著『地域づくり教育の誕生――北アイルランドの実践分析』北海道大学図書刊行会，1998)。

　北海道と北アイルランドの比較研究の成果を取りまとめる段階になると，地域づくり教育が特に社会的に排除された地域と人々の個人的・集団的自己エンパワーメント(主体的力量形成)において重要な役割を果たすものとして提起した(拙編著『社会的排除と「協同の教育」』御茶の水書房，2001)。おそらく，「社会的排除」をタイトルにした日本で最初の本ではなかったかと思う。北アイルランドの地域づくり教育に関する日英共同研究についてはその後，国際シンポジウム「地域づくり教育／地域社会発展教育 community development education の未来」(北海道大学，2004)を開催し，その成果を拙編著『地域づくり教育の新展開――北アイルランドからの発信』(北樹出版，2004)に取りまとめている。

　北アイルランドに引き続いたリーズ調査研究も，当初から社会的に排除された人々と地域に主要な焦点を置くものであった。それは，前記「発達・学習支援ネットワークのデザインに関する総合的研究」プロジェクトに位置づけられた。北海道大学教育学研究科を挙げて取り組んだこの調査研究は，その後半で「特別支援教育」プロジェクトと「若者支援教育」プロジェクトの2つに焦点化された。それらの研究成果は『発達・学習支援ネットワーク研究』第1〜7号(北海道大学大学院教育学研究科，2005〜07)として公表され，特に第7号が総括的な報告となっている。リーズ地域調査については別に，鈴木敏正ほか「リーズ地域の大学と諸機関の連携」(『北海道大学教育学研究科紀要』第93号，2004)でも共同調査報告がなされている。

　この研究プロジェクトを推進する過程で，リーズ大学および公州大学との交流協定が結ばれた。韓国との研究交流は，当初は何よりも，日韓の不幸な歴史的経過の上に多くの諸問題を抱えつつ，21世紀の世界システムの中で東アジアが急速に重要性を増してきているということから来る理論的・実践的交流の必要性を考えたからであった。しかし，韓国が資本主義的国家として成長してくるにつれて，次第に英・日・韓の先発・中発・後発の先進国の比較研究，特に北海道にいて先進国周辺地域に根ざした調査研究をすること

の重要性を感じるようになった。2007年2月，北海道大学とソウル大学との共同シンポジウム「転換期における教育学の課題」とあわせて，日韓生涯学習シンポジウム「社会的不平等と生涯学習」を開催したことが重要な契機となった。

「周辺革命」論ではないが，周辺的地域からこそ新しい理論と実践を創造・発信できるのではないかという思いもあったが，「中発の先進国周辺」という立ち位置を意識することが，日本の北海道で調査研究をしていることの意味を明確にする上での出発点になるのではないかと考えたのである。こうして始まったのが，2008年度からの協同研究プロジェクト「先進国周辺の地域再生と生涯教育計画モデルの構築」である。そこで地域生涯教育計画のあり方を問うたのは，2006年の新教育基本法成立以降の状況を踏まえて，大人の学びと子どもの学び，地域再生と教育再生をいかに結びつけるかという実践的課題を意識してのことである（拙著『新版　生涯学習の教育学――学習ネットワークから地域生涯教育計画へ』北樹出版，2008）。

本書は，編者の北海道大学定年の月に，「北海道大学大学院教育学研究院叢書」の1つとして発行される予定である。上述のようにみてくると，編者の北海道大学での比較研究に関わる研究活動の取りまとめのようであり，編者にとってはそうした側面もある。しかし，研究交流はあくまで教育学研究科／教育学研究院として取り組んできたものである（公州大学との交流は，2011年度からは大学間交流に発展する予定）。私は両大学との交流協定が締結された際の教育学研究科長であり，それを推進してきたという責任上もあって本書を編集したが，教育学研究科／教育学研究院のみなさんには，事務職員の方々を含めて多大の協力をいただいており，それらがなければこの研究交流は進展しなかったであろう。北アイルランドでの新たな実践分析を進めている宮崎隆志教授をはじめ，私が所属している社会教育研究室の皆さんの協力については，言うまでもない。

実際の調査研究を進める際には，北海道大学教育学研究院以外の研究者／実践者も含めて多くの方々にお世話になっている。一人ひとりについてお名前を挙げることはできないが，調査研究を始める際に共同研究者になってい

ただいた方々のお名前を以下に挙げる(敬称略)。姉崎洋一，室橋春光，大野栄三，横井敏郎，上原慎一，近藤健一郎，大沼義彦，浅川和幸，光本滋(以上，北海道大学大学院教育学研究院)，木村純，亀野淳(同高等教育推進機構)，神沼公三郎(同北方生物圏フィールド科学センター)，坂下明彦(同大学院農学研究院)，玉井康之，川前あゆみ(北海道教育大学)，小田清，奥田仁，髙原一隆，内田和浩(北海学園大学)，河野和枝(北星学園大学)，河合博司(酪農学園大学)，大阪祐二(名寄市立大学)。

　調査研究過程においては，このほかに，本書に執筆いただいている日置真世・大高研道両氏のように，必要に応じて他の研究者・実践者にも参加していただいた。もちろん，同じく本書に執筆いただいた英国のキース・フォレスター前リーズ大学教授や，韓国のヤン・ビョンチャン公州大学教授をはじめ，両大学の研究者たちの協力は不可欠であった。さらに，若手研究者の国際交流も重視してきたために，研究会はもとより，調査・研修活動や翻訳活動などにおいて大学院生にも参加していただいた。事務局の役割を果たしていただいている若原幸範，片山千賀子，吉岡亜希子，そして通訳・翻訳の活動もしていただいている教育学院専門研究員のソン・ミランさんのお名前だけを挙げさせていただく。

　以上の方々の中で，国際比較研究の担当責任者になっていただいた姉崎洋一教授のことだけは，さらに触れておきたい。そもそもリーズ大学との交流ができるようになったのは姉崎教授が先行してリーズ大学とリーズ地域の研究を進めており，同大学の研究者をはじめとする広いネットワークを築いていたからである(韓国の研究者とのネットワークも無視できない)。交流協定を結んでからは，特に英国に関するシンポジウムや地域調査の事務局的役割も積極的に果たしていただき，本書をまとめるに当たっては，原稿取りまとめの最終段階で入院することになってしまった編者に代わって，翻訳の監修役までしていただいた。姉崎洋一教授の協力なしに本書は日の目を見ることはなかったであろう。

　もちろん，他の研究者との実際的協同もなくてはならなかった。この調査研究は上記メンバーと大学院生による「地域再生研究会」を組織して推進し

ているが，日英韓協同研究プロジェクトとしてもまだ進行中である。政策と実践を扱った姉妹書である鈴木敏正・姉崎洋一編著『持続可能な包摂型社会への生涯学習——政策と実践の日英韓比較研究』(大月書店)も近刊の予定である。個別地域調査研究としては，韓国の地域調査(忠清南道ホンドン地域)について中間調査報告書を取りまとめているところであり，上述のように，イギリスのリーズ市については再調査が進行中である。日本の北海道については，農村モデルとして道北の標茶町を取り上げ，鈴木敏正・玉井康之・川前あゆみ編著『住民自治へのコミュニティネットワーク——酪農と自然公園のまち標茶町の地域再生学習』(北樹出版，2010)を公刊したが，地方都市モデルについては，稚内市に関する中間調査報告書を取りまとめつつあるところであり，釧路市についても調査継続中である。

　このように本書はまさに「中間」報告である。副題に「基礎構造分析」とあるように，内容的には，出発点となる「第1次報告」と言ってもよい。執筆者はもとより，共同研究に関わっていただいている研究者・大学院生そして周辺地域で活動している実践者の今後の研究と実践の発展のためにも，読者のご意見，ご批判をいただけたら幸甚である。

日本の政治・経済・社会が混迷を深め，教育の先行き不透明な 2010 年末に

編　者　鈴　木　敏　正

索　引

あ　行

相生（五行）の教育　191-192, 196
アウトリーチ　213, 216
アカウント3　viii, 208-209, 213
アクチベーション　152-156, 162, 166
新しい学　251
新しい教育学　262-263
新しい社会科学　262-263
アドバイザー　59
アンダークラス　42-43
暗黙知　120
生きられた階級　120-121
移行レジーム　153, 157
意識化　46, 123, 140-141
意識における自己疎外　45
乾彰夫　45
居場所　2, 16
イーラーニング　88, 93
岩田正美　40
インターンシップ　108, 162
ヴィゴツキー　124
ウィルキンソン　47
上原専禄　253
ウォーラーステイン　14, 36-37, 39, 251
ウォルツァー　153-155
益山農村教育研究会　258
エスピン＝アンデルセン　5-6, 153
NVQ（国家職業資格）　210
NGO（非政府組織）　143, 256
NPM（ニュー・パブリック・マネージメント）　160, 165, 203
NPO（非営利組織）　143-144
NPOの教育力　147
エンパワーメント　viii, 9, 11, 13, 15-16, 46, 142, 146, 155, 223, 225, 234, 237, 241
OJT　108
欧州雇用戦略　69
Off-JT　108

か　行

改革主義　9, 138, 249
階級的・階層的排除　ii, 2, 11
開発主義　157
開発主義国家　6
改良主義　9, 18-19, 138, 248
ガヴァナンス　7, 36, 134
カウンター・ヘゲモニー　248-249
学習権宣言　33, 138, 147
学習弱者　33
学習する労働力　116
学習疎外階層　95
学習ネットワーキング　252
学習の構造化　253, 262
学習パラダイム　29
学習4本柱　147, 247
革新主義　9, 19, 138, 249
学点銀行制　96
過剰包摂社会　43, 45
家族主義モデル　5
課題解決のためのマネジメント　232
課題化認識　202, 251, 253
学校再生　17
活性化（アクティベイション）政策　9, 68
活動システム　124, 147
活動理論　124-125, 126
過程志向的構造分析　16
観察的＝環境的理性　261
官僚化・国家機関化傾向　17, 135
官僚化・国家＝行政機関化　144
企業国家　8
企業内教育　100, 104, 107-108
基礎構造　19, 245
キャリア教育　108, 158, 162, 166
求職奨励金　63
狭域自治　15
教育格差　172, 175
教育学の時代　263
教育共同体　186, 191, 194, 197

教育再生　13, 15, 139, 260
教育振興基本計画　261
教育的福祉　255
教育投資優先地域　178
教育両極化　172
共生共同　248, 261
協働　230
協同学習　148
協同・協働・共同の響同関係　16, 144
共同体主義　40, 249
協同的価値　215
協同的理性　261
協同の教育　17, 131, 139
協同の自由　10
京都議定書　25
共有資産（commons）　246
虚偽意識　45
金融的排除　146
勤労生涯ステージ別学習　89
クヴィストとペダーセン　69
空間的・地域的排除　ii, vii, 2, 11, 14
具体的普遍　250
クラインとミラー　73
クラーク，ジョン　54
グラミン（農村）銀行　145
グラムシ　18, 133-134, 135
グラムシ的3次元　41
グリーンニューディール　247
グリーン・フォー・オール　247
グループホーム　236
グローカル　19, 145, 249, 250
グローカルな知　ix, 249, 253, 254, 261, 262
グローバリゼーション　i, 8, 14, 33-35, 44, 49, 85, 134, 185, 246, 252-253, 255
グローバル国家　7, 8, 14, 17-18, 248-249, 255, 261
計画的思惟　262
経済構造　17, 35, 133
経済財政諮問会議　161
経済的社会構成体　132
経済的民主主義　48
ケイパビリティ（潜在能力）　9
啓蒙主義　46
ケインズ主義的福祉型国家　7
権威主義　55, 58, 137
現代国家　7, 18, 248
現代市民社会　134

現代生涯学習の基本領域　13, 142
現代的社会権　12, 18, 144
現代的人権　3, 5, 16
現代の理性　12, 140
行為主体一構造の関係　121
行為的理性　261
公共化　252, 262
公共空間　16, 252
公共圏　252
公共的理性　261
厚生企業組合「すずらん」　141
後発先進国　4
公民形成　17
公民権 citizenship　4, 136
公論の場　252, 260
国際消費者機構　49
心の過疎　15
個人化　v, 44-45, 47, 51, 73, 155
個人主義　42
個性記述的学問　250
個性記述的認識　251
子育てカフェ　234
国家と市民社会の分裂　131-132, 253
後藤道夫　6
子ども・若者育成支援推進法　162, 163, 164, 165, 166
子ども・若者支援地域協議会　164
子ども・若者総合相談センター　165
コバチェヴァとポール　153-154
コブギ（亀）学校　256, 258
個別・特殊・普遍　250
コーポラティズム　57
コミュニケーション的理性　248
コミュニティ・ネットワーク　16, 60
コミュニティハウス　235, 237-238
コミュニティ利益会社（Community Interest Company：CIC）法　205
雇用支援手当　65
雇用への道　64
雇用レジーム　6
コリー　156
困難層　109

さ　行

再商品化過程　68
再チャレンジ　158
再チャレンジ支援総合プラン　158-159, 162,

　　　　　165
笹沼弘志　　10
サックス,ジェフリー　　26
ジェソップ,B.　　v, 7, 53, 134
自己意識化　　140-142
自己教育活動　　12-13, 15, 19, 140, 146, 261
自己教育主体　　140-141, 263
自己規律的社会　　135
自己雇用　　145
自己再帰性　　v, ix, 47
自己実現　　12
自己責任　　v, 44-45, 203
自己疎外　　v, 11, 44
自己調節的市場　　246
自助社会政策　　73
自生的資本　　38
持続可能性　　26, 28
持続可能な社会　　23, 26-27, 29
持続可能な地域づくり　　255
持続可能な地域づくりのための教育（ESCD）
　　260, 245, 254
持続可能な発展のための教育（ESD）　　254
持続可能な発展のための教育の10年（DESD）
　　247, 254
持続可能な包摂型社会　　ii, ix, 1, 9, 17, 19,
　　131, 245
実践共同体　　147, 204
実践的感覚　　120
実践の学　　263
「実践の学」としての教育学　　263
実践理性　　10-12, 16
実践論理　　248
シティズンシップ　　5, 18, 66, 155-156, 262
私的個人と社会の個人の矛盾　　253
私的個別性と社会的・公共的普遍性の対立
　　253
市民学習　　97, 116, 118
市民教育　　4, 5
市民形成　　17
市民社会　　6, 17, 41, 131-135
市民性　　5
社会学習　　116
社会関係資本　　47-48, 144
社会教育としての生涯学習　　iv, 17, 19
社会権　　3
社外工　　100-101, 103, 104
社会参加教育　　256, 258

社会的関係の質　　48
社会的企業　　vi, vii, viii, 81, 96, 135, 144-146,
　　162, 202, 204-208, 215
社会的協同　　v, vii, 11-12, 18, 48-49, 135,
　　146, 249
社会的協同実践　　131, 141, 146, 167, 202, 249
社会的協同実践の時空間　　16
社会的協同組織　　134-135, 147
社会的協同の「ハイブリッド的展開」　　144
社会的経済　　143, 145, 206
社会的実践　　147, 251, 263
社会的資本　　2, 5, 36, 144
社会的自立　　163
社会的疎外層　　ii, ix, 255-256
社会的統合　　ii, 17, 248
社会的陶冶　　v, 44
社会的に排除された人々　　3, 4
社会的排除　　ii, 2, 11, 17-18, 40, 41, 139, 147,
　　202
社会的排除対策室　　2, 202
社会的排除問題　　ii, iii, vii, 1, 3, 8, 14, 18,
　　33-35, 40, 44, 49-50, 135
社会的包摂　　ii, iii, 2, 28, 57, 110, 152-153
社会的包摂政策　　4, 6, 18, 135, 144, 152
社会的連携者　　56
社会的労働　　97
社会統合　　154-156, 171
社会民主主義レジーム　　56
シャドー・ワーク　　39
自由権　　3
就職脆弱階層　　81
終身雇用　　82
従属理論　　37
集団の自己解放　　136-137
柔軟安全性　　57
周辺的生産　　14, 37
住民の公共性　　17
就労による自立　　160-161
主観性と客観性の対立　　253
主体形成　　143
循環型地域福祉システム　　237
シュンペーター主義的勤労福祉（ワークフェア）
　　型脱国民レジーム　　7, 134
シュンペーター的ワークフェア国家　　54
生涯学習時代　　8, 34
生涯学習社会　　79
生涯学習体系への移行　　8, 34

生涯学習の基礎構造　iii, iv, 1
生涯学習モデル　86, 95
障害児等学童クラブ　227
障害者失業者手当　64
生涯職業能力　vi, 87
生涯能力開発　89
条件性　53, 58, 64, 66-67, 72-73
消費協同組合　137
消費社会　49, 139
商品化・資本化　17, 135, 144, 207
商品・貨幣的世界　44-45
職業教育　86, 99-101, 107, 109, 111, 158, 162, 203-204, 214
職業訓練　86, 87, 93, 99-101, 109, 118
職業団体　132
職業能力開発　80, 85-87, 96
職場学習　115-116, 119-121, 123, 125, 126
女性起業　141, 211
ジョブカフェ　157-158, 162, 165-166
自立　10
自立支援　159-161, 164, 203, 208-209, 214-215, 217, 241
自立支援プログラム　160-161
シルバー, H.　5
人格権＝自己教育権　263
人格的自由　47
人格の構造　12
人権　2, 3, 47, 138, 144-145
人権教育の10年　3
新国際分業論　37
新自由主義　i, ii, 7, 10, 28, 44, 49, 53, 118, 135, 204, 246
新自由主義プラス新保守主義　7
人的資本　115, 120
新福祉権威主義　v, 53
人文学的生涯学習　97
新労働党政権　6, 35, 57, 59, 62
水平社　137
水平社宣言　136, 138
すでに始まりつつある未来　133, 135, 146
スロー教育　258
スロー・ビレッジ　256, 258
生活全体を通した学習　247
生活当事者発　243
生活の論理　47
生活保護　159-160
生産的福祉　v

政治的国家　17
脆弱階層　vii, 90, 171
青少年の育成に関する有識者懇談会　163
青少年文化学校「ケヤキ」　193
青少年文化学校ヌティナム　195
生存のための技能　145
制度的同型化　207
世界システム　36-37, 39-40
世帯　37, 39-40
積極的労働市場政策　9, 70, 81, 96, 156, 204, 216
セーフティネット　80-81, 94, 238
セン, アマルティア　9-10, 16
全国職業センター・プラス計画　59
潜在的逸脱者　42
潜在能力　10-11, 16, 36
先進国周辺　3, 38
先進国モデル　iv, 35
選択の自由　10-11, 47
先発先進国　4
総合失業対策　81
総合性　19, 45, 51
相互承認　12
創造の自由　10
相対的過剰人口　50, 246
総体的自己疎外　50
相対的な剥奪感　42
疎外階層　87
疎外された労働　49
ソーシャルビジネス　240-241
存在論的不安　42

た　行

代案学校　256
代案教育　192, 257
第3世代の人権　3
第3の道　6, 10
多元的・協同的・組織的研究　263
多元的普遍性　252
多国籍的・投機的金融資本　39
他者化　41, 43
脱官僚化・脱国家(行政)機関化　145
脱主体的力量形成　12
脱商品化・脱資本化傾向　145
多文化家庭　260
たまり場　225-226
たまり場機能　227-229, 231

索　引　275

地域開発5カ年計画(2005〜2009)　179
地域活動支援センター　234
地域間教育格差　171, 173-174
地域環境計画　261
地域教育協同体　148
地域共同　12-13, 16
地域共同体運動　188
地域再生　13-16, 17, 38, 139, 144, 146, 147, 187, 243, 260
地域再生教育　vii, viii, 12-13, 17, 131, 147, 261
地域社会教育実践　12, 17
地域社会再生　2
地域社会発展　250-251
地域社会発展計画　252, 260-261
「地域社会発展計画」づくり　259
地域主権　236-237, 251
地域生涯教育計画　17, 148, 260, 263
地域生涯教育公共圏　262
地域生活支援　221
地域政治経済システム　14
地域創造教育　13, 252
地域通貨　258
地域づくり教育　13, 260
地域づくり協同　250, 252, 260
地域内再投資　14, 146
地域の教育力　186-187, 197
地域若者サポートステーション　165
地域をつくる学び　13, 252, 262
小さくても輝く自治体　14
小さな学校　188-189, 259
小さな図書館　256
地球サミット　i, 246
知識基盤型社会　134
知識基盤経済　7, 85, 118
清原郡教育文化連帯　256
中核的生産　14, 37
中間的支援組織　16, 144
抽象的普遍　250
中心的ケイパビリティ　10
忠南教育研究所　viii, 191, 197
中発先進国　4
定型学習　253
定型的教育　254
定常型社会　247
デイリー　57, 69
田園学校　256

同化主義　42
統合主義　42
当事者　139, 222, 226
当事者主体　136, 223
特色ある学校づくり　259
年越し派遣村　1

な　行

内発的発展　14, 38, 250-252, 261
中村剛治郎　14
二項対立　43, 253, 262
21世紀型生涯学習　2
21世紀型の学び　247
21世紀教育国際委員会報告　iii, 147, 247
二重の意味で自由　47
ニート　1, 151, 157-159, 163-165
日本版デュアルシステム　157-158, 162
ニューディール　60, 70, 72
人間開発指数(HDI)　9
人間性の原理　136-138
人間的開発　247
認識論的誤謬　v, 44, 45, 46, 51
ヌスバウム　10, 16
ネットカフェ難民　1, 40, 50
ネットワークサロン　viii, 221, 223-224, 240
農村教育共同体　viii
農村教育特性化事業団(NURI)　192
農村女性起業活動　140
ノンフォーマル教育　155

は　行

媒介的労働市場　162, 205
排除　iii
排除型社会　ii, 1, 13, 41, 139
排除型労働市場　33
ハイブリッド性　206
バイヤン, D.　41, 43
バウチャー(voucher)制度　88, 93
覇権国家　37
派遣労働　100, 102
裸の資本主義　i, 47
働く人たち　256
ハーツ委員会勧告　67
ハーバマス　123-124, 133, 135, 248, 251, 252
バラ／ラペール　9, 36, 38, 50
ハンコック　62
半周辺　14, 37

バーンスタイン　124
ハンセン, ジェームズ　24
半中核国家　37
反普遍主義　40, 43
ハンブルク宣言　iii, 146, 247
半プロレタリア　39-40
非営利協同組合　135
ひきこもり　47, 164
被救恤　6, 50
非公式の学習　122
被雇用力 employability, エンプロイアビリティ　9, 86, 118, 153, 155
PISA　173, 176
非職場学習　116
非正規　100, 105-106
非正規雇用　42, 100-102, 151-152, 159
非正規職　82-83, 86-88, 95
非正規労働　44, 50, 104, 106, 158
ビッセル　55-56
非定型学習　253
批判の自由　10
ヒルシュ　18
広い社会的包摂　152-153, 156
貧困の再発見　34
ファーロング　44, 50
フェルガー　73
福祉から労働へ　73
福祉行政　132
福祉権威主義　54
福祉のユニバーサル化　237
福祉レジーム　5-7, 55, 153
複線型社会　158
福原宏幸　18
不正規労働　39
物化　46
物象化　46
物神化　46
不定型的学習　254
不定型的教育 Non-Formal Education　254
普遍主義　39, 40, 43, 249, 253
プライバタイゼーション　253
フリーター　1, 50, 106, 151, 157-159
ブルデュー　123-124
フレイレ, P.　46, 123-124
プレカリアート(不安定階級)　1
フロイド報告　66
プロセスとしての学習　122

文化的多元主義　249
平生学習　23, 28
平生教育院　96
平生教育法　34
平生教育モデル　96
平成の大合併　2, 14
ヘゲモニー　133
ヘーゲル, G. W. F.　131-132, 250
ベレン行動枠組み　iii, 254
変形力のある包摂　43
法則定立的　250-251
北東アジア型新福祉社会　255
ポスト新国際分業　38
ポスト・フォーディズム　7, 35, 41-43, 48, 53, 115, 139
ホームレス　1, 10, 40, 44, 47, 50, 159
ポランニー, カール　246
ホリスティック・アプローチ　153

ま　行

マイクロ・クレジット　145, 210
マイペース酪農　140-141
マウル　186, 190-193
マウル学校　193-195, 197
マウルづくり　187, 192
マザーグースの会　221, 223
マーシャル, T. H.　4, 9
マルクス, K.　124, 132
マルサス　24
マンハイム, K.　262
宮本太郎　6
民主的スパイラル　249
メタガヴァナンス　135
モチベーション　153-154

や　行

山田信行　38
ヤング, J.　41-42
ユースサポートパートーナーシップ　164
ユースワーク　155-156, 166-167
ユヌス, ムハマド　145

ら　行

ラディカルな改良主義　18
リスター　62
理性　46, 141-142, 248, 261
療育サロン　222

両極化　171
臨時工　70, 101-102
類型論的レジーム論　7
レイブとウェンガー　124
レヴィタス, R.　6
レオンチェフ　124
歴史的ブロック　133-134
レギュラシオン理論　44
レーネン, ヴァン　72
連帯　10-12, 16, 50
連帯権　3, 12, 144
労働市場統合　vii, 153, 156, 159, 161-162, 166
労働市場への包摂　216
労働者協同組合　142
労働への福祉　v

ローカルな知　249-250, 253
ローデス, マーティン　57
ローマクラブ　24

わ　行

若者移行政策　155-156, 166-167
若者支援政策　152, 157
若者失業者手当　71
若者自立支援政策　159, 161
若者自立支援プラン　162
若者自立塾　157, 162, 165
若者自立・挑戦プラン　157-159, 165, 166, 203
ワーキング・プア　1, 6, 44, 47, 50, 159, 201
ワークフェア　160
渡辺雅男　5

執筆者・訳者紹介(掲載順)

鈴木敏正(すずき　としまさ)　北海道大学大学院教育学研究院教授
　編者，はじめに，序章，第1章，第6章，終章，あとがき執筆
キム・シニル(金信一)　ソウル大学校名誉教授，前韓国教育長官・副総理
　特別寄稿執筆
ソン・ミラン(宋美蘭)　北海道大学大学院教育学研究院専門研究員
　特別寄稿，第3章，第8章翻訳
ニック・エリソン(Nick Ellison)　リーズ大学教育・社会科学・法学部　社会学・社会政策学院長，教授
　第2章執筆
姉崎洋一(あねざき　よういち)　北海道大学大学院教育学研究院教授
　第2章，第5章監訳
向井　健(むかい　けん)　北海道大学大学院教育学研究院博士後期課程
　第2章翻訳
チョン・ヨンスン(鄭然順)　韓国雇用情報院進路教育センター長
　第3章執筆
上原慎一(うえはら　しんいち)　北海道大学大学院教育学研究院准教授
　第4章執筆
キース・フォレスター(Keith Forrester)　元リーズ大学教育・社会科学・法学部
　生涯学習研究ユニット上級講師
　第5章執筆
伊藤早苗(いとう　さなえ)　北海道大学大学院教育学研究院博士後期課程
　第5章翻訳
横井敏郎(よこい　としろう)　北海道大学大学院教育学研究院准教授
　第7章執筆
イム・ヨンギ(任年基)　公州大学校師範大学教授
　第8章執筆
ヤン・ビョンチャン(梁炳贊)　公州大学校師範大学教授
　第9章執筆
山下直子(やました　なおこ)　江原大学校特任講師
　第9章翻訳
大高研道(おおたか　けんどう)　聖学院大学政治経済学部准教授
　第10章執筆
日置真世(ひおき　まさよ)　北海道大学大学院教育学研究院助手
　第11章執筆

鈴木 敏正(すずき としまさ)

静岡県生まれ
博士(教育学，北海道大学)，農学博士(京都大学)
京都大学大学院農学研究科博士課程終了後，島根大学農学部助手，助教授，北海道大学教育学部助教授，教授，同教育学研究科教授，研究科長・学部長を経て，現在，北海道大学大学院教育学研究院教授，日本社会教育学会会長，北海道環境教育研究会会長
主な著書：
『自己教育の論理』筑波書房，1992
『平和への地域づくり教育』筑波書房，1995
『学校型教育を超えて』北樹出版，1997
『地域づくり教育の誕生』北海道大学図書刊行会，1998
『エンパワーメントの教育学』北樹出版，1999
『「地域をつくる学び」への道』北樹出版，2000
『主体形成の教育学』御茶の水書房，2000
『生涯学習の構造化』北樹出版，2001
『社会的排除と「協同の教育」』(編著)御茶の水書房，2002
『教育学をひらく』青木書店，2003
『生涯学習の教育学』北樹出版，2004
『教育の公共化と社会的協同』北樹出版，2006
『新版　生涯学習の教育学』北樹出版，2008
『現代教育計画論への道程』大月書店，2008
『新版　教育学をひらく』青木書店，2009

北海道大学大学院教育学研究院 研究叢書2
排除型社会と生涯学習──日英韓の基礎構造分析
2011年3月31日　第1刷発行

著　者　　鈴　木　敏　正
発 行 者　　吉　田　克　己

発 行 所　北海道大学出版会
札幌市北区北9条西8丁目　北海道大学構内(〒060-0809)
Tel. 011(747)2308・Fax. 011(736)8605・http://www.hup.gr.jp/

アイワード/石田製本　　　　　　　　　　Ⓒ 2011　鈴木敏正
ISBN978-4-8329-6752-6

〈北海道大学大学院教育学研究院 研究叢書1〉
高等継続教育の現代的展開
　―日本とイギリス―

姉崎洋一 著　　A5・288頁
　　　　　　　　定価6000円

〈北海道大学大学院教育学研究院 研究叢書2〉
排除型社会と生涯学習
　―日英韓の基礎構造分析―

鈴木敏正 編著　A5・300頁
　　　　　　　　定価5600円

〈価格は消費税を含まず〉

――――北海道大学出版会――――

地域づくり教育の誕生 ―北アイルランドの実践分析―	鈴木敏正 著	A5・400頁 定価6700円
地域づくりと 生涯学習の計画化	山田定市 編著	A5・568頁 定価9500円
21世紀の教育像 ―日本の未来へ向けて―	栃内香次 木村　純 編著	四六・280頁 定価1800円
環境科学教授法の研究	高村泰雄 丸山　博 著	A5・688頁 定価9500円
青年期を生きる精神 障害者へのケアリング	葛西康子 著	A5・254頁 定価6400円
脳障害者の心理療法 ―病識回復の試み―	小山充道 著	A5・262頁 定価4500円
〈北海道大学大学院文学研究科研究叢書8〉 東北タイの開発と文化再編	櫻井義秀 著	A5・314頁 定価5500円

〈価格は消費税を含まず〉

───── 北海道大学出版会 ─────